Kurt Rommel

Die Weihnachtszeit im Kindergarten

Vorschläge · Modelle
Texte · Lieder
für Erzieher · Pfarrer · Eltern

Christophorus-Verlag, Freiburg i. Br.
Verlag Ernst Kaufmann, Lahr/Schwarzwald

Hinweis:

Der diesem Buch nach S. 232 beigefügte Liedteil ist auch gesondert beziehbar:

Lieder zur Weihnachtszeit

für Kindergarten, Kindergruppe, Familie

34 Lieder. 32 Seiten. Format 14,8 × 21 cm. geheftet
Jeweils 5 Exemplare zusammen (Einzelhefte nicht lieferbar)

Bestell-Nr. 50 607 Christophorus-Verlag
Bestell-Nr. 02 77 Verlag Ernst Kaufmann

ISBN 3-419-50 606-6 Christophorus-Verlag
ISBN 3-7806-0265-2 Verlag Ernst Kaufmann

2. Auflage 1976

Umschlagentwurf: Herbert Becker, Freiburg
Satz und Druck: Presse Druck, Augsburg

Beide Verlage sind Mitglieder des Verlagsrings Religionsunterricht (vru)

INHALT

VORWORT

Jesus hat Geburtstag. Das ist Grund zur Freude. Das bringt Kinder und Eltern, Pfarrer und Erzieherinnen, jung und alt in Bewegung.
Das Buch will die schöne Zeit des Jahres nicht zur problemvollen und schwierigen Zeit machen, sondern zur Freude befreien, die keine Grenzen kennt.
Das Buch will denen Anregungen geben, die die schöne Zeit des Jahres gestalten wollen und müssen: Den Erzieherinnen in den Kindergärten, den Eltern mit drei- bis siebenjährigen Kindern in der Familie, den Pfarrern in der Gemeinde.
Das Buch läßt verschiedene Meinungen zu Wort kommen. Es bringt darum viele und vielerlei Beispiele. Aber es legt auf den Geburtstag Jesu besonderen Wert.
Alle Jahre wieder kommt der Geburtstag Jesu. Und er muß gefeiert werden. Das hat sich Jesus um uns verdient, daß wir in diesen Geburtstag unsere Liebe und Mühe investieren. Es lohnt sich. Es kann geschehen, daß der, der anderen Freude machen will, selber erfährt: „Siehe, ich verkündige euch große Freude . . .“

Stuttgart, im Frühjahr 1975

Kurt Rommel

I
Gründe für Weihnachten mit Kindern

Die Stimmen mehren sich, die besagen, religiöse oder gar christliche Erziehung sei falsch. Auf jeden Fall sei eine christliche Erziehung des Kleinkindes unerlaubte Manipulation und lege das Kind zu früh auf eine bestimmte Religion oder Konfession fest. Da die Kirche mit dem geringsten Widerstand rechne, wende sie sich an kleine Kinder. Und weil sie mit der Trägheit des Menschen im Allgemeinen rechne, taufe sie schon kleine Kinder. Daß im Lauf der Jahrhunderte im Blick auf Taufe und christliche Erziehung Fehler gemacht worden sind, ist nicht zu leugnen. Falsche christliche Erziehung widerlegt aber nicht richtige christliche Erziehung.
Es gibt nun eine ganze Reihe von Gründen, Kinder christlich zu erziehen, d. h. hier konkret mit Kindern christliches Weihnachten zu feiern.

1 Von der Umwelt her

1.1 Wir leben im christlichen Abendland

Auch wenn viele am Gebäude des christlichen Abendlandes rütteln, ist es doch noch vorhanden. Vieles um uns ist vom christlichen Glauben geprägt. Die Umwelt, die Öffentlichkeit redet von Advent, von Nikolaus, von Weihnachten, von Dreikönig, von Passion und Ostern, von Himmelfahrt, Pfingsten und Erntedankfest. Die Kinder haben dieser Feste wegen Ferien in Schule und Kindergarten. Irgendjemand muß ja sagen, warum. Auf Kinderfragen darf man nicht antworten: „Das verstehst du nicht!" Daß Ferien sind, muß das Kind ja auch verstehen. Eltern und Erzieher sind den Kindern Antworten schuldig, die gelten und nicht korrigiert werden müssen, auch nicht in den nächsten 20 Jahren. Kinder fragen auf jeden Fall nach Weihnachten, auch wenn wir nichts sagen würden. Darum müssen wir von Weihnachten erzählen, ob wir wollen oder nicht, ob wir meinen, diese Weihnachtsgeschichten seien für Kinder oder nicht. Denn wenn Kinder uns fragen, warum unser Glaube, unser Fragen nach dem Sinn des Lebens die Ausprägung z. B. von Weihnachten findet, dann sind wir die Antwort schuldig.

1.2 Alle Welt feiert Weihnachten

Im Kindergarten kommt man am Weihnachtsfeiern nicht vorbei, selbst wenn man die (falsche) Meinung vertreten würde, Weihnachten gehöre nur in die Familie. Wenn aber Weihnachten gefeiert werden muß, dann richtig, ohne falsche Akzente, mit der Bemühung um den rechten Sinn und die rechte Aneignung. Wenn nach der Weihnachtsgeschichte gefragt wird, dann muß auch die übrige Jesusgeschichte bedacht und erzählt werden. Denn – das ist der theologische Befund – die Weihnachtsgeschichte ist nur erzählt worden, weil Jesus gelebt hat, gewirkt, gepredigt und geheilt hat, gestorben und auferstanden ist. Weihnachten ist also das Geburtstagsfest einer ganz wichtigen Persönlichkeit, mit dem Gott etwas ganz Besonderes für die Menschen getan hat. Die Weihnachtsgeschichte muß erzählt werden im Zusammenhang mit den anderen Jesusgeschichten. Es ist nicht nichts, aber fast nichts, wenn die Weihnachtsgeschichte – der Umwelt wegen – die einzige Jesusgeschichte bleibt. Wie sollen die Kinder durch die Weihnachtsgeschichte allein erfahren, wer tatsächlich Geburtstag hat?
Weihnachten feiert man in aller Welt, ohne daß noch deutlich wird, wer oder warum da gefeiert wird. Es gibt zu denken, wenn in einer belgischen Zeitschrift vor einigen Jahren zu lesen war:

„Würde in diesen Tagen ein Hottentotte oder Zulukaffer unsere belgischen Städte besuchen, so müßte er zu der Überzeugung kommen, daß wir Christen an Weihnachten einen alten Mann feiern, der Geschenke austeilt. Es ist erschreckend zu beobachten, wie in unserem Volk der christliche Sinn des Weihnachtsfestes verlorengegangen ist."

1.3 Der wirtschaftliche Sog

Wer heute gegen den Weihnachtsrummel ist, der ist natürlich auch gegen das, was diesen Weihnachtsrummel verursacht: gegen die Erwartungen von Industrie und Handel an diese Jahreszeit. Die Umsätze sind aber nötig, um vielen Menschen Brot zu geben. Dennoch kann man verstehen, wenn Hermann Hesse einmal sagte:
„Weihnachten ist ein Inbegriff, ein Giftmagazin aller bürgerlichen Sentimentalitäten und Verlogenheiten, Anlaß wilder Orgien für Industrie und Handel, großer Glanzartikel der Warenhäuser, riecht nach lackiertem Blech, nach Tannennadeln und Grammophon, nach übermüdeten, heimlich fluchenden Austrägern und Postboten, nach verlegener Feierlichkeit in Bürgerzimmern unterm aufgeputzten Baum, nach Zeitungsextrabeilagen und Annoncenbetrieb, kurz nach tausend Dingen, die mir alle verhaßt und zuwider sind und die mir alle viel gleichgültiger und lächerlicher vorkämen, wenn sie nicht den Namen des Heilands und die Erinnerungen unserer zartesten Jahre so furchtbar mißbrauchten."
Man fragt: Wo ist das Weihnachtswunder im Wirtschaftswunder? Muß man gegen das Wirtschaftswunder angehen, um das Weihnachtswunder zu retten? Man wird die rechte Zuordnung zueinander finden müssen. Man wird bei Kindern und Eltern anfangen müssen, bei den Eltern besonders im Blick auf ihre Kinder. Vielleicht beginnen die Eltern für ihre Kinder da und dort umzulernen.

1.4 Das Kinderfest

Es hat sich bei uns eingebürgert, daß Weihnachten vorrangig ein Fest für Kinder ist. Es feiern zwar fast alle Weihnachten. Die einen feiern es selbst tüchtig mit: die Kinder. Die anderen vermissen sehr viel und denken an die Vergangenheit: die Alten. Und die Elterngeneration feiert noch mit, um den Kindern die Freude nicht zu verderben. Das heißt: Weihnachten wird weitgehend nur noch um der Kinder willen gefeiert. Die Erwachsenen, Eltern und Großeltern freuen sich an der Freude der Kinder. Und ältere Leute sagen: Es ist nicht mehr schön an Weihnachten, seit wir keine kleinen Kinder mehr haben. Ist Weihnachten wirklich nur dann Weihnachten, wenn kleine Kinder da sind? Und wenn die kleinen Kinder zu einem falschen Weihnachten-Feiern verführt werden, ist es dann richtig, daß man mit Kindern Weihnachten feiert?

1.5 Das Stimmungsfest

Menschen werden an Weihnachten besonders stark von Stimmungen getragen und geleitet. Stimmungen bestimmen Geldausgaben und Handeln. Harte Menschen werden weich, angesichts der Kinder, angesichts von Baum und Kerzen, angesichts von Armen und Kranken. An Weihnachten wird gespendet. Da hat man offene Arme und Herzen. Rührseligkeit und Sentimentalität sind weit verbreitet. Die Zeit „mitten im kalten Winter" tut ein übriges dazu. Licht und Wärme der Wohnung hält die Menschen zusammen; man macht „in Frieden", in „Familie". Bei vielen ist es üblich, gerade in den Weihnachtstagen zu den Eltern zu fahren, um am Heiligen Abend wenigstens zu Hause zu sein. Aber was geschieht zu Hause? Was bestimmt die Stimmung? Auf was ist die Stimmung gestimmt?

1.6 Was Kinder über Weihnachten zu Hause erzählen

Ein 12jähriger berichtet:
„Ich denke heute wieder an das Christfest zurück. Das war so schön. Ich vergesse es nicht. Ich hatte mich schon lange darauf gefreut. Und war voll Erwartung. Wir bekamen Besuch damals, unser Opa und Tante Marianne kamen. Vati und ich holten sie damals ab; sie kamen von M.; schon am Heiligen Abend war ich voll Freude, denn die schönen Sachen, die ich bekam, waren so viel. Aber noch schöner war es, daß wir alle zusammen nach der Bescherung spielten. Wir spielten ein Frage-und-Antwort-Spiel, was unsere Tante mitgebracht hatte. Und immer bekam sie entweder Mutti oder unser Opa oder Vati. Es gab viel Spaß, und ich habe so gelacht. Wir spielten auch noch „Mensch ärgere dich nicht!" Aber da gab es manchmal Streit mit meiner Schwester, wenn sie nicht gewonnen hatte. Aber es war nicht so schlimm. Wir sangen dann noch Weihnachtslieder und aßen von unseren Süßigkeiten und waren fröhlich und lustig, bis wir zu Bett gingen. Das war mein schönstes Weihnachten."

Ein anderer Bericht:
„Am Abend des Christfestes gingen wir in die Kirche. Nach dem Kirchgang wurden noch nötige Vorbereitungen getroffen: Die Geschenke hingerichtet, die Kerzen angezündet. Vor und nach der Bescherung

wurde gesungen und musiziert. Und jeder hatte sich gefreut über das manchmal kleine, aber doch schöne Geschenk. So haben wir letztes Jahr das Christfest gefeiert. Hoffentlich wird es wieder so werden."

1.7 Junge Leute brechen aus

. . . nicht aus der Haft, sondern aus einer Art von Weihnachtsfeiern, die mit Christus nicht mehr viel zu tun hat. Martin (17 Jahre, Schüler): „Ich wollte eine andere Form von Weihnachten finden, da mir die Form in unserer Familie, stark konsumorientiert, nicht mehr zusagt." Heinz (18 Jahre, Elektromechaniker): „Ich wollte Weihnachten nicht vor dem Fernsehapparat verbringen." Bernd (20 Jahre, Mechaniker): „Ich wollte von zu Hause ausbrechen. Denn ich fand es seltsam, daß wir auf einmal am 24. Dezember ‚in Familie' spielten." Junge Leute, aus intakten Elternhäusern, Glieder einer Jugendgruppe, fanden die familiären Feiern nicht Christus-gemäß und suchten miteinander einen neuen Weg.

Ein Versuch
Vier junge Männer suchten sich ein Jugendheim, in dem sie vom 24. bis 26. Dezember leben konnten, um miteinander über Weihnachten nachzudenken, ohne große Ziele, ohne festes Programm. Einen Heilig-Abend-Gottesdienst wollten sie in ihrer Heimatkirche mitgestalten, für das Christfest selbst einen eigenen Gottesdienst vorbereiten. „Weihnachten einmal anders" war schon Anreiz genug. Aber es war nicht leicht. Bernd sagt es: „Oft waren wir unsicher in dem, was wir taten. Niemand hat uns je gezeigt, wie man Weihnachten richtig feiert, unsere Eltern übrigens auch nicht. Wir waren alle zum ersten Mal an Weihnachten von Zuhause weg."

Was ist Weihnachten?
Bernd: „Weihnachten bedeutet heute für mich den Ruf Gottes: ‚Ich schicke euch Menschen meinen Sohn Jesus. Das heißt für euch: Ich liebe euch Menschen!'" Martin: „Ich wollte mich mit Jesus beschäftigen, da er die Hauptperson ist."
Es genügte den jungen Leuten nicht, ein bißchen nett zu sein und so den Heiligen Abend in der Familie zu verbringen.

Die Freizeit
Nun waren sie drei Tage beisammen, kochten selber, sprachen ihr Tischgebet und hatten viel Zeit zum Gespräch, zum Meditieren, zum Musikhören, zum Nachdenken über sich selbst, über Jesus, über das, was man als Christ tun sollte, was es heißt, Jesus nachzufolgen. Sie wollten keine große Aktion starten. Sie waren sich selber über Weihnachten zu wenig klar. Das Tasten, Fragen und Suchen wird in einem

Gebet deutlich, das sie zu Beginn ihres eigenen Gottesdienstes sprachen: „Herr, wir wollen heute einen Gottesdienst machen. Herr, wir haben gemerkt, wie schwierig es ist, mit dir ins Gespräch zu kommen, schwierig von unserer Seite aus. Herr, sei bei uns! Laß uns deine Anwesenheit merken."

Und der Erfolg?
Bernd: „Ich hatte meine Erwartungen zu hoch gesetzt." Martin: „Eine christliche Alternative haben wir nicht gefunden. Es war ein Anfang eines langen Weges, bei dem wir uns sehr viel mit Jesus beschäftigt haben, aber doch noch zu wenig."

Und die Eltern?
Familie ist heute gefragt und gefährdet. Ein Ausbruch aus der Familie kann heute aber das Beste für die Familie sein. Martin: „Der Versuch, mich mit Jesus zu beschäftigen, wurde in der Familie als Ausbruch ausgelegt. Doch das Verständnis dafür wuchs." Heinz: „Meine Eltern waren froh, daß sie mich drei Tage nicht sahen." Bernd: „Meine Eltern bemühten sich zu verstehen, was ich getan habe." Nicht Streit, sondern Verständnis war das Ziel der jungen Leute.

Weihnachten der Zukunft?
Sie fanden kein Modell, nur Denkanstöße. Heinz: „Wie ich Weihnachten in Zukunft feiern werde? Auf jeden Fall anders als die Jahre vor der Freizeit." Bernd: „Weihnachten ist für mich auf jeden Fall mehr Aktion, Aussage, Bekennen, Nachfolge. Das alles will vorbereitet, durchdacht und diskutiert sein. Ich habe ein ganzes Leben dazu Zeit." Es ist hoffnungsvoll, daß sich junge Leute heute zur Mitte flüchten und überlegen wollen, was bei ihnen selbst, in Familie, Gemeinde, Kirche und Welt anders werden muß.

1.8 Die verschiedenen Trends

Den gesellschaftlichen Trends (Wirtschaft, geschäftige Hetze, Fest der Kinder, Fest der Stimmung), die sich heute auf Christen und Nichtchristen auswirken, sind auch die Eltern ausgeliefert. Sie drängen zu einem bestimmten Verhalten. Davon sind auch die Kinder betroffen.

„Der erste Trend hat zur Folge, daß die *Geschenke* für die Kinder das wichtigste werden. Sie fragen nur mehr danach, was sie bekommen. Ihre Erwartungen an das Weihnachtsfest sind dann erfüllt, wenn alles, was sie sich wünschen, unter dem Weihnachtsbaum liegt.
Der zweite Trend bewirkt, daß wir *keine Zeit* haben, die Kinder wirklich auf den Sinn des Festes vorzubereiten. Sie stehen uns bloß im Wege.

Die Konzentration auf das Kind verdeckt, daß wir Eltern nicht mehr recht wissen, *worüber wir uns selbst an Weihnachten freuen sollten.* Fällt der Kinderzauber weg, wird das Fest für uns leer. Es bleibt nur etwas deplazierte Sentimentalität. Die Eltern können häufig dem Kind eigentlich nicht glaubwürdig erfahrbar machen, weshalb sie dieses Fest feiern.
Zudem verstellt die Verwendung Gottes und Jesu als *Druckmittel für die Erziehung* die Einführung der Kinder in ein christliches Gottesverhältnis. Das Gottesbild wird verfälscht. Wir benutzen Gott dazu, uns und unseren Anordnungen Respekt zu verschaffen.
Der vierte Trend hat zur Folge, daß das Kind Weihnachten *wie einen Traum erlebt.* Für ein paar Stunden ist alles wie verzaubert. Die wirkliche Welt des Alltags bekommt es vorher und nachher wieder zu spüren. Aber an Weihnachten ist alles anders. Und gerade in dieser Zeit redet man am meisten von Gott und der Religion. Das Kind muß also das Gefühl bekommen, daß die Religion eine Sonderwelt ist, die mit dem wirklichen Leben nichts zu tun hat."

Anton Steiner in: Hans Jellouschek/Wolfgang Wessinger (Hg.), Mit Kindern glauben lernen, KBW Verlag Stuttgart, S. 88

2 Von der Kirche her

2.1 Kindertaufe verpflichtet zur christlichen Erziehung

Taufe ist in den meisten christlichen Kirchen üblicherweise Kindertaufe. Kindertaufe bedeutet: Die Kinder sind der letzten Verantwortung der Eltern entzogen. Die Kinder gehören Gott. Er ist ihr Herr. Kinder sind Gottes Darlehen an die Eltern.
Die Kindertaufe verpflichtet Kirche, Eltern und Paten zu christlicher Erziehung. D. h. die Kinder sollen so bald wie möglich von dem erfahren, dem sie gehören, der sie lieb hat. Auch wenn Markus 10,10—13 nicht von der Taufe redet, gilt dieses Wort in diesem Zusammenhang: Jesus hat die Kinder lieb, nicht nur Erwachsene.
Die Kindertaufe ist überall zum Problem geworden. Viele Eltern überlegen sich, ob sie ihr Kind taufen lassen sollen, ob sie schon so früh ihr Kind in eine bestimmte Richtung „zwingen" sollen. Aber die Kirche müßte, wenn sie ihren Auftrag ernst nimmt, auch nichtgetaufte Kinder auf diesen Herrn hinweisen, wenn ihr dieser Herr wichtig ist, und wenn sie selber glaubt: Jesus hat die Kinder lieb. Es geht ja um die Kinder. Und Jesus ist ein Freund der Kinder.

Medien:
Markus 10, 13–16: Jesus segnet die Kinder
Flanellbilder zur Bibel, Mappe 1: Jesus segnet die Kinder (Christophorus/Kaufmann)

2.2 Das Jahr der Kirche (Kirchenjahr) gilt auch den Kindern

Das Kirchenjahr ist ein Teil der Kindergartenarbeit. Man kann an ihm nicht vorbei. Das Kirchenjahr hat Höhepunkte. Es sind die großen Feste der Kirche: Advent/Weihnachten, Ostern, Erntedank. Wer ergreift nicht gerne die Möglichkeit, diese kirchlichen Feste zu feiern, mit den Kindern zu feiern. Zudem liegt gerade zum Christfest viel Gestaltungsmaterial vor, so daß man ungeschickt wäre, wollte man dieses Fest nicht begehen. Der Geburtstag Jesu, das Jesusfest ist Anlaß genug, im Kindergarten ein Fest als kirchliches Fest zu feiern.

3 Vom Kind her

Das Kind ist ganz Mensch. Es muß also vollgenommen werden. Was beim Erwachsenen oft verlorengegangen ist oder wenigstens verdrängt ist, ist beim Kind unmittelbar da. Ein Kind hat Angst und zeigt die Angst (vor Wasser, Dunkelheit, Einsamkeit). Der Retter, das Licht, der Freund sind dem Kind verständliche Helfer; sie sind Hilfen für das Kind. Ein Kind bekommt zudem gern Besuch, feiert gern Geburtstag und nimmt gern Geschenke an. Diese und viele andere Erfahrungen und Wünsche kommen beim Christfest zum Zug.

3.1 Angst vor dem Wasser

Kinder haben Angst, die sie nicht erklären können. Untersuchungen haben sogar ergeben, daß selbst Kindergartenkinder zu einem hohen Prozentsatz Angst vor dem Tod haben, die sich hinter der Angst vor Wasser und Alleinsein verbirgt. Die Angst vor Konkretem ist jeweils ein Beispiel für tiefer liegende Ängste. Die Angst vor dem Wasser kommt in der Sturmstillung, Markus 4, 35–41, deutlich zum Ausdruck. Sie kann eine Hinführung zu dem Engelwort in Lukas 2 sein: „Fürchtet euch nicht, siehe ich verkündige euch . . . euch ist heute der Retter

(Heiland) geboren!“ Auf diese Weise kann ein Bezug von der biblischen Geschichte zum Leben des Kindes hergestellt werden. Zugleich ist aber auch verhindert, daß an Weihnachten nur das „Kind Jesus“, das „Christkind“, gesehen wird, *der ganze Jesus.*

Medien:
Markus 4, 35–41: Sturmstillung
Liedbeilage Nr. 29: Die Jünger fahren mit dem Herrn
W. Longardt, Katechetische Spielmappen für 4–7jährige. 2. Mappe: Wenn wir manchmal Angst haben (Christophorus 52 902/Kaufmann 0181)
Biblischer Wandfries: Die Stillung des Sturmes (Christophorus 53 360/Kaufmann 8011)
Leporello: Jesus stillt den Sturm (Christophorus 53 110/Kaufmann 9014)
Flanellbilder zur Bibel, Mappe 37: Stillung des Sturmes/Der sinkende Petrus (Christophorus/Kaufmann)

3.2 Angst vor dem Dunkel

Dunkel ist das Fehlen von Licht. Dunkel ist Tod. Licht ist Leben. Licht ist ein altes allgemeingültiges Symbol, das im Alten und Neuen Testament immer wieder benützt wird. Es drückt aus, daß die Angst vor dem Dunkel berechtigt ist. Im Dunkeln ist das Böse Herr. Das Böse bzw. der Böse scheut das Licht. Auch wenn man das weiß oder anderen erklärt, ist die Angst da. Der Gegensatz Dunkel – Licht wird von Kindern verstanden. Und gerade dieser Gegensatz hat mit Weihnachten zu tun: Weihnachten wird zum Christtag. Die Engel machen hell, d. h. wo die Botschaft von Jesus in die Welt der Menschen einbricht, da wird es hell, da werden Menschen erleichtert, werden fröhlich. Der Stern in Mattäus 2 weist in Richtung Palästina (Jerusalem). Und Jesus sagt in Johannes 8, 12: „Ich bin das Licht der Welt.“ Diese Selbstaussage Jesu wird vorbereitet oder erklärt durch die Heilung eines Blinden, Johannes 9, 1–38.

Medien:
Johannes 8, 12: Ich bin das Licht der Welt
Johannes 9, 1–38: Die Heilung des Blinden
Liedbeilage Nr. 33: Am Wege sitzt ein blinder Mann
Biblischer Wandfries: Die Heilung des Blinden (Christophorus 53 361/Kaufmann 8012)
Leporello: Die Heilung des Blinden (Christophorus 53 114/Kaufmann 9019)
Flanellbilder zur Bibel, Mappe 24: Die Heilung des Blinden/Die Heilung der zehn Aussätzigen (Christophorus/Kaufmann)

3.3 Angst vor der Einsamkeit

Alleinsein ist für Kinder schrecklich. Alleinsein schafft Angst. Alleinsein hat verschiedene Gründe: Wenn ich anderen etwas Böses angetan habe, meiden sie mich; wenn ich andere nicht mehr mag, dann mögen sie mich auch nicht. Dies heißt man Schuld oder Sünde. Ich selbst habe mich abgesondert von den anderen. So gibt es immer Menschen, die tun das, was Gott nicht gefällt. Sie werden einsam und fühlen sich alleingelassen. Sie haben sich von Gott getrennt und fühlen sich verlassen. Jesus kam und wollte solche Leute aus der Einsamkeit und dem Alleinsein herausholen. Die Zachäusgeschichte Lukas 19,1–10 zeigt das: Jesus holt den einsamen, verhaßten, alleingelassenen Zachäus vom Baum herunter und will bei ihm einkehren. Um dies und noch viel mehr zu tun, ist Christus geboren.

Medien:
Lukas 19,1–10: Der Zöllner Zachäus
Liedbeilage Nr. 30: Zachäus ist ein Mann am Zoll
W. Longardt, Katechetische Spielmappen für 4–7jährige. 3. Mappe: Wenn einer keinen Freund hat (Christophorus 52903/Kaufmann 0207)
Biblischer Wandfries: Zachäus (Christophorus 53362/Kaufmann 8013)
Leporello: Zachäus (Christophorus 53113/Kaufmann 9020)

3.4 Streit der Großen und Kleinen

Eine eigene existentielle Erfahrung der Kinder ist der Streit untereinander. Aber auch die Gewalt und Krieg in der Welt sind ihnen nicht unbekannt. Sie kennen sich in den Waffenarten aus. Das Fernsehen informiert die Kleinsten bis ins kleinste. Krieg und Streit werden in dem Engelwort Lukas 2 aufgenommen: „Friede auf Erden." Dieser Friede ist nicht nur eine Verheißung, sondern auch eine Aufgabe. Hier ist das weite Feld der Aggressionen zu beachten; es ist festzuhalten, daß freie Entfaltung der Aggressionen nicht Minderung, sondern Verstärkung der Aggressionen bedeutet.

Medien:
W. Longardt, Katechetische Spielmappen für 4–7jährige. 1. Mappe: Wenn wir uns gestritten haben (Christophorus 52901/Kaufmann 0173)

3.5 Besuche empfangen ist schön

Kinder bekommen und machen gern Besuch. Das ist eine Freude. Und wenn ein ganz lieber Besuch angesagt ist, dann ist die Freude um so größer. Jesus hat seinen Besuch angesagt. Jesus, den die Kinder aus verschiedenen Geschichten kennen, will kommen. Dieser Gedanke kann

auf die Ankunft Jesu als Kind bezogen werden. Leichter ist es, wenn als biblischer Adventtext die Geschichte vom Einzug Jesu in Jerusalem, Mattäus 21,1–9, gewählt wird. Jesus wird dort mit großen Ehren wie ein angesagter König empfangen: „Macht hoch die Tür"! „Siehe, dein König kommt zu dir, ein Gerechter und ein Helfer!"
Der Besuchsgedanke kann auch mit der Weihnachtsgeschichte, Lukas 2, verbunden werden, wenn wir in Bethlehem bei der Krippe einen Besuch machen. Dann gilt es zu überlegen, was wir dem Kind (bzw. seinen Freunden, den Armen und Kranken) als Geschenk mitbringen.

Medien:
Mattäus 21, 1–9: Der Einzug Jesu in Jerusalem
Liedbeilage Nr. 2: Macht hoch die Tür
Biblischer Wandfries: Einzug in Jerusalem (Christophorus 53356/Kaufmann 8007)

3.6 Geburtstag feiern

Kinder feiern gern Geburtstag und sind allzu gern Gäste beim Geburtstag von Freunden und im Kindergarten. Sie stehen auch gern im Mittelpunkt eines Festes, z. B. als Geburtstagskind. Von daher ist der Schritt nicht weit, deutlich zu machen, daß beim Geburtstag Jesu eben Jesus im Mittelpunkt steht. Wer ist dieser Jesus, der Geburtstag hat? Da genügt es nicht, die Geburtsgeschichte zu erzählen, weil sie inhaltlich nicht genügend aussagt, sondern es muß auch aus dem Leben des „Geburtstagskindes" berichtet werden. Und da gibt es wirklich viel zu berichten.

Medien:
Alle bisher genannten Medien

3.7 Geschenke empfangen, Geschenke machen

Kinder sind empfänglich für Geschenke. Wenn man etwas bei Kindern lernen kann, dann ist es die Annahmebereitschaft, die Empfänglichkeit, überhaupt die Offenheit für andere. Die Geschenke, die Kinder bei Geburtstagen und bei großen Festen (Weihnachten und Ostern) bekommen, sind Beispiele für das Geschenk, das Gott uns in der Person Jesu Christi macht. Gott macht uns Jesus zum Geschenk, der in Bethlehem geboren wurde, am Kreuz starb und an Ostern auferstand.

Medien:
Lukas 2, 1–20: Die Geburtsgeschichte Jesu
Liedbeilage Nr. 6

Biblischer Wandfries: Christi Geburt (Christophorus 53351/Kaufmann 8003)
Leporello: Christi Geburt (Christophorus 53104/ Kaufmann 9003)
Flanellbilder zur Bibel, Mappe 2: Die Geburt Christi (Christophorus/Kaufmann)

Der Geschenkgedanke muß auch in umgekehrter Richtung bedacht werden. Kinder machen gern Geschenke. Ob dahinter der Gedanke des Wiederbekommens steckt, spielt hier keine Rolle. Auf jeden Fall fällt ihnen das Schenken leichter, wenn sie einsehen, daß der Empfänger das Geschenk braucht. Hier hat der soziale Gedanke seinen Platz: Gaben an arme Kinder, Sammeln von Spielzeug für arme Kinder usw.

Medien:
Mattäus 2, 1–12: Die Weisen aus dem Morgenland bringen Geschenke
Liedbeilage Nr. 12
Biblischer Wandfries: Die Weisen aus dem Morgenland (Christophorus 53354/ Kaufmann 8005)
Leporello: Die Weisen aus dem Morgenland (Christophorus 53102/Kaufmann 9004)

4 Von der eigenen Familie her

Neben Ostern ist Weihnachten das einzige kirchlich-christliche Fest, das noch in die Familien hineinwirkt, wenn man von dem Nikolausbrauch absieht (der zudem mit Weihnachten zusammenhängt) und der da und dort noch üblichen Kirchweih.

4.1 Weihnachten nicht nur ein Fest der Familie

Gerade weil Weihnachten in vielen Familien mit Kindern auf jeden Fall gefeiert wird – wenn auch oft ohne christlichen Sinn –, darum muß durch das Feiern im Kindergarten deutlich werden, daß der „Heiligen Familie“ (Maria, Josef, Kind) nicht die Kleinfamilie des Abendlandes entspricht. Der Geburtstag Jesu ist eine Angelegenheit der „familia Dei“ (= Familie Gottes, Gemeinde Gottes), die sich im Gottesdienst der Gemeinde, aber auch im Kindergarten und seiner Feier wiederfindet. Die falschen, verkürzten, veränderten, entleerten Weihnachtsfeiern in vielen Familien fordern den Kindergarten geradezu heraus, Weihnachten mit der rechten Thematik und in der rechten Art zu feiern. Auf diese Weise wird auch vielen Eltern geholfen, zu Hause das Fest richtig zu begehen. Die Erzieher im Kindergarten haben hier große Aufgaben auch und gerade im Blick auf die Eltern.

4.2 Kinder bekommen Geschenke

Daß Kinder zum Christfest Geschenke bekommen, ist allgemein üblich. Sie bekommen allerdings viel zuviel. Die Tatsache des Schenkens macht es nötig, bei Eltern (in Elternabenden) und bei Kindern darüber zu reden. Es muß deutlich werden, daß Eltern und Verwandte Geschenke machen und nicht das „Christkind", daß das Hauptgeschenk Jesus Christus ist und dieser Jesus der Hauptempfänger von Geschenken ist (siehe: Die Weisen aus dem Morgenland, Mattäus 2, 1–12).

4.3 Familientraditionen

Die Eltern sind in bestimmten Traditionen groß geworden. So sehr man modern sein will und vieles Alte und die Alten ablehnt, gerade an Weihnachten denkt man alt und bleibt man beim alten. In christlichen Dingen bleibt der moderne und der von der Kirche distanzierte Mensch konservativ. Die Schwierigkeit im Kindergarten besteht darin, daß die Eltern aus sehr verschiedenen Traditionen kommen und ihre eigene Geschichte mitbringen. Auf jeden Fall möchten sie ihr Kind mit ihrer eigenen Tradition bekannt machen und möchten Weihnachten feiern, wie sie es kennen und lieben gelernt haben. Sie möchten ihre eigene Tradition weitergeben und damit bei ihren eigenen Kindern zur Tradition werden lassen. Die Eltern werden die Feier im Kindergarten an ihren eigenen Erfahrungen, an ihrer eigenen Kindheit messen. Darum ist gerade in diesem Zusammenhang die Vorarbeit und das Gespräch mit den Eltern wichtig und nötig (siehe Advent und Weihnachten mit Eltern, S. 83ff.).

5 Zusammenfassung

Einige Thesen sollen zusammenfassen, was zu dem Thema „Mit Kindern Weihnachten feiern“ zu sagen ist:

☐ „Weihnachten ist die Geburtstagsfeier Jesu. Im Mittelpunkt steht nicht das Christkind, das Kind in der Krippe, die erneute Geburt Jesu an Weihnachten, der Satz, daß Gott Mensch geworden ist, sondern: der erwachsene und gegenwärtige Jesus, an den wir uns halten wollen.“

☐ „Die Weihnachtszeit ist dann für die religiöse Erziehung der Kinder gut genützt, wenn unser Reden, Handeln und all das, was wir für die Feier an Weihnachten in Szene setzen, darauf hinführt, die Kinder mit Jesus vertraut zu machen und ihnen seine Lebenshaltung nahezubringen.“

Hans Jellouschek/Wolfgang Wessinger [Hg.], Mit Kindern glauben lernen, KBW Verlag Stuttgart, S. 84

II
Biblische Texte für Advent und Weihnachten mit Erzählbeispielen

1 Der Weg zur Weihnachtsgeschichte

Grund des Christfestes ist Jesus Christus selbst. Über Jesus Christus erfahren wir aus dem Neuen Testament. Darum muß am Christfest Neues Testament erzählt werden, um recht Christfest zu feiern. Allerdings ist das ganze Neue Testament nicht für Kinder geschrieben. Kein einziger Text ist speziell für Kinder gedacht. Das hat nichts mit einer Ablehnung der Kinder zu tun, sondern ist aus der Entstehungszeit und aus dem Zweck der Absicht der biblischen Texte zu verstehen. Es gibt Texte, die für Kinder unverständlich sind. Es gibt aber auch Texte, die Kinder unmittelbar ansprechen. Andere Texte werden von Kindern erst verstanden, wenn bestimmte Voraussetzungen bestehen, wenn z. B. bestimmte Begriffe bekannt sind und die Gestalt Jesu selbst bekannt ist. Darum: „Nicht die Bibel erzählen, sondern aus der Bibel erzählen". (Jan Nieuwenhuis)

1.1 Lebensvorgänge

Zunächst sind Lebensvorgänge darzustellen bzw. mit den Kindern zu erfahren und zu erleben (life-themes), die sich hinter Begriffen und Symbolen verbergen: Wasser, Licht, Leben, Feuer, Vergebung, Brot, Menschsein und anderes mehr. Anhand von Vorgängen wird deutlich gemacht, daß es bei Jesus um mehr geht, um die Überhöhung, um die Erweiterung, da und dort sogar um das andere geht.

1.2 Der erwachsene Jesus

Jetzt ist Platz und Zeit für die Geschichte von Jesus, die ihn als erwachsenen Mann schildert. Wohl ist Vorsicht bei Wundergeschichten geboten. Aber eine ganze Reihe von ihnen machen besonders deutlich, um wen es sich bei Jesus handelt. Das Johannesevangelium legt es sogar nahe, solche „Wunder" (bzw. Zeichen) als deutende Lebensvorgänge für Begriffe zu nehmen. Licht: Die Heilung des Blinden; Leben: Die Auferweckung des Lazarus bzw. der Tochter des Jairus; Brot: Speisung der 5000; Wasser: Stillung des Sturms; Vergebung: Heilung des Gichtbrüchigen, usw.
Aber auch Geschichten, in denen gezeigt wird, wie Jesus mit Menschen umgeht, führen weiter: Der Zöllner Levi (Markus 2), oder Der Zöllner Zachäus (Lukas 19).
Auch (einige besonders sorgfältig ausgewählte) Gleichnisse können Jesus bekanntmachen. Sie zeigen besonders anschaulich die Gestalt, die

Art und das Tun Jesu: Die verlorenen Söhne und das verlorene Schaf (Lukas 15); Der barmherzige Samariter (Lukas 10).
Nahe liegt, die Geschichten zu erzählen, die am Anfang und am Ende der Tätigkeit Jesu stehen. Sie sind eigenartigerweise auch „offizielle" Adventszeittexte: Die Taufe Jesu durch Johannes den Täufer (Mattäus 3) und der Einzug Jesu in Jerusalem (Mattäus 21). Bei der Gestalt des Täufers Johannes könnte man sogar an sein ganzes Leben denken.

1.3 Geburtsgeschichte

Erst wenn Jesus bekannt ist, wenn bekannt ist, was er getan hat, wenn Kinder wissen, was Licht bedeutet, was Einsamkeit bedeutet usw., sollte die Geburtsgeschichte Jesu erzählt werden. Alle Vorschulpädagogen sind sich darin einig, daß die Geburtsgeschichte erst dann sinnvoll ist, und von Kindern erst dann richtig verstanden wird und für die spätere Entwicklung am rechten Platz steht, wenn Jesus als Person, Jesus als Herr und Heiland bekannt ist.

1.4 Leidens- und Ostergeschichte

Die Leidens- und Ostergeschichte Jesu hat für Kinder sicher erst nach dem Christfest ihren Sinn. Trotzdem sollte bei der Weihnachtsvorbereitung nicht versäumt werden (auf jeden Fall nicht in Elternabenden usw.), diesen Gesamtzusammenhang herzustellen. Was theologisch-historisch erkannt wurde, darf nicht pädagogisch vergessen werden. Ohne Karfreitag und Ostern gäbe es kein Neues Testament, keine Geburtsgeschichte, selbst wenn Jesus geboren worden wäre. Erst durch Karfreitag und Ostern wurde die Welt auf Jesus aufmerksam. Erst Karfreitag und Ostern eröffnen den Zugang zu Jesus.

2 Texte für den Advent

Wir haben gesehen, daß zur Vorbereitung der Weihnachtsgeschichte verschiedene biblische Geschichten nötig sind. Ihre Besprechung und Bearbeitung wird das ganze Jahr benötigen. Alle biblischen Texte sind, so können wir einmal sagen, Adventstexte. Hier geht es nun um Texte, die im besonderen das Kommen Jesu zum Inhalt haben und den einzelnen Adventssonntagen zugeordnet werden können, z. B.:

II Biblische Texte für Advent und Weihnachten

1. Advent – Mattäus 21,1–9: Einzug Jesu in Jerusalem
2. Advent – Lukas 17,22–37: Wiederkunft Jesu (dieser Text ist für Kinder zu schwierig!)
3. Advent – Mattäus 3,1–17: Johannes der Täufer tauft Jesus
4. Advent – Lukas 1,5–80: Die Ankündigung der Geburt Jesu und Johannes des Täufers.

2.1 Einzug Jesu in Jerusalem
Mattäus 21,1–9

Zum Verständnis des Textes

Die Geschichte vom Einzug Jesu in Jerusalem eröffnet die Leidensgeschichte der Evangelien im engeren Sinn. Sie bringt das Doppelte zum Ausdruck, was Person und Auftrag Jesu kennzeichnet: einerseits die königliche Würde des Gottgesandten, die Teilhabe an der Majestät Gottes selber; andererseits die Demut des Dienenden, der sich an die Seite der hilflosen und unbedeutenden Menschen stellt. Jesus zieht als König in die Davidsstadt ein – aber eben auf einem Esel, dem Reittier der kleinen Leute. Er läßt sich den Jubelruf des Volkes gefallen – aber nicht viel später auch den Mordruf. So zeigt diese Geschichte wie wenige andere, wer Jesus – wie ihn die Evangelien abbilden – eigentlich ist.
Wir können uns Jesus mit seinen Jüngern inmitten einer Festkarawane vorstellen, die zum Passahfest von Jericho aus nach Jerusalem unterwegs ist.
Jesu Befehl (Vers 2–3) mutet eigenartig an, weil er frei über fremdes Eigentum verfügt. Richtig ist, hier den geheimnisvollen Plan Gottes sich erfüllen zu sehen. Gott stellt Jesus bereit, was er für seinen Weg zum Kreuz braucht. Jesu Glaube, daß Gottes Wille sich in seinem Leiden vollzieht, kommt so in dieser Anweisung an die Jünger stark zum Ausdruck. Wenn „der Herr" einer Sache „bedarf", kann kein Mensch widersprechen; denn hier steht er vor Gott selber.
Daß in dem allen Plan und Wille Gottes sich vollenden, zeigt sich daran, daß hier die alttestamentliche Weissagung in Erfüllung geht (Vers 4–5; vgl. Jesaja 62,11 und Sacharja 9,9). In ihr stehen hart nebeneinander der Königstitel und der Titel des Armen: „sanftmütig". So hat sich Jesus selber bezeichnet (Mattäus 11,29), und zu den so Bezeichneten wußte er sich gesandt (Mattäus 11,5). Es handelt sich um Menschen, die vor Gott mit leeren Händen stehen und darum alles von ihm erwarten. – Als „Tochter Zion" wird die Königsstadt Jerusalem angeredet. Seltsam ist die Vorstellung, daß Jesus auf einer Eselin und ihrem Jungtier, auf *zwei* Reittieren also, in Jerusalem eingeritten sein soll. Die beste Erklärung bietet sich damit an, daß hier der mißverstandene Text des alten Testaments die Geschichte geformt hat. In einer hebräischen Stileigen-

tümlichkeit (Parallelismus membrorum) ist Sacharja 9,9 zweimal dasselbe gesagt: zunächst wird ein Esel genannt, dann dieser Esel in einem zweiten Satzteil genauer als Füllen gekennzeichnet. Der Text ist also zu lesen: „... reitet auf einem Esel, auf einem Füllen der lastbaren Eselin." Weil man die zweite Wendung nicht als Interpretation der ersten, sondern als Addition zur ersten verstand und andererseits in der Geschichte vom Einzug jenes alte Wort sich erfüllen sah, gestaltete man die Geschichte dementsprechend aus. Daß Jesus auf einem Eselfüllen reitet, zeigt die Bedeutung dieser Handlung: nur ein noch nicht für andere Zwecke gebrauchtes oder gar mißbrauchtes Tier kommt dafür in Betracht.
In Vers 6–7 wird deutlich, daß die Jünger sich Jesus gegenüber so verhalten wie die Hofleute ihrem König: wortgetreu führen sie den Befehl aus und geben ihre Obergewänder als Sattel.
Die Menge der Festpilger versteht oder erahnt zumindest die Größe des Geschehens (Verse 8–9). Sie huldigt Jesus als König, indem sie die eigenen Gewänder als Teppich auf den Weg breitet und Zweige streut wie beim Laubhüttenfest. Ganz in dieselbe Richtung weist der Zuruf. Er stammt aus den Psalmen, die auf dem Wege zum Passahfest gesungen wurden (Psalm 118–125). Ist er sonst Ausdruck der Hoffnung auf den kommenden Messias, so wird er jetzt – einer bestimmten Person zugejubelt – zur Akklamation für den Einziehenden. „Hosianna" ist wörtlich ein Hilferuf, wahrscheinlich aber bereits zur Zeit Jesu verallgemeinert zum Lobpreis; also weniger: „Hilf doch!" als vielmehr: „Heil dir!" „Sohn Davids" ist der Titel für den ersehnten Messias; David war zum Urbild dessen geworden, „der da kommen soll". „Hosianna in der Höhe" weist auf die Engel, die Gott loben (vgl. Lukas 2,14). Der Jubelruf der Menschenmengen spiegelt also den himmlischen Lobgesang wieder. Jesus ist von Gott zum Christus erwählt, und die Menschen stimmen dem Urteil Gottes zu. „Wenn die christliche Gemeinde unsere Geschichte liest, versteht sie den Ruf der Menge tiefer, als diese ihn selbst verstand." (Schniewind)

Walter und Vera Wiese, Textbeilage zu Biblischer Wandfries „Einzug in Jerusalem", Verlag Ernst Kaufmann, Lahr (gekürzt)

Erzählvorschlag

Jesus ging nach Jerusalem zum Passahfest, zum Kreuz. Er kam mit den Jüngern. Viele kamen. Große Scharen zogen dahin.
Und als sie schon dicht bei Jerusalem waren, am Ölberg und vor Bethphage, da rief der Herr zwei Jünger zu sich und sagte: Geht vor, ihr zwei, dort in das Dorf, dort geht hinein, geradeswegs nach Bethphage. Dort findet ihr eine Eselin, ein Füllen dabei. Die sind angebunden. Die bindet los und führt sie her. Und wenn einer fragt, was macht ihr?, dann sollt ihr sagen: Der Herr gebraucht sie. Dann wird er sie euch geben.

So ist erfüllt das Wort des Propheten:

Sagt zu Jerusalem:
Siehe, dein König kommt zu dir,
sanftmütig, auf einem Esel.

Die Jünger gingen hin in das Dorf. Sie fanden, wie Jesus es sagte. Sie taten, wie Jesus ihnen befahl: Sie banden die Eselin los. Sie brachten sie her und auch das Füllen. Sie legten Kleider darauf. Und Jesus setzte sich auf das Tier und kam geritten, ein König. Vom Ölberg kam der König her. Er zog in seine Stadt.
Und all die vielen, die mit ihm kamen, die nahmen ihre Kleider und breiteten sie vor ihm aus. Sie bereiteten ihm den Weg. Und andere brachen Zweige ab und legten sie vor ihm hin. Sie sahen: Dies ist unser König. Der neue David kommt. Er kommt von Gott, ein König Gottes. Er kommt im Namen des Herrn. Dies ist der Tag. Er kommt in den Tempel. Dies ist der Tag des Herrn. Lasset uns freuen und fröhlich sein. Herr hilf, laß wohl gelingen (Psalm 118, 24 f.).
Und alle, die mit dem König kamen, die riefen laut:

Hosanna. –
Gelobt sei, der kommt
im Namen des Herrn.
Hosanna in den Höhen.

So sangen sie. Und er zog ein in Gottes Königsstadt.

Machet die Tore weit in der Welt,
daß der König der Ehren einziehe
(nach Psalm 24, 7).

Und als er hereinkam durch das Tor, da gab es große Erregung: Ganz Jerusalem erschrak. Sie fragten alle: Wer ist der? Wer kann das sein, der hier so kommt als König. Ja, wer ist der?
Die vielen aber, die bei ihm waren, die riefen: Der Prophet! Jesus ist es, der König, der Herr, aus Nazareth in Galiläa:

Ja siehe, dein König kommt zu dir,
Jerusalem, dein König.
Sanftmütig kommt er auf einem Esel,
auf dem Füllen der Eselin.

Dietrich Steinwede, Zu erzählen deine Herrlichkeit, Verlage Vandenhoeck & Ruprecht, Göttingen/J. Pfeiffer, München, S. 83

2.2 Ankündigung der Geburt Johannes des Täufers Lukas 1, 5–25

Erzählvorschlag: Ein Bote kommt zu Zacharias

Zacharias war ein Priester in Jerusalem.
Elisabeth war seine Frau.
Sie waren alt geworden,
aber sie hatten keine Kinder.
Beide waren Gott gehorsam.
Zacharias mußte am Altar
Gott dienen und das Opfer bringen.

Er ging in den Tempel.
Viele Menschen beteten draußen.
Ein Bote Gottes kam zu Zacharias
und sprach:
Fürchte dich nicht, Zacharias!
Gott hat dein Gebet erhört.
Deine Frau soll einen Sohn bekommen,
den sollst du Johannes nennen.
Du wirst glücklich sein über ihn.
Viele Menschen werden froh sein,
wenn er da ist.
Er wird ein Mann sein,
den Gott gebrauchen will.
Er soll viele Menschen zu Gott bringen.
Zacharias sprach zu dem Engel:
Wie kann ich das glauben?
Ich bin doch schon alt
und meine Frau auch.
Der Engel sagte:
Ich bin Gabriel.
Gott selbst hat mich zu dir geschickt,
um dir diese Nachricht zu bringen.
Weil du mir nicht geglaubt hast,
sollst du stumm sein bis zu dem Tag,
an dem das alles geschieht.
Die Menschen draußen warteten schon auf Zacharias.
Als er aus dem Tempel kam,
konnte er nicht mehr sprechen.
Er winkte den Menschen zu.
Da merkten sie,
daß Zacharias etwas Besonderes erlebt hatte.

Anneliese Pokrandt, Vorabdruck aus: Elementarbibel, Verlage Ernst Kaufmann, Lahr/Kösel, München

2.3 Ankündigung der Geburt Jesu Lukas 1,26–38

Zum Verständnis des Textes

Der in der Kunst oft dargestellte ‚englische Gruß' Lukas 1,28 besteht aus zwei Teilen. „Fürchte dich nicht", ist erst der zweite Teil. Voraus geht das: „Der Herr ist mit dir!" Darum also: „Fürchte dich nicht!" Das Erschrecken der Maria, V. 29, bezieht sich auf den ersten Teil des Grußes. Es ergeht ihr wie dem Petrus, die Nähe Gottes ist schwer zu ertragen. Die Hirten erfahren es Lk. 2,9 ebenso.
Die Furcht vor der Nähe Gottes, die Israel seit dem Bundesschluß am Sinai nicht mehr vergessen kann, wird mit dem Neuen Bund aufgehoben. Das ist das Leitmotiv von Lukas 1 und 2. Der Herr ist mit euch. Fürchtet euch nicht! Große Freude wird euch widerfahren.
Lukas berichtet unserem Text voraus die Ankündigung der Geburt des Johannes V. 5–25 und fügt den Besuch der Maria bei Elisabeth V. 39–56 mit dem Lobgesang der Maria an, in dem sie u. a. von der Gottesfurcht singt V. 50. Die Parallele zur Ankündigung der Geburt des Johannes ist unverkennbar. Zacharias V. 18 zweifelt (Ich bin alt, und mein Weib ist betagt) ebenso wie Maria V. 34: Wie soll das zugehen, da ich doch von keinem Manne weiß? Allerdings wird Maria ihrer Zweifel behoben, während Zacharias die Prüfung der Stummheit auf sich nehmen muß. Beider Zweifel aber benutzt Lukas lediglich dazu, um Gottes Wirken für die Menschen zur Sprache zu bringen. Von daher, meinen wir, müßte man der Gefahr entgehen können, in dem Text eine betonte Bestätigung der Jungfrauengeburt zu sehen, und sollte V. 36 und 37 nicht überbewerten.
V. 26 „Im sechsten Monat" bezieht sich auf das vorher berichtete, also die Ankündigung der Geburt des Johannes, und wird V. 36 noch ausdrücklich erklärt. Man sollte übrigens auch diese Äußerung, daß Elisabeth schwanger ist und „im sechsten Monat geht" als ein Zeichen dafür ansehen, daß es Lukas nicht um die Darstellung eines außerordentlichen Mirakels, als das uns die Jungfrauengeburt ärgerlich erscheint, gegangen ist. Der Name Gabriel wird als Ausdruck der Stärke Gottes zu verstehen sein, aber auch einfach Mann Gottes bedeuten, welche Übersetzung uns hilfreicher sein würde, auch als Kontext zu falschen Engelbildern. V. 27 bedeutet „vertraut" nicht unbedingt so wenig wie bei uns heute verlobt. Wenn wir diese Geschichte unter der Überschrift: Fürchte dich nicht! Der Herr ist mit dir! erzählen, werden wir uns an den hier und V. 34 auftretenden Schwierigkeiten nicht aufzuhalten brauchen. Beide Verse ließen sich dann auch ausklammern, ohne daß die Erzählung vor Kindern darunter theologisch an Gewicht verlieren würde. Wesentlicher Inhalt der Erzählung ist dann die Botschaft des Engels, die ohne die Zwischenfrage der zweifelnden Maria zusammengefaßt wird. Ihr voraus geht das Erschrecken der Maria, der Zuspruch des Engels

V. 28–30, ihr nachfolgt der Gehorsam der Maria V. 38, der übrigens seinen Niederschlag in ihrem Lobgesang V. 46–55 findet.
V. 28 Hochbegnadete erfährt seine Erklärung sowohl in dem Folgesatz: „Der Herr ist mit mir!", als auch in V. 30b: „Du hast Gnade bei Gott gefunden." Der Begriff Gnade meint ja immer, daß Gott ganz nahe zu den Menschen kommt, daß er sich zu ihnen herniederbeugt. Gerade an diesem Ereignis wird ja Maria als die Mutter Jesus unmittelbar teilhaben. Diese Nähe Gottes bedeutet Hilfe und Heil. Das bekräftigt der Engel in dem Namen, den das Kind haben wird. Jesus: Hilfe Gottes. Lukas entfaltet in der Botschaft an die Maria, daß dieser Jesus wahrer Mensch und wahrer Gott ist, Sohn des Höchsten und Sohn Davids. Für die fromme Jüdin Maria enthält natürlich diese Botschaft eindrückliche Hinweise auf die Verheißungen, die die Väter bereits vernommen haben und auf deren Erfüllung das Volk wartet.
V. 35 bekräftigt das Wort von der Gottessohnschaft Jesu in unseres Erachtens sehr zurückhaltenden Bildern. Die Kraft des Höchsten wird dich überschatten, dieser Satz verbietet geradezu jegliche Veranschaulichung in unserem Sinne von Zeugung. Er wahrt das Geheimnis der Gottessohnschaft gegenüber unserer Neugier. Unter Beachtung dieser Verhüllung darf dann auch V. 37 vollinhaltlich stehen bleiben: „Bei Gott ist kein Ding unmöglich." Der Engel als ‚Mann Gottes', als Bote Gottes besteht auch in diesem Text nur aus seiner Botschaft. Wir sollten beachten, was hierüber Claus Westermann in seinem Buch „Gottes Engel brauchen keine Flügel" (K. Vogt Verlag Berlin) mitteilt. Es geht nicht an, an dieser Stelle die Geschichte auszuschmücken. Der Engel kommt herein, sagt seine Botschaft und scheidet. Mehr nicht. Auch dies ist eher ver- als enthüllend.

Heinz Vonhoff, Fürchtet euch nicht, Christliche Verlagsanstalt, Konstanz, S. 12/13

Erzählvorschlag I

Wenn wir plötzlich einem Fremden gegenüber stehen, erschrecken wir. Wenn in unserem eigenen Haus unerwartet ein Fremder vor uns steht, überfällt uns gewiß nicht nur ein Staunen, sondern auch Furcht. Wir fürchten uns vor Fremdem und Unbekanntem, vor Menschen, die wir noch nie gesehen haben und gar nicht kennen können, vor Dingen, von denen wir nicht wissen, was mit ihnen los ist, und auch vor unerwarteten Ereignissen wie einem plötzlichen schweren Gewitter, einem Unglück oder einer unbekannten Gefahr.
Wir fürchten uns vor Fremden, und wir können es verstehen, daß Menschen sich fürchten, wenn ein Unbekannter sich bei ihnen einfindet. Wie es Maria geschah, der Mutter unseres Herrn Jesu, ehe Jesus geboren wurde.
Maria lebte in Nazareth.

Sie war einem Zimmermann versprochen, der Joseph hieß, aber sie wohnte noch nicht bei Joseph. Sie wohnte noch in ihrer Kammer und bereitete sich auf das gemeinsame Leben mit Joseph vor. Sie freute sich darauf. Um so mehr erschrak sie, als in ihrer Kammer unerwartet vor ihr ein Fremder stand. Es war nicht Joseph. Es war überhaupt nicht ein Mann, wie Männer sonst sind. Sie konnte die helle leuchtende Gestalt gar nicht richtig erkennen, es war alles so fremd, und sie erschrak sehr.
Da grüßte der Fremde und sprach: Gegrüßt seist du, Maria, von Gott erwählte Frau.
Als Maria diesen seltsamen Gruß hörte, erschrak sie noch mehr. Was sollte bloß dieser Gruß bedeuten?
Der Fremde aber sprach weiter: Fürchte dich nicht, Maria. Gott ist dir ganz nahe.
Da wußte Maria, daß Gottes Bote, der Engel, vor ihr stand, und sie neigte ihren Kopf und hörte ihm still zu.
Der Bote sprach: Maria, du wirst einen Sohn bekommen, den sollst du Jesus heißen, denn er wird den Menschen Heil bringen. Er ist Gottes Sohn und er wird euer König sein und Gottes Reich aufrichten, das kein Ende haben wird.
So sprach der Engel, und Maria blieb ganz still, obwohl sie sich nicht vorstellen konnte, daß sie schon Mutter werden sollte. Sie fürchtete sich nun nicht mehr.
Der Engel aber sagte weiter: Wundere dich nicht. Gottes Geist wird über dich kommen, und vor Gott ist nichts unmöglich. Das hat auch deine Verwandte Elisabeth erfahren, die doch viel zu alt ist, um Mutter zu werden. Auch sie wird ein Kind bekommen.
Da glaubte Maria dem Engel und antwortete:
Ich gehöre Gott, meinem Herrn. Wie Gott es will, so soll es geschehen.
Und der Engel verließ Maria.

Heinz Vonhoff, a. a. O., S. 23/24

Erzählvorschlag II: Gottes Bote kommt zu Maria

Nazareth ist eine Stadt in Galiläa.
Gott sandte einen Engel nach Nazareth.
Hier wohnte eine junge Frau mit Namen Maria.
Sie war verlobt mit Joseph,
der aus der Familie des Königs Davids stammte.
Der Engel kam zu Maria.
Er sprach:
Sei gegrüßt, Maria!
Gott hat Freude an dir.
Er ist bei dir.
Maria erschrak sehr.
Der Bote Gottes sprach weiter:

Hab keine Angst!
Gott hat dich lieb.
Du sollt einen Sohn bekommen,
den sollst du Jesus nennen.
Er wird ein großer König sein,
mächtiger als alle Herren der Erde.
Gott selbst wird ihn so mächtig machen.
Maria fragte:
Wie kann das möglich sein?
Wie kann ich einen Sohn bekommen?
Ich bin noch nicht verheiratet.
Der Engel antwortete:
Der heilige Geist wird mit dir sein,
deshalb soll das Kind „Gottes Sohn" heißen.
Elisabeth wird auch einen Sohn bekommen,
obgleich sie schon alt ist.
Aber Gott hat Macht über alles.
Maria sprach:
Ja, Gott ist mein Herr.
Es soll geschehen,
wie du es gesagt hast.
Ich will Gott gehorsam sein.
Da ging der Engel wieder zu Gott.

Anneliese Pokrandt, Vorabdruck aus: Elementarbibel, Verlage Ernst Kaufmann, Lahr/Kösel, München

2.4 Die Geburt Johannes des Täufers Lukas 1,57–80

Erzählvorschlag: Johannes der Täufer wird geboren (nach Lukas 1,57–80, gekürzt)

Elisabeth bekam einen Sohn.
Alle Nachbarn und Verwandten freuten sich mit ihr.
Nach acht Tagen brachten sie das Kind in den Tempel.
Es sollte einen Namen bekommen
und in die Gemeinde aufgenommen werden.
Sie wollten das Kind
nach seinem Vater Zacharias nennen.
Aber Elisabeth sagte:
Nein, es soll Johannes heißen!
Sie fragten den Vater,
welchen Namen der Sohn bekommen sollte.

Zacharias schrieb auf eine kleine Tafel:
Er heißt Johannes!
Sogleich konnte Zacharias wieder reden.
Er sagte:
Gelobt sei der Herr, unser Gott!
Er hat uns aufgesucht
und will uns befreien.
Er schickt einen starken Retter.
So hat er es vor langer Zeit
durch die Propheten sagen lassen.
Du, kleines Kind, hast einen großen Auftrag.
Du sollst ein Bote sein,
der allen Menschen sagt:
Gott selbst wird bald kommen!
Du sollst dem Volk zeigen,
wie nahe der Retter und Helfer ist.
Alle Nachbarn erschraken
und merkten:
Gott hat Zacharias diese Worte gegeben.
Hier spricht Gott!
Und überall redeten sie davon.

Johannes aber wurde groß.
Er wurde stark und klug.
Er ging von zu Hause fort
und wartete in der Wüste,
bis Gott ihn gebrauchen wollte.

Anneliese Pokrandt, Vorabdruck aus: Elementarbibel, Verlage Ernst Kaufmann, Lahr/Kösel, München

3 Texte für Weihnachten

Die Weihnachtstexte (Mattäus 1, 18–25; Lukas 2, 1–20; Mattäus 2, 1–12; Mattäus 2, 13–23) gehören zu den Kindheitsgeschichten Jesu. Sie sind die jüngsten Erzählungen im Neuen Testament. Die ältesten Erzählungen sind die Passions- und Osterberichte.
Das Interesse für die Kindheitsgeschichte stieg mit dem Eindringen der biblischen Botschaft in die Völker des römischen Weltreiches. Für alle Völker war Jesus der Herr. Bei Lukas sagt ja der Engel in seiner Botschaft an die Hirten: „... allem Volk widerfahren ...". Die Nennung des Augustus und Cyrenius zeigen die Bedeutung, die man Jesus zutraut, die man von Jesus glaubt und durch Erzählen bekennt. Die Kindheitsgeschichten haben keinen biographischen, sondern theologischen Sinn. Es geht nicht um Einzelheiten aus dem Leben Jesu, sondern es geht immer und überall um die Rettung der Menschen und der Welt. Durch die Erzählung der Kindheitsgeschichte im Zusammenhang der übrigen Jesusgeschichte geschieht Mission, Verkündigung, Bekenntnis, Zeugnis.

Unterschiede
Wir erkennen allerdings zwischen den beiden Evangelisten gewisse Unterschiede. *Lukas* gilt als geschichtlich Interessierter unter den Evangelisten, der den Lauf der Botschaft des Christus in die Welt nachzeichnet und den Anfang dieses Laufes schon in der Geburtsgeschichte sieht. (Markus sieht dies z. B. anders, da er keine Geburtsgeschichte Jesu kennt und mit der Taufe Jesu beginnt). *Mattäus* ist der Theologe, der im Alten Testament zu Hause ist. Er zeigt in seinem Bericht, daß er Jesus als den erkennt, der im Alten Testament angekündigt ist, und darum die Erfüllung der Verheißungen Gottes ist. Die „Welt" (bei Lukas durch Augustus angedeutet) bringt Mattäus durch seine Erzählung von den Weisen aus dem Morgenland ins Spiel. Durch diese Geschichte übt Mattäus zugleich auch Kritik am Sternenglauben und läßt die Weisen den Weg zu Jesus durch die Bibel finden (Micha 5,1 lesen die Schriftgelehrten des Herodes).

Dichtung und Wahrheit
Nicht leicht ist es, aus den vielerlei Erzählungen und Krippenspielen, Malereien und Legenden das herauszuschälen, was nun wirklich im biblischen Bericht steht.
Häufig hört man bei der Schilderung von Lukas 2 von einem Stall, in dem Ochs und Esel gewesen seien, der Stern habe über dem Stall gestanden und die Engel seien herumgeflogen. Wenn man Lukas 2 aber nachliest, steht von all dem kein Wort da.
Bei der Schilderung von Mattäus 2 hört man von drei heiligen Königen,

die sogar mit Namen genannt werden. Wir erfahren aber nur von Weisen aus dem Morgenland.
Die zusätzlichen, legendären Aussagen haben alle ihren Sinn, aber keinen historischen Wert. Man muß von Fall zu Fall fragen, ob diese Deutungen der Maler oder Erzähler den ursprünglichen Text auch heute noch verdeutlichen können oder ihn heute verdunkeln.

3.1 Die Geburtsgeschichte Lukas 2,1–20

Da es üblich ist, die Geburtsgeschichte nach Lukas zu erzählen und darzustellen, lassen wir die Fassung nach Mattäus 1 außer acht.
Die Weihnachtsgeschichte will nicht Historie sein, sondern zeigen und bezeugen. Wenn die Evangelisten erzählen, dann bezeugen sie Jesus, wie er lebte, litt und starb, dann bezeugen sie Jesus als ihren Herrn, sie sagen ihre Meinung.

Motive für die Geburtsgeschichte im Zusammenhang des Lukasevangeliums

Die *Motive,* welche die konkrete Gestalt der Erzählung bestimmt haben, sind uns zu wenig bewußt. Die Bibelwissenschaft hat aufgrund genauer Untersuchungen am Text und Vergleichen mit damaligen Denk- und Literaturformen Glaubensmotive herausgeschält, die diese Erzählung prägen.

1. Motiv: *Jesus überbietet den Täufer Johannes*
Es gab zur Zeit des Urchristentums in Palästina eine Gruppe von Menschen, die den Täufer Johannes für den Messias hielten. Ihren Glauben drückten sie auch dadurch aus, daß sie sich nach alttestamentlichem Vorbild wunderbare Geschichten von der Ankündigung und Geburt ihres Meisters erzählten. Lukas will dagegen betonen, daß Johannes nur der Vorläufer des Messias Jesus war. Das tut er so, daß er den vorgegebenen Kindheitsgeschichten des Täufers parallel gebaute Jesus-Erzählungen gegenüberstellt, in denen die Aussagen über Jesus die Aussagen über Johannes überbieten (vgl. Lukas 1, 5–25 mit 1, 26–38; Lukas 1, 56–80 mit 2, 1–40).

2. Motiv: *Die messianischen Hoffnungen Israels sind in Jesus erfüllt*
Während Jahrhunderten war Israel bedrängt und gedemütigt worden. Aber das Volk resignierte nicht. Es löste sich nicht auf in die übrigen Völker. Es hielt vielmehr an der Überzeugung fest, Gott habe es erwählt, bleibe ihm treu und werde ihm wieder bessere Zeiten schenken. Die Wende seines Geschickes erwartete es von einem König, den Gott ihm

zu gegebener Zeit schicken werde. Er sollte das altisraelitische Königtum wieder aufleben lassen und überbieten. Ein Nachkomme des berühmten Königs David sollte er sein. Diesen König nannte man Messias, das heißt: der Gesalbte (König). Verschiedene Texte des Alten Testaments wiesen auf ihn hin.

Die Christen sind nun der Überzeugung, daß Jesus dieser erhoffte Messias ist. Deswegen wird in unserem Text betont, daß Jesus aus der Königsfamilie Davids stammt (2,4) und in Bethlehem, dem Heimatort Davids, geboren wurde (2,4.11). Er erfüllt damit die Voraussetzungen, die für den zukünftigen Messias zutreffen sollen (vgl. 2. Samuel 7, 14ff; Micha 5,1). Weil Jesus in der Sicht der Christen die Menschen mit Gott versöhnt und sie zu Heil und Frieden führt, was man vom König der Endzeit erwartete, wird dies schon bei der Geburt proklamiert 2,11.14).

3. Motiv: *Gott ist vor allem den Armen nahe*

Jesus war kein überirdisches Wesen, kein König, der sich mit Leibgarden umgab und auf militärischem oder diplomatischem Weg seine Macht zu erweitern suchte. Im Gegenteil, er war durch und durch ein Mensch, ganz einfach und mittellos in seinem Auftreten.

Es lag Jesus besonders daran, die Armen und Verachteten spüren zu lassen, daß Gott sie liebt. So feierte er Feste mit verrufenen Zolleinnehmern und gab ausgestoßenen Kranken Gesundheit und Gemeinschaft wieder. Deswegen geschieht die Geburt unter völlig unauffälligen Umständen, und Hirten – damals kleine, verachtete Leute – werden auf ihn aufmerksam gemacht.

4. Motiv: *Der Himmel ist auf Erden gekommen*

Israel hoffte auf eine Zeit, wo Gottes Recht nicht mehr mit Füßen getreten würde und sich die Menschen in Freiheit und Wohlstand unter Gottes Herrschaft entfalten könnten. Es setzte fest auf eine Zukunft, in der die Ordnung Gottes und die Ordnung der Welt zusammenfallen würden. Wenn die Christen jetzt die Geburtsgeschichte Jesu so erzählen, daß Gottes Licht in der Nacht dieser Welt aufleuchtet (2,8–9) und der Hofstaat Gottes, die Engel, auf Erden auftreten (2,9–14), dann drücken sie aus, daß mit Jesus diese neue Zeit Gottes angebrochen ist.

Die Weihnachtserzählung ist viel hintergründiger als es ein einfacher Tatsachenbericht wäre. Sie ist ein Bekenntnis zum Messias Jesus, in dem die Christen die Welt und ihr Leben neu sehen lernten. Ihr Bekenntnis aber kleiden sie nicht in abstrakte, dogmatische Sätze, sondern in Erzählungen, die etwas von der Freude und Beglückung spüren lassen, die sie erfüllt.

Anton Steiner, in: Hans Jellouschek/Wolfgang Wessinger, Mit Kindern glauben lernen, KBW Verlag, Stuttgart, S. 92–94

Dietrich Steinwede bietet in einem Erzählvorschlag beispielhaft die Verarbeitung der Erkenntnisse heutiger theologischer Wissenschaft an.

Erzählvorschlag I: Die Weihnachtsgeschichte Lukas 2 im Zusammenhang der Entstehungsgeschichte des Neuen Testaments

Der nachfolgende Versuch ist methodisch folgendermaßen angelegt:
Es wird eine Einteilung nach Abschnitten vorgenommen, nach (kleinen) Erzähleinheiten, die (über einen längeren Zeitraum hinweg) nacheinander weitergegeben werden (Aufschlüsselung in kleine Verstehensschritte!). Das ist ein Vorschlag zur *aufbauenden* Vermittlung. Jeweils vorausgehende Teile werden wiederholt. Ein neuer Teil wird hinzugefügt. So wird die Erkenntnis schrittweise befördert. So kann den Aufnahme- und Verstehensmöglichkeiten von Vorschulkindern Rechnung getragen werden.

Die Textvorlage Lukas 2,1–20 (die als solche – vgl. Abschnitt 6 – ganz einfach und anschaulich nacherzählt wird) ist in einen Raum eingebunden, der die Situation des Lukas in seiner Zeit (50 bzw. 80 Jahre danach!) verdeutlicht (vgl. Abschnitt 3–5 und die erinnernden Zusätze „Lukas schreibt . . .“ innerhalb der eigentlichen Nacherzählung). Lukas wird als Erzähler der 2. Generation eingeführt. Er hat ein Verkündigungsmotiv. Er will weitersagen, was er selbst gehört und erfahren hat (vgl. Abschnitt 3). Er sieht sich der Frage nach der Geburt des Messias ausgesetzt (vgl. Abschnitt 4). Er beginnt zu spekulieren. Ihm geht auf, daß der Messias „nach der Schrift“ in Bethlehem geboren werden sollte (vgl. Abschnitt 5). Das wird zum Leitmotiv seiner antwortenden Erzählung.
Einzelsachverhalte (Schriftrollen als Überlieferungsträger; „Engel“ als häufig anzutreffendes Motiv in den Geschichten der AT-Schriftrollen; Römische Fremdherrschaft als regierendes Moment der politischen Situation zur Zeit Jesu; die Messias-Erwartung Israels) werden in knappen Vorklärungen (als Kleinerzählungen) vorangestellt (vgl. Abschnitt 1 und 2). Damit wird das Wiedererkennen von bereits Gewußtem in einem späteren Erzählungszusammenhang methodisch eingeplant, etwas, was sich bei Kindern immer wieder als fruchtbares Stimulans erweist.

So kann bei allen Schwierigkeiten gleichzeitig mit der Weihnachtsgeschichte ihre (vermutliche) Entstehungsgeschichte mit überliefert werden. So können Kinder von vornherein in die erforderliche historisch-kritische Distanz hineingenommen werden, ohne daß ihnen etwas vom Glanz, vom Zuspruch, von der Botschaft der Lukasgeschichte – wir sagten es schon – verlorengehen müßte. In all dem liegt ein Moment der

Verfremdung von vornherein. Wir machen uns aber klar, daß unsere Kinder Verfremdungseffekten – etwa vom Fernsehen her – heute alltäglich ausgesetzt sind.

Bausteine

1.
Der Erzieher zeigt eine selbstgefertigte Schriftrolle, in Kolumnen von rechts nach links beschrieben. Er rollt auf und zu. Kinder probieren selbst. Erzähltext dazu:

Die Juden in der uralten Zeit hatten keine Bücher,
sondern Schriftrollen.
In diesen Schriftrollen standen die Geschichten
von Gott und den Menschen.
Da stand auch,
daß Gott *Engel* zu den Menschen schickte,
die den Menschen etwas sagten von Gott.

2.
In der Zeit als Jesus lebte,
da waren die Römer Herren im Land.
Die Römer waren die Feinde der Juden.

Die Juden aber warteten.
Sie warteten auf einen neuen König,
auf den König des Friedens,
den Retter,
den Messias,
den Heiland.
Sie hatten große Sehnsucht danach.
Sie sagten:
Der Retter kommt von Gott.
Er wird uns befreien von den Römern.
Er wird Frieden machen.
Sie sagten:
In Bethlehem wird er geboren!
So steht es in unseren alten Schriftrollen.

3.
Und dann war die Zeit nach Jesus.
Die Römer hatten ihn gekreuzigt.
Und es waren schon wieder 50 Jahre her,
daß Jesus tot war.
In dieser Zeit lebte *Lukas.*
Er war einer von denen,
die zu Jesus gehörten,

einer von den Jesusfreunden,
einer von denen,
die an Jesus *Christus* glaubten.
Lukas war ein *Christ.*

Und Lukas war ein Erzähler.
Er erzählte den anderen Menschen von Jesus Christus.
Er wollte, daß sie auch Christen werden.
Er erzählte:
Jesus ist der, der von Gott kommt.
Er gehört zu Gott.
Und Gott zu ihm,
Jesus Christus will euch helfen.
Er ist der Messias.

So hatte Lukas es gehört
von den anderen Christen,
die Jesus selbst noch gekannt hatten.

Lukas hatte Jesus nie gesehen.
Es war ja schon 50 Jahre her,
all das mit Jesus.

Aber Lukas hatte gemerkt.
Das, was sie erzählen von Jesus,
das hat sich ausgebreitet über die ganze Welt,
so schnell wie der Wind.
Und Lukas dachte:
Ich muß es auch ausbreiten.
Ich muß es den Leuten klarmachen,
daß Jesus von Gott gekommen ist.
Ich muß es aufschreiben.

4.
Eines Tages kamen einige Christen zu Lukas.
Sie sagten:
Hör mal, Lukas:
Jesus ist der Friedenskönig,
der Messias, der Retter.
Gott hat ihn geschickt.
Das glauben wir.
Mit Jesus ist Licht in die Welt gekommen.
Weil er gut war.
Weil er Gutes getan hat.
Vorher war alles dunkel.
Jetzt ist es hell.
Aber eins wissen wir gar nicht:

Wie war das mit der Geburt von Jesus?
Davon hat niemand erzählt.
Es muß doch etwas Besonderes gewesen sein
mit seiner Geburt.
Wir wissen es nur nicht.
Wie war das, Lukas?

Lukas wußte es auch nicht.
Niemand wußte es.
Es war ja schon so lange her.
Über die Geburt von Jesus
hatte niemand etwas aufgeschrieben.

5.
Lukas dachte nach:
Er sagte:
Wo Jesus wirklich geboren ist,
das weiß ich nicht.
Davon hat keiner erzählt.
Das ist ja schon 80 Jahre her.
Aber eines weiß ich:
Er ist geboren wie alle anderen Menschen auch.
Und seine Mutter hieß Maria. Das ist sicher.
Und sein Vater hieß Josef. Das ist sicher.
Und groß geworden ist Jesus in der Stadt Nazareth.
Das weiß ich. Dort war Josef Zimmermann.

Und eines wußte Lukas auch noch.
Er glaubte es:
Jesus *ist* der Messias.

Und da hat Lukas plötzlich gedacht:
Ich weiß ja, wo er geboren ist.
Das steht ja in den alten Schriftrollen.
Dort steht, wo der Messias geboren werden sollte:
In Bethlehem!

Und da hat Lukas den Christen,
die ihn nach der Geburt von Jesus fragten,
eine Geschichte aufgeschrieben:
Dies ist die Geschichte:

6.
Aus Rom kommt Befehl von dem Kaiser der Römer,
vom Kaiser Augustus:
Jeder im Reich soll Steuern bezahlen,
Geld für den Kaiser!

Jeder soll in die Stadt gehen, aus der er stammt.
Dort soll er sich eintragen lassen in die Steuerliste!

Josef stammt aus der Stadt Bethlehem.
Er stammt vom König David ab,
der aus Bethlehem gekommen ist
vor 1000 Jahren.
Josef wohnt aber in der Stadt Nazareth.
Er muß nach Bethlehem gehen.
So will es der Kaiser.

Und Josef nimmt seine Frau mit, Maria.
Und Maria soll ein Kind bekommen.

Und so ist es geschehen, schreibt Lukas:
Das Kind wird in Bethlehem geboren,
ganz armselig,
in einer Höhle für Tiere,
für Schafe und Ziegen.
Denn sonst ist da kein Platz in Bethlehem.
Zu viele Menschen sind gekommen wegen der Steuer.
Das Kind liegt in der Futterkrippe,
in Windeln gewickelt.
Das Kind heißt Jesus.

Lukas schreibt und schreibt.
Er denkt an die alten Geschichten von den Engeln,
die Gott zu den Menschen schickte.

Und da schreibt er:
Auf den Weiden bei Bethlehem sind Hirten,
arme, elende Menschen,
Menschen in Not,
Menschen im Dunkel.

Aber mit einmal ist Licht über ihnen.
Ein Licht geht ihnen auf.
Und ein Bote kommt zu ihnen,
ein Engel Gottes.
Und er sagt eine große Botschaft:

Habt keine Angst!
Gott beschützt euch!
Gott will euch helfen.
Gott will euch Freude machen.
In Bethlehem ist ein Kind geboren.
Es ist der Messias,
der Retter,
der Heiland.
Ihr findet das Kind in einer Futterkrippe.

Und Lukas schreibt:
Viele Engel sind da.
Die loben Gott.
Und sie sagen:
Licht ist bei Gott.
Und bei den Menschen ist Friede.

Als Lukas das schreibt, da denkt er an den Krieg in der Welt. Und er denkt an die Geschichten von Engeln aus den alten Schriftrollen. Er weiß, Engel mit Flügeln am Himmel sieht man nicht. Aber er denkt immer wieder an die alten Geschichten von Engeln, die Gott dienen in seinem himmlischen Reich.
Und dann schreibt Lukas seine Geschichte zu Ende:

Die Hirten laufen hin nach Bethlehem.
Sie finden Jesus in der Krippe,
Jesus, das Kind.
Sie beten es an, das Kind.
Und danach sagen sie überall weiter:
Uns ist ein Kind geboren,
der Retter, der Heiland!
Freut euch!

Wie man ein Bild malt, so hat Lukas
diese Geschichte aufgeschrieben. Er hat
mit Worten ein Bild gemalt.

Und diese Geschichte ist die Weihnachtsgeschichte.
Seitdem gibt es Weihnachten in der Welt.

Nachbemerkung

Daß jeweils folgende, aufarbeitende Gespräche mit Kindern notwendig sind, dürfte auf der Hand liegen. Hier muß wiederholt, geklärt, weitergeführt werden.
Wer vertiefen will, sollte versuchen, auf den Zeichencharakter der Geschichte zu verweisen. Sprachhilfen:
„Die Geschichte des Lukas ist ein Wegweiser, der auf etwas hinzeigt, wie ein Zeichen:
Die Menschen sollen etwas sehen. Sie sollen etwas erkennen an der Geschichte! Das Licht ist ein Zeichen (Es soll hell werden bei den Menschen). Der Bote, der Engel, ist ein Zeichen (Gott redet zu den Menschen). Die Futterkrippe ist ein Zeichen (Jesus war ein richtiges Menschenkind, mit Schmerzen geboren, in Windeln gewickelt).
Auch der „Himmel“ ist ein Zeichen (Gott ist nicht in einem Himmel oben). Selbst das Wort „Heiland“, „Retter“, ist ein Zeichen (Lukas wollte sagen: „Jesus ist mehr als der römische Kaiser, zu dem sie damals

auch „Heiland", „Retter", sagten). Die ganze Geschichte ist ein Zeichen: Jesus ist der Herr. Er ist von Gott gekommen. Mit ihm ist Licht in die Welt gekommen. Den Menschen ist ein Licht aufgegangen. Es ist hell geworden in der dunklen Welt."

Dietrich Steinwede, erstmals veröffentlicht in: Welt des Kindes 6/1972, Kösel Verlag, München
und was + wie? 3/4 1972, Gütersloher Verlagshaus Gerd Mohn

Erzählvorschlag II: Jesus wird in Bethlehem geboren (Lukas 2,1–7)

Augustus war ein mächtiger Kaiser.
Er herrschte über viele Länder.
Eines Tages gab er den Befehl:
Zählt alle Leute,
die in meinem Lande sind.
Jeder mußte in seine Heimatstadt gehen.
Auch Josef ging mit seiner Frau Maria
von Nazareth nach Bethlehem.
Aus dieser Stadt stammte die Familie des Königs David,
und Josef gehörte zu dieser Familie.

Maria war schwanger.
In den Gasthäusern war kein Zimmer frei.
Sie fanden einen Platz zum Schlafen in einem Stall.
Dort bekam Maria ihren ersten Sohn.
Sie wickelte ihn in Windeln und legte ihn in eine Krippe.

Anneliese Pokrandt, Vorabdruck aus: Elementarbibel, Verlage Ernst Kaufmann, Lahr/Kösel, München

Erzählvorschlag III: Gott läßt den Hirten die frohe Nachricht sagen (Lukas 2,8–14)

Nahe bei Bethlehem
waren Hirten auf dem Feld.
Die bewachten nachts ihre Herden.
Ein Engel erschien bei ihnen
und Gottes Licht strahlte um sie.
Sie hatten große Angst.
Der Engel sprach:
Fürchtet euch nicht!
Ich sage euch etwas,
das euch sehr freuen wird.
Für euch ist heute der Retter geboren.

Er ist Christus, der Herr.
In der Stadt Bethlehem werdet ihr ihn finden.
Hört, woran ihr ihn erkennen könnt:
Er ist in Windeln gewickelt
und liegt in einer Krippe.
Plötzlich waren bei dem Engel viele andere Engel.
Die lobten Gott und sagten:
Ehre sei Gott in der Höhe
und Frieden auf Erden
für alle Menschen.
Gott hat sie lieb.

Anneliese Pokrandt, a. a. O.

Erzählvorschlag IV: Die Hirten finden das Jesuskind in der Krippe (Lukas 2,15–20)

Die Engel kehrten zu Gott zurück.
Da sagten die Hirten:
Wir wollen nach Bethlehem gehen
und selber sehen,
was dort geschehen ist,
wie Gott es uns sagen ließ.
Sie liefen schnell hin
und fanden Maria und Josef
und das Kind in der Krippe.
Sie erzählten,
was die Engel ihnen von diesem Kind gesagt hatten.
Maria dachte immer wieder über diese Worte nach
und vergaß sie nicht.
Die Hirten gingen zu ihren Herden zurück.
Sie hatten selbst gehört und gesehen,
was Gott getan hatte.
Und sie lobten ihn
und dankten ihm dafür.

Anneliese Pokrandt, a. a. O.

Heinz Vonhoff beschränkt sich in seiner Nacherzählung von Lukas 2 auf die Verse 7–20, um unter dem Stichwort „Fürchtet euch nicht!“ die Freude deutlicher machen zu können. Er knüpft mit seiner Erzählung an den Engelsbesuch bei Maria an, der sie mit „Fürchte dich nicht!“ begrüßt hatte. Diese Kurzform legt sich nahe, wenn z. B. das Problem Angst in der weiteren oder engeren Vor-Weihnachtszeit behandelt wurde.

Erzählvorschlag V: Und sie fürchteten sich sehr (Lukas 2,7–20)

Auch in der Nacht, in der Jesus geboren wurde, waren die Boten Gottes unterwegs. Wo sie hinkamen, wurde die Dunkelheit aufgerissen und Licht flutete auf die Erde. Darüber kann man wohl auch erschrecken.
Auf den Feldern von Bethlehem, da, wo David einst die Schafe seines Vaters Isai gehütet und sein Hirtenlied gesungen hatte, waren in jener Nacht auch Hirten, die ihre Herden bewachten. Sie waren gewiß müde vom anstrengenden Tag, aber sie achteten mit Augen und Ohren auf alles, was ringsum geschah. Sie fürchteten sich nicht vor wilden Tieren, vor Löwen und Bären. Mit denen würden sie kämpfen wie David. Die würden sie besiegen.
Aber vor dem hellen Licht mitten in der Nacht fürchteten sich auch die mutigen Hirten von Bethlehem sehr. Und vor der fremden Stimme, die sie da anredete. Das hatten sie noch nicht erlebt, das war zum Erschrekken. Ein Fremder, von Licht umhüllt, mitten in der Nacht auf den Feldern von Bethlehem.
Ein Fremder, der ihnen eine Nachricht brachte.
Fürchtet euch nicht, sagte der Bote.
Es war derselbe, der Maria besucht hatte, der Engel Gottes.
Fürchtet euch nicht, sagte er zu den Hirten. Und die hörten zu. Siehe, sagte der Engel, ich verkündige euch große Freude, die allen Menschen zugerufen wird. Und die Hirten hörten zu.
Euch ist heute der Heiland geboren, sagte der Engel, der Christus in Bethlehem, in der Stadt Davids. Und die Hirten hörten zu. Ich gebe euch ein Zeichen, darin ihr ihn erkennen könnt, sagte der Engel, ihr werdet das Kind in einer Krippe in Windeln finden. Und die Hirten hörten zu und fürchteten sich nicht mehr. Sie wurden sehr froh. Da klang das ganze Land wider vom Lobgesang der Heerscharen Gottes:

Ehre sei Gott in der Höhe
und Friede auf Erden
und den Menschen ein Wohlgefallen.

Als das die Hirten hörten, konnten sie nicht länger bei den Schafen bleiben. Auf, riefen sie sich zu, wir wollen nach Bethlehem gehen und alles sehen, was geschehen ist.
Der Bote Gottes und die ganze Schar der singenden Engel waren nicht mehr da, aber die Freude war geblieben. Und in dieser Freude eilten

die Hirten nach Bethlehem und fanden die Krippe und Jesus, das Kind, und Maria und Joseph.
Da taten die Hirten dasselbe, was die Engel getan hatten. Sie lobten Gott. Und sie sagten es den anderen Menschen, daß der Heiland geboren sei.
Und dann gingen sie wieder zurück auf die Felder vor der Stadt zu ihren Schafen. Ohne Furcht. Voller Freude.

Der folgende Erzählvorschlag ist eine Kurzform der Weihnachtsgeschichte, die als Wiederholung verwendet werden, aber auch ihren Platz in der Familie finden kann. Sie eignet sich besonders gut für einen Elternabend, der die häusliche Weihnachtsfeier zum Thema hat.

Erzählvorschlag VI

Ich will dir von einer Frau und einem Mann erzählen. Die Frau heißt Maria, der Mann Josef.
Maria und Josef machen zu Fuß eine weite Reise. Sie gehen von Nazareth nach Bethlehem. Maria wird bald ein Kind bekommen. Man sieht es.
Als sie in Bethlehem ankommen, ist Maria sehr müde. Aber keiner kann ihnen ein Zimmer geben. Weil viele Leute in die Stadt gekommen sind, ist keines frei. Maria und Josef finden einen Stall. Dort bleiben sie. In der Nacht bekommt Maria das Kind. Es ist ein Junge. Er heißt Jesus. Maria packt ihr Baby warm ein und legt es in eine Futterkrippe. Daraus fressen sonst die Tiere.
In der Nähe sind Männer. Sie passen auf viele Schafe und Ziegen auf. Es sind Hirten.
Ihnen läßt Gott sagen: Heute ist Jesus geboren, in einem Stall. Er wird die Menschen zu mir führen. Er ist der Heiland. Die Hirten wundern sich über diese Botschaft. Sie sagen: Wir wollen das Kind sehen, das im Stall geboren ist. Wir gehen es besuchen.
Sie finden es ganz in der Nähe. Es liegt in einer Krippe. Die Hirten sagen: Dieses Kind hat Gott geschickt. Wir wollen Gott dafür danken. Dann gehen sie heim und sind glücklich. Sie haben Jesus gesehen.

Anton Steiner, in: Hans Jellouschek/Wolfgang Wessinger, Mit Kindern glauben lernen, KBW Verlag, Stuttgart, S. 85

Lukas 2 in neuen Weihnachtsliedern

3.1.1 Das Lied „Augustus, Cyrenius" (Liedbeilage Nr. 6)
Dieses Lied macht deutlich, um was es geht. Die Zwischenfrage lautet immer: „Was meint damit Lukas, der uns dies verkündet? Was meint damit Lukas, der uns dies erzählt?" Lukas deutet mit seinen Worten Vorgänge der Vergangenheit. Seine Deutung können wir nicht mehr hinterfragen. Sein Bekenntnis ist für uns gültig und verbindlich.

3.1.2 Das Lied „Wir suchen mit Eifer" (Liedbeilage Nr. 8)
Dieses Lied versucht auf andere Weise zu zeigen, daß wir nicht in die Geschichte zurückgehen können, um glauben zu lernen. Es ist gewissermaßen das Gegenlied zu „Alle Jahre wieder kommt das Christuskind auf die Erde nieder . . .".

3.1.3 Das Lied „Uns wird erzählt" (Liedbeilage Nr. 5)
Dieses Lied ist ein weiterer Versuch, das Zeichenhafte anzumerken, die Erzählung, das Weitererzählen, die Verkündigung zu betonen. Wenn es uns nicht einer erzählt hätte, wüßten wir nichts von Jesus. Wenn wir nicht weitererzählen, erfährt niemand von Jesus.

3.2 Die Weisen aus dem Morgenland
Mattäus 2, 1—12

Selten wird die Geschichte von den Weisen aus dem Morgenland für sich allein in der Advents- und Weihnachtszeit besprochen und gespielt. Und erfahrungsgemäß kommt die Geschichte nach Weihnachten zu kurz. Es wäre gut, wenn diese Geschichte gelegentlich anstelle von Lukas 2 im Rahmen einer Weihnachtsfeier zum Zuge käme.

Zum Verständnis des Textes

Für die Geschichte von den Weisen rechnet der Evangelist offenbar mit einem festen Zuhause der Familie in Bethlehem. Auch die Vorstellung, daß das Kind soeben erst zur Welt gekommen ist, kann man aus dem Text nicht herauslesen. Nazareth gilt nicht von vornherein als der Wohnort Josefs und Marias; darum wird erst in den Versen 22—23 begründet, warum die Familie nach ihrer Rückkehr aus Ägypten nicht wieder nach Bethlehem, sondern nach Nazareth zieht. So setzt diese Geschichte jene andere aus dem Lukasevangelium nicht voraus, sondern ersetzt sie vielmehr. Wir haben zwei Weihnachtsgeschichten im Neuen Testament, die — jede auf ihre Art — die Weihnachtsbotschaft bezeugen.
Der Name „Jesus" bedeutet: „Gott mit uns." So ist er Programm und Proklamation: „Gottes Sohn ist Mensch geboren." — „Bethlehem im

jüdischen Lande" wird näher bezeichnet zur Unterscheidung von Bethlehem in Sebulon, das westlich von Nazareth lag. – König Herodes regierte von 37 bis 4 vor Christus das Land mit harter Hand. Er konnte die Grenzen des Reiches Davids wiederherstellen, lebte aber ganz von der Gunst Roms. Er wähnte sich von Intrigen umgeben; so ließ er seine Lieblingsfrau, deren Mutter und drei seiner Söhne unter dem Verdacht der Rebellion hinrichten. Der Kindermord fügt sich gut in dieses Bild eines gewalttätigen Tyrannen. – Die „Magier aus dem Morgenland" mögen aus Persien oder Babylonien gekommen sein. In jedem Fall handelt es sich um Sterndeuter. Für sie gingen Astronomie und Astrologie ineinander über: Sternkunde und Sterndeutung wurden nicht unterschieden. Im Text erscheinen sie nicht als Könige; das machte die fromme Phantasie im Anschluß an Psalm 72,10 aus ihnen. Auch von der Dreizahl sagt der Text nichts; sie ist wohl aus der Zahl der Geschenke erschlossen. – Der Titel „König der Juden" ist für jüdische Ohren der Messiastitel; der politische Machthaber durfte sich jeweils nur „König von Juda" nennen. Vgl. dazu die Kreuzesinschrift (Kapitel 27,37), in der Jesus am Ende seines Lebens wie hier am Anfang so betitelt wird. Ein König von Juda hätte die Weisen nicht auf die anstrengende Reise gelockt! – Sie haben einen „Stern gesehen beim Aufgang", wie sich auch übersetzen läßt. Der astrologische Aberglaube besagte: Jeder Mensch hat seinen Stern. Die Lebenszeit des Menschen fällt mit der Leuchtzeit des Sternes zusammen, so daß also der Aufgang eines Sternes die Geburt eines Menschen anzeigt. Je größer und heller ein Stern ist, desto hervorragender ist der Mensch, zu dem er gehört. In dieser Weise ermittelten die Magier, daß das Neugeborene ein „König" ist. Aus der Stellung des Sternes in einem bestimmten Sternbild wurde herausgelesen, wo der Mensch lebte – hier also „König der Juden". – Der Stern ist nicht Leitstern, dem die Weisen folgen, sondern Anzeiger der Geburt, Doppelgänger des Bezeichneten. – Das griechische Wort für „anbeten" bedeutet „huldigen", d. h. sich mit dem Gesicht zur Erde niederwerfen und die Füße oder das Gewand küssen. Die Griechen hielten das nur Göttern gegenüber für angebracht; da aber im Orient die Könige als Götter verehrt wurden, wurde auch ihnen gehuldigt. Im Zusammenhang des Textes besagt die Huldigung, Jesus als Gott und König anerkennen. – Herodes „erschrickt", weil er weiß, daß die Ankunft des Messias, wie er sie sich vorstellt, der Abschied für ihn ist. Wenn auch die Juden „erschrecken", so soll man dahinter wohl spüren, daß sie die Schicksalsträchtigkeit des Neugeborenen erahnen, ähnlich wie der Hauptmann und die Soldaten beim Tod Jesu (Kapitel 27,54), so daß auch darin Anfang und Ende des Lebens Jesu zusammenstimmen. – Die „Oberpriester und Schriftgelehrten" bilden zusammen mit den „Ältesten" den Hohenrat, das Synedrium. Die „Ältesten" sind in dieser Frage aber nicht zuständig. – Nicht der unklare Aberglaube in Gestalt des Sternes, sondern das klare Wort in Gestalt der Bibel weist den Magiern den Weg. Der Stern setzte sie nur in Bewegung, das Wort bringt sie ans Ziel. Das Wort korrigiert den Stern, der Glaube den Aberglauben; aber indem er korrigiert, erfüllt er: Der Stern steht über dem Haus, in dem das Kind ist. – Möglicherweise interessiert sich Herodes für das Erscheinungsdatum des Sternes, weil er daraus das Alter des Kindes errechnen will. In diesem Zusammenhang steht vielleicht seine spätere Entscheidung (Kapitel 2,16), alle Kinder vom zweiten Lebensjahr abwärts töten zu lassen. – Der Stern, der über dem Haus steht, entspricht in gewisser Weise dem Engel auf dem Hirtenfeld (Lukas 2,9–12): das Kind sieht aus wie andere Kinder; aber Gott bezeichnet es durch Engel und Stern als *sein* Kind. – Auch die große Freude der Weisen hat ihre Entsprechung in der großen Freude, die der Engel den Hirten ankündigt (Lukas 2,10). – Die Weisen schenken Königsgaben und erfüllen damit die prophetische Ankündigung Jesaja 60,1–14. Jesus wird offenbar als der Herr der *Welt* und als das Licht der *Heiden.* Das ist die besondere Aussage der Weihnachtsgeschichte des Mattäusevangeliums. – Wer Jesus als seinen Herrn angenommen hat, sucht sich seinen Weg nicht mehr selber aus, sondern „empfängt Weisung" von Gott (so Vers 12 in der Zürcher Bibel).

Walter und Vera Wiese, Textbeilage zu Biblischer Wandfries „Die Weisen aus dem Morgenland", Verlag Ernst Kaufmann, Lahr (gekürzt)

Erzählvorschlag I

Fern und weit war das Morgenland. Im Osten lag es, ein Land der Heiden. Dort gab es weise und reiche Männer. Die lasen in den Sternen. Die sahen immer nach den Sternen, wie die sich bewegten, jede Nacht. Die wußten alles über die Sterne. Die waren sternenkundig.
Und dann war da ein neuer Stern. Hell war er am Himmel erschienen. Groß stand er da und strahlte weit, ein neues Licht, das glänzte.
Das ist ein Königsstern, sagten die Weisen. Ein Kind ist geboren, ein König. Es ist ein König über die Welt. Es ist ein König der Juden. Dort ist er geboren – so sagt es der Stern – im Lande der Juden, weit von hier, im Lande Judäa. Dort liegt eine Stadt. Die heißt Jerusalem. Das ist die Königsstadt der Juden. Herodes ist dort König.
Vielleicht ist das Königskind da geboren? So fragten die Weisen und sprachen: Wir müssen dorthin nach Jerusalem. Wir müssen es finden, das Kind. Wir wollen beten zu dem Kind und ihm Geschenke bringen. Es ist ein König über die Welt. Es ist ein Friedenskönig.
Und die Weisen vom Morgenland machten sich auf zu dem Kind nach Jerusalem. Es war ein langer Weg dorthin, vom Osten her nach Judäa.
Als aber Jesus geboren war in den Tagen des Königs Herodes zu Bethlehem im Lande Judäa, siehe, da kamen die Weisen. Sie kamen vom Osten, vom Morgenland her nach Jerusalem und sprachen: Wo ist der König, der neue König, der König der Juden? Wo finden wir ihn? Wir

haben seinen Stern gesehen im Osten, im Morgenland. Wir sind gekommen, ihn anzubeten. Sagt uns, wo finden wir ihn?
Als das der König Herodes hörte, da wurde er sehr erregt — und mit ihm das ganze Jerusalem: Hier ist kein neuer König, hier nicht, so sagten sie in der Stadt. Wir haben Herodes zum König.
Ein neugeborener König hier, so dachte Herodes: Wo ist er? — Will der meine Macht? Wir brauchen ihn nicht! Hier bin ich König, ich.
Wer ist es aber? Ist es der Christus, von dem sie schon lange reden? Ist der jetzt da? Und ich weiß nichts. — Das werde ich bald wissen.
Und da berief er die Hohenpriester und Schriftgelehrten des Volkes. Er hielt einen Rat und fragte sie: Wißt ihr von dem Christus, dem König?
Sie wußten es gleich: Das steht in der Schrift: In Bethlehem ist er geboren. Das sagt uns schon Micha, der Prophet, hier in der Schrift. So höre:

Du Bethlehem, Stadt im jüdischen Land,
du bist gewiß nicht die kleinste,
denn aus dir soll mir kommen der König, der Fürst,
der herrschen wird über mein Volk.

Da wußte Herodes: In Bethlehem ist er, da finde ich diesen König.
Und da berief er die Weisen zu sich. Ganz heimlich ließ er sie kommen. Er tat sehr freundlich und fragte sie aus: Wann ist euch der Stern erschienen? Wißt ihr das noch? Wann ist das gewesen? — Er wollte das ganz genau wissen.
Und als er die Zeit erkundet hatte, da zeigte er ihnen den Weg: In Bethlehem ist der neue König, zwei Stunden von hier. Dort sucht ihn. Und wenn ihr ihn findet, dann kommt zurück und sagt mir, wo er ist. Ich will auch kommen und zu ihm beten, ja, ja, zu dem Christus. Darum sagt es mir.
Sie aber, als sie ihn angehört hatten, den König Herodes, da zogen sie hin. Und siehe, der Stern, den sie vorher sahen im Morgenland, der war wieder da. Er strahlte. Er ging ihnen leuchtend voran. Da wußten die Weisen: Wir finden den König.
Sie folgten dem Stern nach Bethlehem. Er glänzte auf ihrem Wege. Er kam und blieb dort über dem Haus, dort, wo das Kindlein war.
Und als sie das sahen, da freuten sie sich in überaus großer Freude. Sie kamen ins Haus und fanden das Kind. Sie fanden Maria, die Mutter. Sie traten zum Kind und fielen nieder: Du bist der König der Welt. Du bist das Licht. Du bist unser Stern, ein wahres Licht der Heiden.
Und sie taten ihre Schätze auf und brachten ihm ihre Gaben.
Sie schenkten dem Kinde lichtes Gold und Weihrauch und duftende Myrrhe:

Die Schätze der Völker kommen zu dir.
Sie werden dein Lob verkünden.
(aus Jesaja 60,5f.)

Sie knieten nieder und huldigten ihm. Sie beteten zu dem Kind:

Herr, alle Völker, die du gemacht hast,
die kommen jetzt zu dir,
um anzubeten vor dir, Herr,
und deinen Namen zu ehren.
(Psalm 86,9)

Und danach wollten sie zu Herodes und wollten ihm alles sagen. Doch da kam ihnen Befehl im Traum: Geht nicht nach Jerusalem. Geht nicht wieder zu Herodes zurück. Nehmt einen andern Weg.
Da taten sie nach Gottes Befehl und zogen heim auf anderen Wegen.

Dietrich Steinwede, Zu erzählen deine Herrlichkeit, Verlage Vandenhoeck & Ruprecht, Göttingen/J. Pfeiffer, München, S. 20 ff

Erzählvorschlag II: Weise Männer besuchen das Jesuskind

Als Jesus geboren war,
kamen weise Männer
aus dem Morgenland nach Jerusalem.
Dort fragten sie:
Wo ist der neugeborene König der Juden?
Wir haben seinen Stern gesehen.
Wir sind von weither gekommen,
um ihn anzubeten.
König Herodes hörte davon.
Er erschrak sehr,
und viele Menschen in Jerusalem erschraken auch.
Herodes ließ alle Schriftgelehrten kommen.
Er fragte sie:
Wo soll der Retter geboren werden,
den Gott uns schicken will?
Sie antworteten:
In Bethlehem,
so hat es der Prophet Micha aufgeschrieben.
Heimlich ließ Herodes die weisen Männer zu sich rufen.
Er sagte:
Geht nach Bethlehem!
Wenn ihr das Kind gefunden habt,
kommt wieder zu mir
und sagt mir,
wo es ist.
Ich will auch hingehen
und es anbeten.
Auf dem Weg nach Bethlehem
sahen die Männer den Stern wieder,

den sie in ihrer Heimat am Himmel gesehen hatten.
Der führte sie zu dem Kind.
Da waren sie froh.
Sie fanden das Kind mit seiner Mutter Maria
und beteten es an.
Sie gaben ihm ihre Geschenke:
Gold, Weihrauch und Myrrhe.
Gott befahl den Männern im Traum:
Geht nicht wieder zu Herodes!
Darum reisten sie auf einem anderen Weg
in ihre Heimat zurück.

Anneliese Pokrandt, Vorabdruck aus: Elementarbibel, Verlage Ernst Kaufmann, Lahr/Kösel, München

In der Reihe „Was uns die Bibel erzählt" ist als Text zu den Bildern von Kees de Kort eine kurze Erzählung zu finden, die beide Geburtsgeschichten verbindet: Lukas 1,2–20 und Mattäus 2,1–12, die Hirten und die Weisen.

Erzählvorschlag III: Jesus ist geboren (Lukas 2,1–20 und Mattäus 2,1–12)

Josef und Maria gehen nach Bethlehem.
Der Weg ist weit.
Sie müssen in Bethlehem in einem Stall schlafen.
Dort bekommt Maria ein Kind.
Sie wickelt es in Windeln
und legt es in eine Futterkrippe.

Auf dem Feld sind Hirten.
Sie passen in der Nacht auf ihre Schafe auf.
Da kommt ein Engel zu ihnen.
Sie bekommen Angst.
Der Engel leuchtet ganz hell.
Der Engel sagt: Erschreckt nicht!
Gott macht allen Menschen eine große Freude.
Heute ist der Heiland geboren!
In Bethlehem.
Er heißt Jesus.
Geht und sucht ihn!
Er liegt in einer Krippe.
Auf einmal sind da viele Engel.
Sie singen: Ehre sei Gott in der Höhe!
Friede auf Erden!
Gott hat die Menschen lieb!
Dann sind die Engel wieder fort.

Die Hirten gehen schnell nach Bethlehem.
Sie finden Maria und Josef und das Kind Jesus.

Es kommen auch Männer von weither.
Ein Stern zeigt ihnen den Weg.
Der Stern bleibt über Bethlehem stehen.
Gerade über dem Stall.
Sie freuen sich sehr.
Die Männer gehen hinein.
Sie sehen das Kind und seine Mutter Maria.
Sie knien vor Jesus nieder.
Sie bringen ihm kostbare Geschenke:
Gold, Weihrauch und Myrrhe.

Aus dem Bilderbuch: Jesus ist geboren, Reihe „Was uns die Bibel erzählt“, Württembergische Bibelanstalt, Stuttgart

III
Advent und Weihnachten – Bedeutung und Gestaltung

Advent und Weihnachten gehören zusammen. Sie handeln vom Kommen Jesu. Passion und Ostern gehören zusammen. Sie machen die Bedeutung Jesu deutlich. Und die Pfingstzeit macht die Wirkung Jesu klar.
Die Advents- und Weihnachtszeit hat ihr Gewicht. Sie fordert ihre besondere Gestaltung.

1 Was bedeutet Advent und Weihnachten?

1.1 Viermal Advent

Der Adventskranz hängt im Zimmer. Nach dem Ersten Weltkrieg hat er seinen Siegeszug in den deutschen Familien angetreten und ist heute nicht mehr wegzudenken. Vier Kerzen schmücken ihn. Und die Kinder sagen: „Advent, Advent, ein Lichtlein brennt. Erst eins, dann zwei, dann drei, dann vier. Dann steht das Christkind vor der Tür." So lernen sie es von den Müttern, im Kindergarten und in der Schule. Wenn wir auf den Kalender blicken, dann stimmt es ja auch: Vier Adventssonntage gehen dem Christfest voraus. So könnte es scheinen, als ob die Adventszeit die Einleitung auf die Christfestzeit oder die Vorbereitungszeit auf das Christfest sei. Nun, das ist sie landläufig geworden. Ursprünglich war sie das nicht.

Warten – Hoffen – Harren

Advent heißt Ankunft. Adventszeit ist Wartezeit, Zeit des Wartens auf die Ankunft Jesu Christi. Was liegt zunächst näher als zu sagen: Wartezeit auf die Ankunft Jesu Christi eben am Christfest. Aber damit wäre das Warten sehr vordergründig verstanden. Warten und Hoffen und Harren gehören zum Christsein überhaupt dazu und sind nicht nur ein möglichst schnell hinter sich zu bringendes notwendiges Übel vor dem Christfest. „Hoffen und Harren macht manchen zum Narren", sagt das Sprichwort. Das trifft für Christen nicht zu. Im Gegenteil: Ein Christ ohne Warten und Hoffen und Harren ist kein Christ mehr. Aber: Warten auf was? Warten auf wen? In der alten Kirche, deutlich heute noch in der katholischen und orthodoxen Kirche, ist Buße das Kennzeichen der Adventszeit. Diese vor dem Christfest liegende Bußzeit entspricht der Bußzeit vor Passion und Ostern. Im Rahmen dieser Bußzeit wollte man sich für Jesus Christus bereit machen, wollte man Zeit und Kraft für Jesus Christus frei haben, wollte man seine Gedanken ganz auf Jesus Christus hinlenken – ganz unabhängig vom Christfest. Also: Warten auf die Ankunft Jesu Christi immer und nicht nur vor dem Christfest.

Vier Adventssonntage

Dem Christfest gehen also immer die vier Adventssonntage voraus. Dies ist keine beliebige Aneinanderreihung von Sonntagen. Vielmehr hat jeder Sonntag, seit vielen Jahrhunderten, sein ihm eigenes Gewicht und Gesicht, seine Bedeutung, sein Thema.

☐ *Der erste Advent.* Das Evangelium dieses Sonntags[1] handelt vom Einzug Jesu in Jerusalem, wie am Palmsonntag. Jesus reitet in Jerusalem ein. „Siehe, dein König kommt zu dir, ein Gerechter und ein Helfer" steht Sacharja 9, und wir hören dahinter das Rufen der Menge: „Hosianna!" In Jesaja 53 steht: „Fürwahr, er trug unsre Krankheit und lud auf sich unsre Schmerzen", und wir hören das „Kreuzige ihn!" der aufgestachelten Menge. Jesus kommt nach Jerusalem, um das zu erleiden, was Johannes sagt: „Er kam in sein Eigentum; und die Seinen nahmen ihn nicht auf. Er kommt nach Jerusalem, um am Ort seines Sterbens einen neuen Anfang zu machen, um neues Leben in die Welt des Todes zu bringen, um an Ostern den Tod zu besiegen. Die Königspsalmen im Alten Testament singen den Sieg des Messias: „Alle Könige müssen ihm huldigen, alle Völker müssen ihm dienen" (Psalm 72). Die Christengemeinde sieht diese alten Messias-Weissagungen in Jesus erfüllt. Sie bedenkt am ersten Advent, daß Jesus in die *Fremde* gekommen ist.

☐ *Der zweite Advent.* Das Evangelium dieses zweiten Sonntags handelt vom letzten Kommen Jesu zu seiner Gemeinde. Es gab vor Jesu Geburt keine Völker und keine Religionen auf dieser Erde, die nicht auf einen zukünftigen Retter gewartet hätten, der ihnen Angst und Schuld und Tod wegnehmen sollte. Auch im Alten Testament ist bei Daniel von diesem Menschensohn die Rede, der in den Wolken des Himmels kommen wird, um zu richten und das Reich des Friedens aufzurichten. Unser Leben ist heute, obwohl Jesus gekommen ist und obwohl Ostern hinter uns liegt, immer noch von Angst und Schuld und Tod bestimmt. Wo Angst und Schuld und Tod sind, da fehlt der Schalom, der Friede, der alles in Ordnung bringt. Die Christengemeinde rechnet damit, daß Jesus sein Reich des Friedens einst aufrichten wird. Sie bedenkt am zweiten Advent, daß Jesus gekommen ist und kommen wird, um *Frieden* zu stiften.

☐ *Der dritte Advent.* Das Evangelium des dritten Sonntags hat seit jeher als Inhalt die Gestalt Johannes des Täufers, den man den Vorläufer Jesu nennt. Man kann nun, wenn man die Adventssonntage nur auf das Christfest bezieht, die Geburt des Johannes als Hinweis auf die Geburt Jesu sehen. Dies würde aber nicht dem eigentlichen Tagesthema entsprechen. Johannes kam, um Jesus in seinen Dienst einzuführen. Johannes taufte Jesus. Damit begann Jesu Wirken. Er begann,

[1] Die hier genannten Evangelien-Texte der 4 Adventssonntage gehören zur 1. von 6 Perikopen-Jahresreihen, die der Evangelischen Kirche in Deutschland gemeinsam sind. Die 1. und 2. Reihe bilden die sogenannten „altkirchlichen Evangelien und Episteln".
In der Katholischen Kirche, in der es seit einigen Jahren 3 Perikopen-Jahresreihen gibt, ist der 1. Advent in seinen Texten geprägt von der Wiederkunft Christi am letzten Tag, der 2. und 3. Advent von der Gestalt Johannes des Täufers, der 4. Advent von der Gestalt Marias.

„den Gefangenen die Freiheit zu predigen". Und wenn wir das Leben Jesu genau betrachten, dann werden wir unschwer die Freiheit als Grundeinstellung Jesu erkennen können: Freiheit vom Gesetz, von Schuld, von Vorurteilen, von Angst und vom Tod. Die Christengemeinde rechnet damit, daß Jesus zur Befreiung des Menschen gekommen ist. Sie bedenkt am dritten Advent, daß Jesus gekommen ist, um *Freiheit* zu schaffen.

□ *Der vierte Advent.* Das Evangelium des vierten Sonntags ist die Ankündigung der Geburt Jesu. Sie wird in einer Zeit angekündigt, in der der römische Kaiser Augustus (der „Anbetungswürdige") an der Macht ist. Seine Geburt war, Jahrzehnte vor Jesu Geburt, von Himmelszeichen, Träumen und Horoskopen angekündigt. Als Gott in Menschengestalt wurde er verehrt. 9 Jahre vor Jesu Geburt schließlich wurde beschlossen, den Geburtstag des Augustus zum Neujahrstag zu erheben. In dieser Verlautbarung heißt es u. a.: „Die Freudenbotschaft von der Menschwerdung des Gottes Augustus aber war für die Welt das erste von ihm ausgehende Evangelium." In diese religiös geschwängerte Zeit hinein kommt die Ankündigung des Lukas: „Siehe, ich verkündige euch große Freude, die allem Volk widerfahren wird; euch ist heute der Heiland geboren, welcher ist Christus, der Herr!" Und uns entgeht sicher nicht, wie hier deutlich werden soll: „Hier ist mehr als Augustus! Hier ist der wahre Gesalbte (= Messias = Christus)! Hier ist der wahre Retter (Heiland) und Kyrios (= Herr)! Hier ist das wahre Evangelium (eu-aggellion = Frohbotschaft)!" Die Christengemeinde rechnet damit, daß die wahre Freude in Jesus Christus gegeben ist. Sie bedenkt am vierten Advent, daß Jesus gekommen ist, um *Freude* zu bringen.

Adventszeit, der Anfang des Kirchenjahres

Die alle Jahre wiederkehrende Adventszeit zeigt uns: Wir müssen immer über den ersten Adventssonntag in das Kirchenjahr hinein, immer über Karfreitag und Ostern. Wir kommen also am ersten Advent nicht vorbei. So ist alles, auch und gerade die Geburtsgeschichte Jesu, nicht ohne Karfreitag und Ostern zu verstehen. Der, den wir erwarten, war schon da. Warten hat also Sinn. Es ist kein Warten auf Zufälle. Vielmehr drückt sich darin die ganze Spannung aus, die sich in jedem Christen zeigt: glauben wollen und nicht glauben können, Hoffnung und Erfüllung, schon und noch-nicht.

Die Adventszeit hilft uns das Christfest verstehen und begehen. Sie bewahrt uns vor der Täuschung: „Alle Jahre wieder kommt das Christuskind auf die Erde nieder, wo wir Menschen sind." Sie bewahrt uns vor der Meinung, das Christfest sei nur etwas für Kinder, weil es ja in der Geburtsgeschichte um ein Kind gehe. (Wir wissen, daß niemand von der Geburt Jesu erzählen würde, wenn nicht Karfreitag und Ostern

gewesen wären!) Sie bewahrt uns vor der Notwendigkeit, unseren Kindern den Zusammenhang von Jesus, dem Herrn, und dem „Christkind" mühsam erklären zu müssen. Er, dessen Geburtstag wir feiern am Christfest, ist der, der in die Fremde kam, um Frieden zu stiften, Freiheit zu schaffen und Freude zu bringen. Oder umgekehrt: Weil Jesus in die Fremde kam, um uns Frieden zu bringen und frei und froh zu machen, darum feiern wir seinenGeburtstag.
Adventszeit ist die ausführliche Inhaltsangabe des Kirchenjahrs, das dann allerdings mit der Geburt Jesu beginnt, aber über Karfreitag und Ostern führt und mit dem Ewigkeitssonntag endet. Weil das alles so ist, lohnt sich das Christfest.

1.2 Das Christfest

In den ersten Jahrzehnten nach Jesu Tod dachte niemand daran, Jesu Geburtstag zu feiern. Man hatte als Haupttag Ostern. Dieser Ostertag wurde mit Karfreitag zusammen gesehen. Dieser Haupttag war so wichtig, daß man ihn jede Woche anstelle des Sabbats als Sonntag (= Herrentag) hielt. Jede Woche also feierte man Jesu Auferstehung = Ostern.
Ostern war der eigentliche Anfang der Kirche. Pfingsten verstanden die ersten Christen als den Tag, an dem den ersten Jüngern die Wahrheit aufging, daß Jesus Christus auferstanden ist. Der gekreuzigte und auferstandene Herr bildet im Neuen Testament den Hauptinhalt der christlichen Botschaft. Die Mitte der christlichen Botschaft sollte durch nichts verdeckt oder gar verrückt werden.
Erst gegen 250 bzw. 300 nach Christus begann man den Geburtstag Jesu zu feiern. Allerdings wußte niemand, wann Jesus genau geboren wurde. Jahr und Tag waren nicht bekannt, und man stritt sich um den Geburtsort. Mit den Angaben war man schließlich auf die beiden biblischen Texte angewiesen. Lukas 2 und Mattäus 2 geben zu verschiedenen Geburtsjahreszahlen Anlaß (4 Jahre vor oder 7 Jahre nach der Zeitrechnung). Zum Geburtstag sagen beide Texte nichts. Und zum Ort macht das Neue Testament zwei Aussagen. Aus Nazareth oder Bethlehem könnte Jesus stammen. Wer eine historische Antwort will, der wird Nazareth sagen müssen. („Was kann aus Nazareth Gutes kommen?") Wer eine theologische Antwort will, wird von Bethlehem reden dürfen, von dem Ort, aus dem David stammt (Micha 5,1 „Und du Bethlehem . . ."; Jesus gilt als Davidssohn).
Der Geburtstag Jesu gewann Interesse, als die Botschaft Jesu in Länder kam, in denen der Geburtstag der Menschen und der Götter wichtig war. Und je nach Interesse und Gottheit und Überlegung setzte man die Termine fest. Insgesamt gibt es 12 verschiedene mögliche Geburtstermine Jesu. Zwei sind für uns heute noch wichtig, weil sie sich bei

uns eingeführt haben: Der 25. Dezember (nicht der 24. Dezember!) und der 6. Januar. In der Ostkirche wird heute noch der 6. Januar als Christfest begangen (vgl. griechische Gastarbeiter). Der 25. Dezember wurde im 3./4. Jahrhundert festgesetzt, um den Sonnengott, dessen Geburtstag an diesem Termin war, zu vertreiben. Die unbesiegbare Sonne Jesus besiegt den Sonnengott und erhebt damit Anspruch auf die Welt. Der Siegeszug dieses Termins und des damit gegebenen Festtages war mit Konstantin dem Großen, der 325 nach Christus das Christentum zur Staatsreligion im römischen Reich einführte, gesichert. Obwohl im Neuen Testament nur wenige Texte auf Jesu Geburt hinweisen und die meisten Texte nur von seinem Geborensein wissen (Johannes 1: „Das Wort ward Fleisch und wohnte unter uns"; Philipper 2: „. . . entäußerte sich selbst und nahm Knechtsgestalt an". Galater 4,4: „Als die Zeit erfüllt war, sandte Gott seinen Sohn . . ."), bekam der Geburtstag Jesu immer mehr Gewicht. Heute ist er zum höchsten Festtage der Christen aufgestiegen, zu Lasten der anderen Feste, zu Lasten (wahrscheinlich) der ganzen christlichen Botschaft. Es ist nötig, daß das Uranliegen der Christen, der gekreuzigte und auferstandene Herr, wieder mehr in den Vordergrund tritt. Dies kann geschehen in der Art, wie wir Weihnachten feiern, d. h. wie Erzieher und Eltern miteinander ihren „alten Adam" überwinden, sich selber korrigieren lassen und den Weg in die Zukunft und das heißt zurück zum biblischen Christus finden.

Weihnachten, besser Christfest, ist das Geburtsfest Jesu Christi. Jesus Christus ist der Retter und Heiland durch Tod und Auferstehung geworden. Weil er zum Retter geworden ist, darum bedenken wir das am Christfest schon mit. Er hat sich der Armen und Kranken erbarmt. Darum feiern wir seinen Geburtstag. Er ist für viele das Licht in der Nacht, der Freund in Einsamkeit und Angst geworden. Seinen Geburtstag feiern wir. Christfest hat also nur dann Sinn, wenn Karfreitag und Ostern mitbedacht werden. Christfest ohne Ostern, ohne den helfenden und liebenden Jesus, Jesus nur als Kind bedeutet die Reduktion des Christfestes auf ein Kinderfest, auf Sentimentalität, auf (falsche deutsche) Familienromantik, die Reduktion der „heiligen Familie" auf die „deutsche Familie". Aus diesen Erkenntnissen gilt es Folgerungen für die Gestaltung der Advents- und Weihnachtszeit zu ziehen. Daß diese Gedanken nicht ganz neu sind, zeigen z. B. eine ganze Reihe der Weihnachtslieder, die in der katholischen und evangelischen Kirche bekannt sind. Sie sind voll von Anleihen aus dem ganzen Leben und Leiden, Sterben und Auferstehen Jesu. Selbst Weihnachtslieder können nicht ohne Ostern existieren.

1.3 Ostern findet auch an Weihnachten statt
Ein Gang durch unsere Weihnachtslieder

Keine Zeit des Jahres ist so voll von Liedern und Gesang wie gerade die Advents- und Weihnachtszeit. Schon lange vor dem Fest werden Weihnachtslieder gesungen, selbst in Familien, in denen das Lied erstorben zu sein scheint. Die Erinnerung an die Vergangenheit, an die eigene Kindheit kommt in dieser Zeit besonders stark durch und „verleitet" zum Singen. Die Erinnerung an die Melodien herrscht vor. Darum ist es gut, wenn wir vor dem Christfest die Liedertexte unserer Gesangbücher untersuchen, um sie bewußter weitergeben und singen zu können.

Engel und Hirten

Die uns bekannte Geburtsgeschichte Jesu (Lukas 2,1–20) wird in den Gesangbuchliedern nur teilweise verwendet (im Unterschied zu den weihnachtlichen Volksliedern). Nirgends werden z. B. Augustus oder Cyrenius oder die Reise nach Bethlehem erwähnt (übrigens beliebte Figuren und Themen in Krippenspielen). Engel und Hirten dagegen kommen oft vor.

Ganz wichtig sind die Engel. Die Engel sind die Boten. Von ihrer Botschaft lebt der Glaube, die Kirche. Der Engel verkündet an Ostern die Botschaft, die auch mit „Fürchtet euch nicht!" wie in Bethlehem eingeleitet wird. An ganz entscheidenden Stellen, wo Gott eingreift und die Geschichte verändert, wo die „Ewigkeit in die Zeit" einbricht, da verkünden Gottes Boten die gute Nachricht. Interessant ist, daß gerade die ältesten Lieder von dieser Botschaft ausgehen. Z. B. Luthers Lied für seine Kinder EKG[2] 16,1–5/GL[3] 138,2–6: „Vom Himmel hoch da komm ich her. Ich bring euch gute neue Mär. Der guten Mär bring ich so viel. Davon ich sing'n und sagen will." (Vgl. weitere Lieder: EKG 17,1; EKG 18,3; EKG 19,1; EKG 20,1).

Den Engeln sind die Hirten als erste Hörer der Botschaft zugeordnet. Die Liederdichter stellen sich selber zu den Hirten, hören die Botschaft und ziehen mit den Hirten zum Kind (EKG 16,6/GL 138,7): „Des laßt uns alle fröhlich sein und mit den Hirten gehn hinein, zu sehn, was Gott uns hat beschert, mit seinem lieben Sohn verehrt." (Vgl. weitere Lieder: EKG 18,4; EKG 19,2; EKG 20,1/GL 139,1). Die Botschaft der Boten, das Hören der Hirten, das Verkündigen und Glauben sind die Grundthemen.

Erfüllte Erwartung

Eine ganze Reihe von Liedern lebt aus dem Alten Testament. Sie sind nicht ohne Altes Testament zu verstehen. In diesen Liedern finden wir

[2] EKG = Evangelisches Kirchengesangbuch
[3] GL = Gotteslob. Katholisches Gebet- und Gesangbuch

Ankündigungen und Verheißungen, die auf die Geburt Jesu bezogen werden, aber eigentlich zum ganzen Leben Jesu gehören. Die Erwartung im Alten Testament richtet sich ja nicht auf ein Kind, nicht auf die Geburt des Messias (= Christus), sondern auf sein Kommen, auf sein ganzes Dasein.
So wird z. B. Jesaja 9,5–6 in verschiedenen Liedern genannt. Hier ist ursprünglich die Einsetzung eines Königs gemeint: „Wunder-Rat, Gott-Held, Ewig-Vater, Friede-Fürst." Die Stelle aber wird auf Jesu Geburt bezogen, weil dort steht: „Uns ist ein Kind geboren, ein Sohn ist uns gegeben." Und genau dies bedeutet Inthronisation eines Königs. Hier hören wir Osterklänge mitten in der Advents- und Weihnachtszeit. Im Lied EKG 24,1 heißt es „ein kleines Kind, das Vater heißt", oder EKG 34,5 ist der „Friede-Fürst" genannt. In EKG Wttbg 407,4 werden von Jochen Klepper alle vier Titel aus Jesaja 9 aufgezählt, die erst an Ostern erfüllt sind.
Jesaja 11,1 ist von Isai, dem Vater Davids, die Rede. Im Lied EKG 23,1/GL 132,1 wird gesagt: „Es ist ein Ros (= Reis) entsprungen aus einer Wurzel zart (= Maria), wie uns die Alten sungen, von Jesse (= Isai) kam die Art und hat ein Blümlein bracht (= Jesus)."
1. Mose 3, die Sündenfallgeschichte, wird erwähnt. Jesus ist gekommen, damit der Schlange Kopf zertreten wird (EKG 29,5) und der Cherub (EKG 21,6/GL 134,4) nicht mehr vor der Tür stehen muß. An diese Geschichte erinnert auch der Namenstag „Adam und Eva" am 24. Dezember. Micha 5 („Und du Bethlehem Ephrata, die du klein bist unter den Städten in Juda ...") wird in EKG 17,2 angeführt. Es ist die Bibelstelle, die den Weisen aus dem Morgenland (Mattäus 2) den rechten Weg weist. Hier wird also der Geburtstag dessen gefeiert, der verheißen war und sich am Karfreitag und Ostern als der Erfüller der Verheißung erwiesen und ausgewiesen hat.

Tod und Auferstehung

Neben der Geburtserzählung werden eine ganze Reihe von Geschichten und Texten aus dem Neuen Testament in den Liedern verwendet. Philipper 2,5–11 (das Christus-Lied) kommt im Lied EKG 21,3/GL 134,3 vor („Er äußert sich all seiner Gwalt"). Römer 8,31–39 wird im Lied EKG 22,3 aufgenommen (Immanuel = Gott ist mit uns). Johannes 3,16, das Kurzevangelium „Also hat Gott die Welt geliebt", ist der Text des neuesten Liedes im Gesangbuch (EKG 35). Diese Bibelstellen gehen alle auf Tod und Auferstehung Jesu zurück. So wird hier deutlich: Tod und Auferstehung Jesu sind auch Themen der Weihnachtszeit, so fern sie uns auch in dieser Zeit liegen mögen. Der Tod Jesu wird in EKG 24,2 (Lamm), EKG 25,2 (Blut) und in EKG 28,5 (Sühne) aufgenommen. Hinter diesen Worten stehen Schuld, Sühne und Fehler, die durch Jesu Sterben aufgehoben und vergeben sind.

Die Auferstehung Jesu hat die Strophen EKG 29,3 („Himmels Freud" und „ewges Leben"), EKG 33,4/GL 144,4 („Pforte des Lebens") und EKG 27,10 (des „Lebens Pforte") geformt. Das Leben Jesu entspricht dem Leben der Christen. Christen folgen Jesus durch Tod zum Leben. Dies ist wahre Nachfolge.

Freude und Lob

So wie Ostern und Freude zusammengehören, so gehören auch Weihnachten und Freude zusammen. Ausgehend von der Engelsbotschaft „Siehe, ich verkündige euch große Freude" sind viele Lieder Freudenlieder. Wir sind verwundert, wenn wir als Entstehungsjahre bittere Kriegs- und Notzeiten feststellen. Und trotzdem Freude. Freude ist verkündete, keine selbstgemachte Freude. Z. B. steht EKG 19,1 „Freu sich, dem sein Sünd ist leid", oder EKG 27,1 „Fröhlich soll mein Herze springen". Die Freude über den nahen, den gekommenen und zukünftigen Herrn (Philipper 4,4—7) wird den Christen zugemutet und geschenkt.

Friede und Tat

Wieder ausgehend von der Engelsbotschaft „Ehre sei Gott in der Höhe und Friede auf Erden bei den Menschen des Wohlgefallens" ist das Thema „Friede" in den Liedern oft zu finden. In dem sehr alten Lied EKG 20,3 heißt es „Groß Friede wird auf Erden sein". Und in dem aus dem 30jährigen Krieg stammenden Lied steht (EKG 25,4): „Frieden und ein seligs Jahr." In Kriegs- und Notzeiten hörte man die Botschaft des Engels als Verkündigung des Friedens zwischen den Menschen auf Erden. Spätere Lieder lassen diese Bedeutung aus und verstehen den Frieden geistlich (EKG 27,4): „Gnad und Fried erwirbet" oder EKG 33,2/GL 144,2 „Friede und Freud wird uns verkündiget heut" oder EKG Ausgabe Württemberg 407,4 „Fürst, der ewgen Frieden schafft". Dietrich Bonhoeffer verstand die Engelsbotschaft vom Frieden als Geschenk für den Glauben und als Auftrag für das Tun. Und Liederdichter von heute haben hier die Aufgabe, das Neue Testament neu zum Klingen zu bringen. Beide Bedeutungen von Frieden sind heute so nötig wie einst zur Zeit des 30jährigen Krieges.
Wie kann nun die Antwort aussehen? Was bleibt zu tun? In wenigen Liedern finden wir Hinweise auf das antwortende Tun der Christen. Das blieb früher der Predigt vorbehalten. Wenn man heute aber keine Predigt mehr hört? Es ist wohl von Gottesfurcht, Glaube, Gehorsam und Geduld die Rede. Aber zu allgemein. Andere Lieder reden von Dank (EKG 15,7/GL 130,7; EKG 16,8; EKG 18,5). In EKG 22,4 danken wir „mit Gesang". In EKG 28,1/GL 141,1 sollten wir ihm „alles schenken". In EKG 25,3 wird gefragt: „Jesu, wie soll ich dir danken? Ich bekenne, daß von dir meine Seligkeit herrühr." Bekenntnis zu Jesus, das Weitersagen

der Botschaft ist gemeint. Und in EKG 35,5 ist von der Nachfolge die Rede: Die Kirche soll „Kreuz und Schmach nachtragen". Das Singen von Weihnachtsliedern ist sicher noch nicht Dank genug. Friede im Herzen und „Friede auf Erden": Beide Themen fordern unsere ganze Phantasie heraus. Beide Themen dürfen uns nicht zur Ruhe kommen lassen. Dann sind wir als Boten Gottes unterwegs „und erzählen, was wir gehört und gesehen haben".

2 Gestaltung der Advents- und Weihnachtszeit

Die Weihnachtszeit ist eine Teilzeit des Kirchenjahres. Sie kann und darf darum nicht isoliert, sondern muß als Teil des Ganzen verstanden werden. Es muß also der Kontext, aber auch das Besondere aufgezeigt werden.

Der Kontext des Kirchenjahres

Die biblischen Geschichten, d. h. Geschichten aus dem Leben Jesu, gehören zur christlichen Erziehung im Kindergarten. Nicht nur zur Weihnachtszeit hat die Bibel im Kindergarten ihren Platz. Der Erzieherin fällt es leichter, von Jesu Geburtstag zu berichten, wenn Jesus bekannt ist. Den Kindern wird dieser Geburtstag verständlicher, wenn sie von Jesus schon wissen. Im Lauf des Jahres werden mit den Kindern bestimmte Themen „erarbeitet", Themen, die dem Lebenskreis der Kinder entstammen bzw. ihnen ihren eigenen Lebenskreis erschließen helfen und ihren Gesichtskreis erweitern.
Für Kinder gehört zum Kindergartenalltag: Basteln, Spielen, Singen, Bilder malen usw. Sie lernen auf diese Weise Fingerfertigkeit, Umgang mit Formen und Farben, Körperbeherrschung, Stimme benützen usw.
Im regelmäßigen Wechsel von „Arbeit" und „Ruhe", von Aktivität und Passivität, von Aktion und Meditation, von Tun und Hören, von Bewegung und Besinnung lernen sich Kinder bewegen. Das hilft den Kindern „aus sich herauszugehen", hilft ihnen aber auch „in sich zu gehen". Beides ist nötig. Beide Formen des Verhaltens und der Einstellung gehören zum Kindergartenalltag.

Das Besondere der Weihnachtszeit

Jesus, von dem man das ganze Jahr gehört hat, hat Geburtstag. In der Reihe der Geburtstagsfeiern von Kindern und Erzieherin hat nun einer Geburtstag, der zu allen Kindern und zur Erzieherin in Beziehung steht, unsichtbar ist, aber Geburtstag hat. Sein Geburtstag ist so wichtig, daß man ihn noch nach bald 2000 Jahren feiert, sogar im Kindergarten.

Die Themen, die neben der biblischen Geschichte erzählt bzw. behandelt werden, sind existenzielle, aber auch koexistenzielle Themen, d. h. sind menschliche und mitmenschliche Themen. Z. B.: Jesus nimmt mir meine Einsamkeit und meine Angst, aber auch die meiner Eltern und Geschwister, meiner Nachbarn und meiner Verwandten. So weitet sich der Gesichtskreis über die Familie, über die Nachbarn, die alten und kranken Menschen in der Gemeinde zu den Kindern um uns und die Kinder in aller Welt. Die karitativen Aktionen (Brot für die Welt, Adveniat, Misereor usw.) unterstützen gerade in der Weihnachtszeit diese Gedanken. Diese Themen werden nun gestaltet und erfahrbar, erlebbar gemacht durch Singen, Darstellen, Spielen, Malen, durch Besuchemachen bei Alten und Kranken, durch Basteln (z. B. Adventskalender), durch Basteln von Geschenken, und durch Überlegen, wie man und wem man helfen kann.
Die Natur-Stimmung des Spätherbstes bewirkt, daß auch Kinder ruhiger und besinnlicher sein können. Der frühere Einbruch der Dunkelheit schaft eine besondere Atmosphäre. Man kann am Einbruch der Dunkelheit und am Lichtmachen das Kommen des Lichts am besten deutlich machen. Hier hat die Einführung der Weihnachtsbräuche ihren sinnvollen Platz. Man kann Weihnachtsbräuche nicht beseitigen. Sie sitzen fest in den Familien. Darum muß man sie erklären und weiterführen. Für diese Zeit charakteristische Symbole kommen zu Geltung: Die Kerzen und die Sterne.

Bewegung und Besinnung

Was vor Jahren in der Religionspädagogik fast vollständig fehlte, nämlich eigene Aktivität, eigenes Tun und Bewegung, steht heute in der Gefahr, die andere Seite totzuschlagen: Hören, Ruhe, Stille, Besinnung. Die Kinder sollen beides lernen und erfahren: Bewegung und Besinnung und alle sich daraus ergebenden Variationen. Zu viel Aktivität könnte innere Werte verschütten. Stille und Besinnung bringen Saiten zum Klingen, die zum Leben unbedingt gehören. Wichtig ist allerdings, daß gut überlegt ist, was diese Stille füllt, was Anlaß und Grund zur Besinnung ist.

2.1 Advents- oder Weihnachtsfeier?

Die Entscheidung in dieser Frage hängt von verschiedenen Faktoren ab. Sie kann nicht für alle Kindergärten und nicht für alle Zeiten gefällt werden. Aber sie muß gefällt werden, alle Jahre wieder. Eltern, Erzieher und Pfarrer sollten miteinander die verschiedenen Seiten zur Sprache bringen.

2.1.1 pro Adventsfeier

☐ Wenn in einer Gemeinde am 4. Advent oder am Heiligen Abend ein Familiengottesdienst stattfindet, bei dem mit einer großen Teilnehmerzahl auch aus den Kindergartenfamilien zu rechnen ist, ist eine Adventsfeier zu überlegen.
☐ Wenn, besonders in ländlichen Gemeinden, es Sitte ist, die Kinder in den Heilig-Abend-Gottesdienst oder Christfestgottesdienst mitzunehmen oder zu Hause noch sinnvoll und richtig Christtag zu feiern, dann ist eine Adventsfeier richtig.
☐ Wenn einige Jahre hintereinander der Kindergarten eine Weihnachtsfeier gehalten hatte, wäre es gut, einmal die Weihnachtszeit zu entlasten und eine Adventsfeier zu gestalten.
☐ Durch eine Adventsfeier kommen bestimmte Themen und Texte zum Zug, die sonst unter den Tisch fallen würden. In der Adventszeit ist es, auch im Blick auf die Eltern, leichter von Jesus dem Erwachsenen zu sprechen. Die Noch-nicht-Weihnachtszeit hilft einem dabei.
☐ Finden Sie weitere Begründungen.

2.1.2 pro Weihnachtsfeier

☐ In städtischen Gemeinden kommen häufig maximal 10 bis 25% der Gemeindeglieder zum Weihnachtsgottesdienst in die Kirche. Selbst dabei überwiegen die älteren Leute. Bei einer Weihnachtsfeier des Kindergartens sind fast 100% aller Eltern (nicht nur Mütter!) von drei Jahrgängen anwesend. Um der Eltern willen muß man immer wieder mit den Kindern nicht nur innerhalb des Kindergartens, sondern mit den Eltern zusammen Weihnachten feiern.
☐ Wenn es die Eltern heute nicht lernen, neue wichtige und richtige Aussagen über Weihnachten zu hören, können sie auch auf die Fragen ihrer Kinder nicht antworten. Eine Weihnachtsfeier setzt sie solchen Aussagen aus.
☐ Es soll und muß deutlich werden, daß Weihnachten nicht nur ein Fest der Familie ist. Zum Geburtstag Jesu wird groß eingeladen. Der Geburtstag wird mit möglichst vielen gefeiert.

2.1.3 Sowohl – als auch

Denkbar ist auch, die Adventsfeier im kleinen Kreis des Kindergartens, die Weihnachtsfeier im großen Kreis von Eltern und Gemeinde zu feiern, oder umgekehrt: die Adventsfeier mit Eltern und Gemeinde, dafür dann die Weihnachtsfeier im Kindergarten.
Wenn wir etwas machen, müssen wir wissen, warum . . .

2.2 Wo findet die Feier statt

Jedes Jahr wird die alte Frage neu gestellt: Wo halten wir die Advents- bzw. Weihnachtsfeier? Im Kindergarten selbst, im Gemeindesaal (bzw. Gasthaussaal oder einem anderen Raum der bürgerlichen Gemeinde), oder in der Kirche?

2.2.1 Im Kindergarten

2.2.1.1 pro Kindergarten

☐ Der Raum ist den Kindern bekannt.
☐ Für den Kindergarten kann man nicht viele Leute einladen. Nur wenige Gäste oder nur die Eltern haben Platz.
☐ Der Kindergarten ist der Intimraum und läßt die Kinder bei der Feier besser aufmerken. Die Kinder werden weniger abgelenkt.

2.2.1.2 contra Kindergarten

☐ Der Raum ist den Kindern zu sehr bekannt. Der Übergang in einen anderen Raum wäre gut, Tapetenwechsel würde den Kindern geradezu den Festcharakter des Festes noch deutlicher machen. Zum Fest geht man in die „gute Stube".
☐ Man kann in den Kindergarten nur verhältnismäßig wenig Leute einladen. Zu einem Fest gehören aber viele Leute. Möglichst viele sollen sich mit den Kindern freuen.
☐ Den Kindern soll von Anfang an deutlich werden, daß Weihnachten ein Fest vieler Menschen, aller Menschen, aller Völker ist und darum möglichst viele Menschen mitfeiern können.
☐ Der Kindergartenraum verleitet dazu, das Geburtstagsfest Jesu zur Privatsache, in den kleinen Kreis hinein „abzuwerten".

2.2.2 Im Kirchengemeindesaal (oder Gasthaussaal, Saal der bürgerlichen Gemeinde)

2.2.2.1 pro Gemeindesaal

☐ Hier ist all das zu nennen, was gegen den Kindergarten als Festraum gesagt wurde.
☐ Hier hat man mehr Platz für Gäste und Eltern, aber auch mehr Bewegungsmöglichkeit zum Spiel mit den Kindern.
☐ In diesem Raum ist auf jeden Fall mehr Öffentlichkeit garantiert. Der „Hausherr", meistens der Pfarrer muß hier einbezogen werden, was grundsätzlich gut, aber hier gefordert wäre.
☐ Der Raum ist neutraler als z. B. die Kirche. Dies wäre im Blick auf die Eltern, die nicht kirchlich gebunden sind, zu bedenken.

2.2.2.2 contra Gemeindesaal

☐ Hier ist all das zu nennen, was für den Kindergarten gesagt wurde.
☐ Es besteht die Gefahr, daß das, was die Kinder gestalten, zur Vorführung wird. Es besteht die Gefahr, aber es muß nicht so sein.

2.2.3 In der Kirche

Bei einer guten ökumenischen (evangelisch-katholischen) Zusammenarbeit und bei entsprechend konfessioneller Zusammensetzung der Kinder kann ein Wechsel der Kirchen in Erwägung gezogen werden.

2.2.3.1 pro Kirche

☐ Der Kirchenraum hilft beim Gestalten mit.
☐ Der Kirchenraum ist der Raum, in dem sich die Gemeinde regelmäßig versammelt. Zu dieser Gemeinde gehören auch die Kinder. Einige Kinder sind möglicherweise in dieser Kirche getauft worden.
☐ Die Kinder sind dorthin eingeladen, wo auch die Großen sind. Hier kommen nicht die Großen zu den Kleinen, sondern die Kleinen zu den Großen.
☐ Der Pfarrer muß hier auf jeden Fall einbezogen werden.
☐ Die Gemeinde kann und muß hier eingeladen werden. Sie kann so am Kindergarten und an seiner Arbeit teilhaben. Das ist wichtig im Blick auf die Integration von Kindergartenarbeit in die Gemeindearbeit.

2.2.3.2 contra Kirche

☐ Der Kirchenraum ist zu feierlich, zu „heilig", zu unpersönlich und den Kindern zu fremd.
☐ Es ist besser, wenn die Kinder die Eltern zu sich einladen.
☐ Ohne Pfarrer ist es besser, weil Erzieherin und Kinder u. U. gehemmt sind.
☐ Die große Gemeinde und die große Kirche verändern das, was die Kinder „aufführen", und verleiten die Kinder zum „Schau abziehen".

2.2.4 Pro und Contra

Alle Pro und Contra haben ihren Sinn. Vielleicht kann man von Jahr zu Jahr abwechseln. Aber grundsätzlich wäre schade, wenn der Kindergarten und seine Arbeit aus der Gesamtgemeindearbeit herausgenommen und ein Sonderdasein führen würde. Der Kindergarten ist nicht für sich da. Recht verstanden ist er ein nicht unwesentlicher und nicht unwichtiger Zweig der Gemeindearbeit. Es wäre schade, wenn die Kinder nicht schon in der Kindergartenzeit mit Pfarrer und Gemeinde Kontakt bekämen. Wenn das alles in der Weihnachtszeit nicht geschehen kann, dann muß das zu anderen Jahreszeiten (Schulanfang, Erntedank, Sommerfest usw.) nachgeholt oder vorweggenommen werden.

2.3 Praxisberichte

Praxisbericht I: Der Weihnachtsweg

Zielvorstellung

Nicht die Geburtsgeschichte allein sollte den Kindern in der Advents- und Weihnachtszeit nahegebracht werden; die Kinder sollten die Geburtsgeschichte mit allem, was sie von Jesus Christus und Gott schon wußten, in Verbindung bringen. Somit wird den Kindern deutlich, daß die Tatsache der Geburt Jesu Grund zur Freude und Feier an Weihnachten ist. Diese Freude verbindet sich aber nicht nur mit dem Weihnachtsfest, sondern in ganz besonderer Weise mit dem Alltag, mit dem täglichen Geschehen in unserem Leben.

Arbeitsgang:

Wir tragen im Gespräch all das zusammen, was wir von Jesus Christus schon gehört haben und wissen.
„Bald feiern wir das Weihnachtsfest, das Geburtsfest von Jesus Christus. Bevor wir die Geburtsgeschichte hören, wollen wir einmal sagen, was wir von dem Geburtstagskind schon wissen."
Je nach Qualität und Quantität des vermittelten Erzählgutes im Kindergarten werden jetzt die Beiträge der einzelnen Kinder ausfallen. Im Vordergrund stehen nach meiner Erfahrung Heilungsgeschichten. Für Kinder, die nicht so vertraut mit biblischen Geschichten sind oder sich an einem freien Gespräch nur schwer beteiligen können, ist es eine Hilfe, eine gute Bilderbibel (möglichst die den Kindern vertraute) als Stütze hinzuzunehmen. Anhand der Bilder erinnern sich die Kinder wieder an manche Geschichte, und es fällt dem einzelnen Kind dann auch leichter, der Gruppe etwas zu erklären.
Da der Inhalt dieses Einleitungsgespräches für unsere weitere Arbeit sehr wichtig ist (siehe Zielvorstellung), suchen wir nun nach einer Möglichkeit, das Gesagte

Besondere pädagogische Hinweise:

Voraussetzung für diesen Einstieg ist, daß wir im Laufe des Jahres mit den Kindern von Gott und Christus geredet haben. – Zu beachten ist, daß wir aus diesem Gespräch kein Wettspiel machen, sondern eine lockere Gesprächssituation herbeiführen!
Wichtig ist, die Beiträge der Kinder so zu sammeln und miteinander zu verbinden, daß sie für alle verständlich werden können. Es wird also ein sehr ausführliches Gespräch stattfinden (Zeit lassen – dieses Gespräch kann sich über mehrere Tage hinziehen.

bei den Kindern zu vertiefen. Hierfür bieten sich Lieder, Spiele und manuelle Tätigkeiten an. Wir haben uns für eine manuelle Tätigkeit, für das Formen mit Ton entschlossen. Jedes Kind formt das, was ihm aus dem Erzählen am wichtigsten ist.

Natürlich laufen andere Tätigkeiten nebenher, aber das Formen bildet den Schwerpunkt. Jetzt dürfen wir keine getreuen Abbildungen der einzelnen biblischen Geschichte erwarten – z. B. ist es einem Kind wichtig, zu wissen, daß Jesus heilt; dieses Kind formt einen Menschen mit lauter Windpocken und daneben einen gesunden Menschen (Jesus heilt!).

Diese Figuren bilden den Anfang unseres „Weihnachtsweges“ und begleiten uns in der Adventszeit auf dem Weg zur Krippe. Hier einige Erklärungen zum „Weihnachtsweg“: Auf einem Tisch oder auf der Fensterbank bauen die Kinder einen langen Weg (Material: Sand, Steine, Moos oder Bausteine) auf, es ist der Weg von Nazareth nach Bethlehem. Das heißt also, daß die Kinder an das eine Ende des Weges einen Stall (aus Schachteln, Holzresten oder Bausteinen) stellen und an das andere Ende Maria und Josef (aus Ton geformt).

In unserem Kindergarten haben die Kinder sich dazu entschlossen, daß die Figuren, die nach dem Einführungsgespräch entstanden sind, am Stall aufgebaut werden, denn sie alle haben ja auf Jesus Christus und auf seine Hilfe gewartet.

Am Stall wurde von einem Jungen eine kleine Tonkugel aufgestellt. Die Erklärung des Kindes lautete: Jesus hat die Menschen geheilt, weil Gott das kann. Du hast gesagt, Gott ist überall – er muß auf der ganzen Erde sein – die Erde ist rund – die Kugel soll Gott sein!

Diese Erklärung des Jungen zeigte uns, wie sehr wir bei der Hinführung zum Weihnachtsfest das Oster-, Himmelfahrts- und Pfingstgeschehen schon den Kindern deutlich machen und unbedingt mit einbeziehen müssen.

In der weiteren Adventszeit haben wir den Kindern Schritt für Schritt den Verlauf der Weihnachtsgeschichte erzählt. Maria und

Da der „Weihnachtsweg“ ständig allen im Kindergarten sichtbar vor Augen

Joseph sind immer ein Stückchen weiter auf ihrem Weg nach Bethlehem gewandert, und die Kinder haben nach und nach die anderen Figuren der Weihnachtsgeschichte geformt und dazugestellt.

Neben dem Erzählen wird man jetzt die entsprechenden Lieder und Bilder hinzufügen, um so den Inhalt zu vertiefen und abzurunden und auch, um Material für die Adventstafel (Weihnachtsfeier) zu haben. Das Bilderbuch „Weihnachten im Stall" (Text: Astrid Lindgren, Bilder: Harald Wiberg, Hamburg: Oetinger Verlag 1961) bietet gute Bilddarstellungen (der Text ist nicht so geeignet!). Die Bilder sind so klar und lebendig gemalt, daß man sie zur Adventsfeier zeigen kann.
Bei der Adventsfeier hat der „Weihnachtsweg" als Krippe gedient. Viele der Kinder hatten sich selber noch Figuren angefertigt, so daß auch in den Familien „Weihnachtswege" aufgestellt wurden und die Verbindung vom Kindergarten zum Elternhaus geknüpft war, wurde er zum Mittelpunkt der gesamten Advents- und Weihnachtszeit und hat den Anstoß zu vielen Einzel- und Gruppengesprächen gegeben.

An einem Elternabend und in Einzelgesprächen wurde mit den Eltern die Form der Adventsfeier sowie der gesamten Kindergartenarbeit besprochen. Die Eltern wurden insofern aktiv, als sie in Arbeitsgemeinschaften Lieder gesungen und musiziert haben. Diese Lieder wurden mit denen der Kinder bei der Adventsfeier zu einer kleinen Kantate zusammengefügt. Hilfen für die Zusammenstellung dieser Kantate entnahmen wir dem Buch „Das Liedernest" von L. Rockel (Fidula-Verlag, Boppard).

Hella von Vegesack, erstmals veröffentlicht in: Was + Wie? 4/1972, Gütersloher Verlagshaus Gerd Mohn

Praxisbericht II: Auf dem Weg zur Krippe

Didaktische und methodische Überlegungen zur Gestaltung von Adventskalender und Krippe im Kindergarten

Adventskalender, Krippe und Krippenspiel haben nur religionspädagogischen Wert, wenn sie Kinder sinngemäß in das Weihnachtsgeschehen einführen. Jedes Jahr bietet neue Möglichkeiten, die Kreise des Verstehens zu weiten, wie die Jahresringe eines Baumes. Somit wird eine Planung notwendig, die mehrere Jahre umspannt.

Didaktischer Standpunkt

Nicht nur methodische Phantasie kann langfristige Planung bewältigen, sondern vielmehr der didaktische Standpunkt. Will man emotional die Gemüter stimmen, will man nur Brauchtum pflegen, will man biblisch Advent und Weihnachten gestalten oder will man im Vorfeld des Glaubens im Sinne und Auftrage Christi dem Kinde helfen, seine Umwelt zu bewältigen? Wenn auch bei Kindern alle vier Aspekte angesprochen werden müssen, so sollte doch der Hauptakzent auf den beiden letztgenannten liegen. Hierfür als Beispiel zwei Themengruppen:

Themengruppe I

Neben der üblichen alttestamentlichen Hinführung zur Weihnacht bietet die Kindheitsgeschichte des Lukas genügende Motive, die sich als Themen lohnen, um schließlich Zugänge zum Weihnachtsevangelium zu öffnen:
1. „. . . in der Herberge war kein Platz für sie . . ."
2. „. . . wickelte ihn in Windeln und legte ihn in eine Futterkrippe."
3. Verkündigung an die Hirten

„. . . in der Herberge war kein Platz für sie . . ." ist in Erzählung, Bild und Spiel als reale Herbergssuche genügend strapaziert worden, als schöne Betrachtung ohne persönlichen Anspruch. Die Johannesparallele bietet einen neuen Ansatz: „Er kam in sein Eigentum, die Seinen nahmen ihn nicht auf."
Bibelgeschichtlich ist die Abweisung durch die Israeliten gemeint, das läßt sich veranschaulichen durch die Flucht nach Ägypten, in der Starrhalsigkeit der etablierten Pharisäer und schließlich im Kreuzestod Jesu. Andererseits gilt diese Aussage bis auf den heutigen Tag: Wieviele Herzen sind heute noch mitten unter uns verschlossen?
„. . . . wickelte ihn in Windeln . . ." – auch Vorschulkindern wird diese Menschwerdung deutlicher im Vergleich mit der eigenen Anschauung eines Säuglings. Er, ein Mensch wie wir, unter Schmerzen geboren, ist

hilfsbedürftig wie jedes andere Kind, hat nicht einmal ein Zuhause, ist unterwegs in einer „Futterkrippe" geboren.
Die *„Verkündigung an die Hirten"*, an die unterste Schicht, an Verachtete und Entrechtete, die nicht einmal würdig waren, vor Gericht auszusagen, ist sogar Programmpunkt Jesu. Die andere Dimension des „Reiches Gottes" wird sichtbar: „Nicht die Gesunden bedürfen des Arztes." „Zu den Sündern bin ich gekommen."

Themengruppe II

Der Vorschlag ist den lesenswerten „Arbeitshilfen zur religiösen Erziehung und Glaubensunterweisung in Kindergärten und Vorschulklassen" des Deutschen Katechetenvereins, München entnommen:

1. Das Leid in der Welt.
2. Wer kann hier helfen?
3. Dein Reich komme
4. Es kommt der Herr der Herrlichkeit

„Das Leid in der Welt" ist auch dem Vorschulkind schon erfahrbar, auch wenn es seine Tiefe und Tragweite noch nicht ganz ausloten kann.[1]
„In jeder Ausgabe der Tageszeitung finden sich Bilder von Straßenverkehrsunfällen, von Bränden, Schiffs- und Flugzeugkatastrophen, von Krieg und Mord und Raub, von Erdbeben- und Flutkatastrophen, von Hunger und Elend, von Krankheit und Armut. Dazu kämen Erzählungen der Kindergärtnerinnen zu diesem Thema. Selbstverständlich sollten nicht unverbindliche und für Kinder unverständliche Bilder und Berichte aus dem „Fernen Osten" herangezogen werden; die Kinder sollen auch selbst von Leid und Sorge, von Tränen und Not in ihrem Erfahrungsbereich erzählen: Wie bitter es ist, wenn man als unsympathisch gilt und nicht mitspielen darf; wenn man als asozial gilt und nicht gern gesehen wird; wenn man dümmer ist als andere und gemieden wird; wenn man krank ist und unter dem Allein-Sein leidet; wenn man beengt oder unter verständnislosen Mit-Mietern wohnt, die sich über jedes laute Geräusch der Kinder aufregen; wenn sich die Eltern oder die Geschwister streiten; man sollte überlegen, wie es Alten, Kranken, Einsamen zumute ist."
Und „wer kann hier helfen?" Bevor von Christus die Rede ist, befragt man ganz realistisch sich selbst, die Kindergartengruppe oder Klasse, die Familie, die Gemeinde u. a. In der Liebe am Nächsten kommt uns das Reich Gottes nahe, so wie Gott uns durch Christus gezeigt hat, wie wir leben sollen. „Wir überlegen, wie und wo wir unserer „Güte hellen Schein weit in die dunkle Welt hineintragen" können. Wir überlegen, was wir vom Reiche Gottes gehört haben: Es wird keine Tränen mehr

[1] Arbeitshilfen zur religiösen Erziehung, Deutscher Katechetenverein, München 1970, S. 39–42

geben. Es wird Friede sein. Es wird Vertragen und Freundschaft sein. Es wird Güte und Freundlichkeit sein. Keiner wird Not leiden . . ., verstoßenen Kindern gut sein, gemiedene Kinder mitspielen lassen, ängstlichen Kindern beistehen, hungernden Kindern durch eine der zahlreichen Hungeraktionen helfen."

Methodische Hilfsmittel

Ist der Standpunkt klar, so sind die didaktischen Ziele formulierbar. Sie sind Richtschnur, nach der Advent und Weihnachten gestaltet werden. Adventskalender, Krippe und Krippenspiel sind dann mehr methodische Hilfsmittel, das Ziel zu erreichen.
Es dürfte nicht immer ganz einfach sein, industriell hergestelltes Material, Adventskalender oder Krippe, richtig einzuordnen. Um so leichter aber wird es, eigenes Material mit den Kindern selbst herzustellen, abgesehen davon, daß mit der manuellen bildnerischen Tätigkeit der größere pädagogische Effekt erzielt wird.
Ein Adventskalender findet wortgemäß den Abschluß seines Spannungsbogens im Weihnachtsfest; das große Tor wird geöffnet, die Krippe erscheint. Die Christgeburt hat aber ebenso ihr Nachspiel wie ihr Vorspiel. So sollte der Bogen den ganzen Weihnachtskreis umspannen. In der Fastenzeit könnte man ihn wieder aufnehmen, um den ganzen Osterfestkreis miteinzuholen. Nur spricht man dann besser von Weihnachts- und Osterkalender. Beide lassen sich gleich gestalten. Bilder, plastische Figuren, Lied und Spiel sind Ostern wie Weihnachten einsetzbar.

Zusammenarbeit mit den Eltern

Inhalt und Form müssen rechtzeitig auch mit den Eltern der Kinder besprochen werden, um ihr Verständnis zu wecken, um die Kinder nicht in unnötigen Zwiespalt zu bringen. Gerade den Eltern müßte klar werden, daß die Weihnachtsbotschaft, wie jede andere biblische Erzählung auch, einen Bildvordergrund und einen Verkündigungshintergrund hat. Vorschulkinder können zwar noch nicht ganz den Bezug zwischen beiden Ebenen erkennen, jedoch haben sie ein feines Gespür für Tiefe.
Sie sind führbar. Der erfahrene Pädagoge wird wissen, was dem Kinde auf seiner Altersstufe zumutbar ist. Er wird wissen, wie er das Kind im Laufe der Jahre von Stufe zu Stufe zu Erkenntnissen führen kann.

Drei Grundregeln

□ Als goldene Regel gilt hier: Es darf nichts gesagt und getan werden, was irgendwann widerrufen werden müßte. Das kleine Kind hat Anspruch auf Wahrhaftigkeit.

☐ Methodisch läßt sich eine weitere Grundregel aufstellen: Je mehr Sinne beteiligt sind, um so tiefer lassen sich Inhalte erfassen. Das gilt für das Gesehene, Gehörte, Gesprochene oder Gesungene, für das mit Händen Hergestellte und das mit dem ganzen Körper Gespielte.
☐ Die dritte Grundregel wäre didaktischer Art: Nur das, was das Kind persönlich angeht, hat Bildungswert. So auch ist das Weihnachtsevangelium gemeint, keine schöne rührselige Geschichte, sondern als Botschaft, die den Menschen jederzeit aktiv miteinbezieht, Konfrontation des Lebens Christi mit meinem Leben hier und heute.

Praktische Anregungen

☐ Um das praktisch zu belegen, möchte ich an das Modell des Katechetenvereins anknüpfen: Kinder malen Bilder aus ihrer Lebens- und Erfahrenswelt oder suchen dementsprechende Fotos aus Illustrierten und Zeitungen. Die Erzieherin schneidet sie auf gleiches Format und steckt sie in numerierte Umschläge, die wiederum von Kindern verziert werden. Diese werden zusammengeheftet oder auf ein Band gereiht, selbstverständlich nach einer thematischen Leitlinie.
Weniger eine „gute Tat" sollte dargestellt werden, sondern vielmehr der Tatort, der zum Sprechen Anreiz bietet, zu dem sich auch Bilder der Tages- und Wochenpresse zuordnen lassen.[3]
☐ Zu jedem Thema der Themengruppe II ließe sich ein Plakat gestalten. In das Zentrum käme das bildhaft gestaltete Bibelmotiv, umgeben von zeitbezogenen Pressefotos. Eine Kindergruppe hatte das Thema I durch einen fest geschlossenen bunten Häuserkreis gelöst, Maria und Josef einerseits und die Hirten andererseits standen außerhalb. Fast täglich bringen Zeitungen Motive ausgestoßener, zugeknöpfter oder verschlossener Menschen. Bilder, die sich hier zuordnen lassen.
☐ Das Gegenstück zu den Themenplakaten wäre das selbst angelegte Bilderbuch. Wenigstens jedes Kapitelblatt wird selbst gemalt, evtl. gefolgt von gesammelten Zeitungsbildern oder gar eigenen Darstellungen. Günstige Gesprächsmomente ergeben sich durch den Vergleich von den in verschiedenen Gruppen angefertigten Gemeinschaftsarbeiten.
☐ Ehe die Kinder in der Lage sind, die Weihnachtsgeschichte mit unserer Umwelt zu konfrontieren, sollte man einen Bildfries nur mit der biblischen Geschichte anlegen. An langen Fensterfronten eignet sich besonders buntes Transparentpapier, von den Kindern geschnitten und bemalt und von der Erzieherin zum Bildteppich angeordnet bzw. aufgeklebt. Jede Woche lassen sich zwei oder drei Motive gestalten. Alle Kinder sind beteiligt, und die bildhafte Gestaltung begleitet das ständige Fragen, Überlegen und Antworten.

[3] ebenda, S. 37–45.

☐ Ähnliches läßt sich plastisch mit Figuren aus Knetmaterial, Papier oder Draht als Krippe bauen, die am Kirchenjahr orientiert (oder auch nicht) ständig die Szene wechselt.

☐ Spielfreudige Kinder kommen dann vielleicht auf die Idee, das ganze stegreifhaft zu spielen. Wenn der Erzieher getreu seinem didaktischen Konzept das Heft in der Hand behält, so kann er im Rollenspiel vertiefend interpretieren. Im Jahr darauf ließe sich eine zeithafte Interpretation eines biblischen Details im Rollenspiel erarbeiten.

☐ Zur Konfrontation von Bibel und Gegenwart eignet sich auch die Herstellung eines Advents- und Weihnachtsquartetts. Drei Gegenwartsbilder, selbst gemalt oder der Bildpresse entnommen, umkreisen das biblische Motiv. (Alle vier Bilder haben zur leichteren Koordination den gleichen Farbrand).

☐ Seite 79 wird die Idee eines 3. Schuljahres skizziert, das als Adventskalender eine „Gottesburg“ anfertigte. Sie war Kirchenliedern entlehnt: „Macht hoch die Tür, die Tor macht weit . . .“ „Von 12 Perlen sind die Tore . . .“ „Der Wächter sehr hoch auf der Zinne . . .“ u. a. vorwiegend alttestamentliche Motive (Abraham und Isaak, Moses, David, Johannes der Täufer) bildeten die Wochenthemen, denen je ein Bild gewidmet wurde. Als Weihnachtstor gestalteten sie ein krippenhaft übermaltes Gegenwartsbild der Armut.

☐ Die gleiche Idee läßt sich variieren, indem man aus Pappstreifen eine große runde Burgmauer schneidet und klebt und sie von Tag zu Tag bemalt oder mit Bildern beklebt bis zum Weihnachtstor hin und darüber hinaus bis etwa Lichtmeß. In der Burg selbst könnten dann plastische Krippenfiguren aufgestellt werden, biblisch oder zeitbezogen.

Krippe und Kreuz

Wichtig scheint mir, daß die Krippe möglichst bald mit dem Kreuz, die Freude mit dem dazugehörigen Leid konfrontiert wird, damit die Kinder eindeutig im Christuskind den erkennen, der für uns am Kreuz gestorben ist, den erkennen, der zwischen diesen beiden Endpunkten durch seine Botschaft und sein Leben Gott geoffenbart hat. Auch Vorschulkinder können erfassen: Es genügt nicht, die „frohe Botschaft“ nur zu hören, froh wird sie letztlich erst durch die handfeste Antwort eines jeden Einzelnen, durch die Nachfolge Christi. Hören und Antworten aber wollen geübt sein.

Karl Heinz König, erstmals veröffentlicht in: Welt des Kindes 6/1972, Kösel-Verlag, München

Praxisbericht III: Weihnachten 74 im Kindergarten

Weihnachten – noch ehe die erste Schneeflocke vom Himmel gefallen ist, läutet die Geschäftswelt den alljährlichen Hauch von Tannengrün und Kerzenwachs ein. Werbespots – „damit Er weiß, was Sie immer schon haben wollte!“ – flimmern pünktlich durch die Röhren und verkünden eine „frohe“ Zeit. Das neue Kabrio wird vom Weihnachtsmann persönlich präsentiert – der „Run“ auf die Kaufhäuser muß beginnen. Wo bleibt das Christenfest?
Kindern bleibt dieses Erwachsenenspektakel kaum verborgen – auch Kindergarten-Kindern nicht. Welche Akzente in dieser Zeit setzen? Wie mit den Kindern über Weihnachten – Christi Geburt – reden? Eine Feier – keine? Soziale Aktionen – welcher Art, für wen? Wie Weihnachten 1974 im Kindergarten vermitteln? Fragen über Fragen, mit denen sich Kindergärtnerinnen und Leiterinnen konfrontiert sehen. Oft im Meinungsstreit der Eltern verwickelt, müssen sie einen Kompromiß suchen, einen Mittelweg für die Zeit um Weihnachten in ihrem Kindergarten.

In der Kindertagesstätte St. Otto in Berlin-Zehlendorf wurde zum Beispiel „noch nie“ eine Weihnachtsfeier gestaltet. Denn nach Ansicht der Leiterin Antje Moldryk gehört die eigentliche Feier in den Familienkreis. Zwar fänden kleine Feierstunden während der Adventszeit statt, doch „kraftraubende Vorbereitungen“ würden bewußt vermieden. Auf den „geschäftlichen Rummel“ gehen die Erzieherinnen dieses Berliner Kindergartens kritisch ein, indem sie mit den Kindern mehrmals verschiedene Geschäfte besuchen und auch die üblichen Einkäufe tätigen, um beispielsweise in Rollenspielen mit „gezielt unterschiedlichem Verlauf und Ausgang“ den Kindern Gelegenheit zu geben, ihre Eindrücke und Empfindungen mitzuteilen.
Rund vier Wochen vor Weihnachten stellten die Kindergärtnerinnen von St. Otto im vergangenen Jahr eine soziale Aktion unter das Thema „Alte Menschen leben mitten unter uns“. Ein Rentnerehepaar besuchte mehrmals die Kindertagesstätte, erzählte dabei aus der eigenen Kinderzeit, wie das jetzige Leben verläuft und ging sogar einmal mit zum Schwimmen. Die Kinder beteiligten sich außerdem an der Gestaltung eines Altennachmittags in der Pfarrgemeinde, sie besuchten eine alleinstehende Dame in einem nahegelegenen Altenwohnheim und lernten eine Pflegestation für Alte und Kranke in einem Krankenhaus kennen.
Die Advents- und Weihnachtszeit steht, wie Frau Moldryk weiter berichtet, nicht isoliert im religiösen Leben des Kindergartenalltags. „Mit Schuljahresbeginn im Herbst versuchen wir durch unser Leben und unsere Haltung der neuen Gruppe von Kindern Grunderfahrungen zu vermitteln, welche die religiöse Erlebnisfähigkeit nach sich ziehen soll“,

betont die Leiterin. In der Adventszeit werden mehrmals Weihnachtsgeschichten (nach Steinwede, Zavrel) erzählt.
Das Geschehen um Weihnachten ist in der St.-Otto-Kindertagesstätte auch Diskussionsthema mit den *Eltern.* Frau Moldryk: „Wir setzen uns mit unserer eigenen religiösen Einstellung auseinander, tauschen unsere unterschiedlichen Auffassungen aus und versuchen auf einen gemeinsamen Nenner zu kommen." Außerdem berichten die Eltern über die Gestaltung „ihres Weihnachtsabends". Auch darüber werden Erfahrungen und Anregungen ausgetauscht. Es wird überlegt, wie gerade in unserer Zeit die „Hektik eingedämmt" und mehr Zeit für die Kinder gewonnen werden kann. So entstand 1973 ein kleiner Betreuungsdienst, um den Eltern eine „ruhigere Einkaufsmöglichkeit" zu gewähren.

Wie Frau Moldryk, so ist auch die Leiterin des St.-Joseph-Kindergartens in Stadtlohn bei Münster, Frau Clara Heidkamp, der Überzeugung, „daß die Weihnachtsfeier in den Familienbereich gehört". Hier wird allerdings in den ersten Dezembertagen eine vorbereitete Adventsfeier mit den Kindern, den Eltern und Erzieherinnen durchgeführt. Dabei sollen die Eltern auch Anregungen erhalten, wie das Weihnachtsfest heute sinnvoll gestaltet werden kann. Die allgemein zu beobachtende Hektik vor dem eigentlichen Fest wird im Kindergarten St. Joseph „möglichst vermieden".
„Wir versuchen die Kinder auf den wahren Sinn des Festes vorzubereiten", betont Frau Heidkamp, räumt aber ein, daß sie trotz der „negativen Aspekte des Weihnachtsrummels" keine kritische Haltung gegen dieses Treiben einnehme, „weil die oft übertriebene Konsumhaltung für die Kinder durchaus etwas Erfreuliches bringt". Jedes Kind freue sich zum Beispiel über ein neues Fahrrad zu Weihnachten.
Soziale Aktionen werden im Stadtlohner Kindergarten „nicht nur zu Weihnachten" durchgeführt. Sie sind zum Teil von dem jeweiligen Monatsthema abhängig („Alte Menschen – ein Besuch im Altersheim", „Ein Kind ist im Kinderheim" etc.). Bei diesen Besuchen werden meist selbstgebastelte Geschenke mitgebracht. Zu Weihnachten findet nicht nur eine Geldspende für bedürftige Kinder statt, ein weiteres Ziel ist auch die Förderung der Hilfsbereitschaft Unbekannten gegenüber. Der religiöse Akzent liegt vor allem in der erwähnten Adventsfeier: „Jesus hat uns gesagt und vorgelebt, wie wir miteinander leben sollen."

Selbstlosigkeit, Hilfsbereitschaft und Nächstenliebe stehen im Mittelpunkt der Adventsfeier im Kindergarten St. Clemens in Bergisch Gladbach-Paffrath, bei der ebenfalls die Eltern eingeladen sind. Die Feier steht hier in enger Verbindung mit dem Nikolaustag; deshalb befindet sich der Ablauf auch besonders im Zeichen dieses Bischofs. Dennoch wird „Nikolaus" nicht überstrapaziert. „Seinen Namenstag feiern wir

ähnlich, wie im Kindergarten die üblichen Namenstage der Kinder gefeiert werden“, bemerkt Frau Gabriele Kulozik, die Leiterin des Kindergartens.
Durch einen Elternbrief werden die Erwachsenen in der Vorweihnachtszeit kritisch angesprochen. „Wir versuchen unter anderem den Eltern klarzumachen, was das Weihnachtsfest wirklich bedeutet. Wir bitten sie, das Fest nicht als Ersatz für entzogene Zuwendungen zu benutzen oder als pädagogisches Druckmittel (‚Wenn du nicht lieb bist, dann . . .‘) einzusetzen.“ Doch die Paffrather Eltern werden nicht nur belehrt, sondern auch aufgefordert, sich aktiv an einem Kunstbazar zu beteiligen. Der Erlös aus den kleineren und größeren Kunstwerken kommt einem Projekt in Lateinamerika zugute.

Die Kindergartenleiterinnen, die hier zu Worte kamen, vertreten keine Modelleinrichtungen, sondern Kindergärten, die in jeder anderen Klein-, Mittel- und Großstadt anzutreffen sind. Deshalb wird auch nicht der Anspruch erhoben, Modellhaftes für Weihnachten 1974 geboten zu haben. Nur der Versuch eines Erfahrungsaustausches – nicht mehr!

Josef Schlösser, erstmals veröffentlicht in: Welt des Kindes 6/1974, Kösel-Verlag München

IV
Advent und Weihnachten mit Eltern

IV Advent und Weihnachten mit Eltern

Die Erzieherpersönlichkeit

Weihnachten ist für viele Menschen heute zum Problem geworden: für viele Eltern, für viele Erzieherinnen und Erzieher in Kindergarten und Schule, und darum auch für die Kinder. Kinder merken schnell, wo Unklarheiten und Ungereimtheiten bei Erwachsenen zu finden sind.
Erziehen ist eine Frage an die Existenz des Erziehers. Ich bin Erzieher mit allem, was ich rede, denke, tue, wie ich mich verhalte und benehme. Worte und Wesen, Reden und Tun wirken auf den andern, besonders auf Kinder. Kinder merken, wo das, was ich sage, nicht mit meinem Verhalten übereinstimmt, wo ich als Erzieher hinter meinen Worten zurückbleibe oder mich hinter meinen Worten verstecke. Wenn ich als Erzieher nur distanziert erziehen will, kann kein Funke überspringen.
Erziehen heißt begleiten. Begleiten kann ich nicht auf Distanz. Der Erzieher muß mit dem Kind gehen. Vater oder Mutter ist man nicht nur ein paar Stunden, sondern immer. Erzieher im Kindergarten ist man immer, auch außerhalb des Kindergartens. Eltern und Erzieher legen mit ihrem Verhalten und Reden die Grundlagen für das Verhalten und Reden der Kinder in ihrem späteren Leben. Das Kind fühlt sich betrogen, wenn es zwischen Reden und Verhalten Gegensätze feststellen muß. Erzieher (Eltern und Erzieherinnen) müssen auf jeden Fall dieses Auseinanderfallen von Reden und Verhalten eingestehen, erklären und so Vertrauen schaffen.
Erziehen ist eine Frage meiner ganzen Existenz. Darum gehört zu einer christlichen Erziehung ein christlicher Erzieher, zu dem wieder sein christlicher Glaube gehört. Dieser christliche Glaube wird nicht erst dann zum Tragen kommen, wenn das Kind selber reden kann. Christlicher Glaube wird für das Kind vom ersten Lebenstag an spürbar in der Gestalt der Eltern, später in der Gestalt der anderen Erzieher. Christsein heißt nicht, in allem sicher sein, in allem Bescheid wissen, keine Fehler machen. Vielmehr gehört zum Christsein das Eingeständnis der Schuld, das Eingeständnis des Auseinanderfallens von Reden und Verhalten dazu. Doch spürt ein Kind, wo seine Eltern und Erzieher ihren Halt haben, wo sie den Grund ihres Seins sehen, wo sie selber angebunden sind, wo sie den Sinn ihres Lebens finden, ob sie glauben und versuchen, diesen Glauben in der Liebe zum Kind und zueinander zu praktizieren.

Weihnachten ist nun darum für viele Kinder zum Problem geworden, weil sie bei ihren Eltern und bei vielen Erwachsenen keine glaubwürdigen Aussagen über Weihnachten finden. Sie stellen bei ihren Eltern und anderen Erwachsenen ein distanziertes Verhältnis zu dem fest, was Weihnachten ist. Das für Pfarrer oder Erzieherin Wichtige wird von vielen Eltern nicht beachtet. Oder: Die Erzieherin redet und feiert etwas,

mit dem sie nichts anfangen kann. Dann tun sich die Eltern, die in Weihnachten Sinn und Inhalt sehen, schwer, gegen die Autoritätsperson „Erzieherin“ anzukommen. Hier muß Offenheit herrschen.
Was heißt das alles?
Es ist nötig, daß sich die Erzieherin selber mit Weihnachten auseinandersetzt und die Eltern in diesen Lernprozeß einbezieht – notfalls mit Hilfe eines Pfarrers. Daß ein christlicher Kindergarten die Aufgabe zu christlicher Erziehung hat, ist klar. Es ist eine Frage an die kirchlichen Träger und die Erzieherinnen, wie sie diesem grundsätzlchen Auftrag der Kirche im christlichen Kindergarten gerecht werden. Denn christliche Erziehung geschieht ja nicht nur zur Weihnachtszeit.
Vorleben ist besser als Vorsagen. Aber Vorleben ersetzt das Vorsagen nicht. Darum muß allem kreativen Tun das deutende Wort folgen. Christliche Erziehung ist nicht nur ein entsprechendes Verhalten, sondern auch ein entsprechendes Reden. Die Meinung – von manchen vertreten – es gäbe keine besondere christliche Erziehung, ist abzulehnen. Es zeigt sich, von welcher Grundlage aus, von welchem Menschenbild her, mit welchem Ziel ich mit Kindern umgehe.

Erzieherin – Eltern – Pfarrer

Christliche Erziehung geschieht nicht im luftleeren Raum, sondern im Kontext des Kinderalltags, des Kindergartens und der Kirche. Zur christlichen Erziehung gehört die Kirche, die Gemeinschaft der Kirche, dazu. Sie hat sich zur Aufgabe gesetzt, den Menschen bei Gott heimisch zu machen, dem Menschen seine Heimat bei Gott zu zeigen. Zur Kirche als Organisation gehört die Kirche als Gebäude. Zur Kirche als Gebäude gehört der Pfarrer. Es ist sinnvoll, ja geradezu nötig, daß die Kinder beizeiten mit Kirche (Organisation und Gebäude) und dem Vertreter dieser Kirche, dem Pfarrer, in Verbindung kommen. Dies alles ist ein Teil der Verleiblichung des Glaubens, eine Hilfe, für das Kind, „dort zu sein, wo Gott spricht“ (Aussage eines Kindes), indem es erfährt, daß es mit seinem Glauben nicht allein ist. Zudem ist der Kindergarten oft eine Einrichtung der Kirche. Und sollte er keine kirchliche Einrichtung sein, dann ist im Kindergarten eine große Zahl von Kindern, die der Pfarrer getauft hat, die also seine Gemeindeglieder sind.
Die Erzieherin wird die Vermittlerin sein müssen. Sie wird mit dem Pfarrer Kontakt aufnehmen, um mit ihm abzusprechen, wie die Kinder am besten ihn selbst und die Kirche kennenlernen können. Sie wird mit ihm absprechen, wie er auch mit den Eltern zusammenkommt. Es ist wichtig, daß die verschiedenen Erzieher umeinander Bescheid wissen und miteinander am gleichen Strang ziehen. Die Erzieherin wird dann auch mit dem Pfarrer absprechen, wie und wo und wann die Advents- oder Weihnachtsfeier gestaltet werden kann und soll.

Hier geht es nicht um Aufsicht oder Dreinreden. Vielmehr kann der Pfarrer als theologischer Fachmann der Erzieherin im Gespräch theologische Hilfestellung bei allen anfallenden Fragen geben. Er läßt sich u. U. zur Mitarbeit beim Elternabend in der Advents- und Weihnachtszeit gewinnen; vielleicht will er auch nur als Gast daran teilnehmen. Er ist sicher auch bereit, bei der offiziellen Feier einige Worte zu sagen. Am besten aber wird es sein, wenn er sich in den organischen Ablauf der Feier einfügt und seinen Part dabei übernimmt, also nicht nur ein obligates Grußwort an Kinder und Eltern spricht.
Der Pfarrer ist nicht nur ein notwendiges Übel, sondern der notwendige Helfer im schweren Geschäft der Erziehung, im schweren Geschäft gerade der christlichen Erziehung heute. Töricht ist, wer diese Hilfe ausschlägt.

Die Eltern

Wer im Kindergarten arbeitet, muß mit den Eltern zusammenarbeiten, mit ihnen Kontakt aufnehmen, mit ihnen sprechen, denken und handeln. Eltern und Erzieher sollen miteinander weiterkommen.
In vielen Kindergärten besteht ein Elternbeirat. Er bekäme mit der Elternarbeit eine bestimmte und sinnvolle Aufgabe. Daß dabei der Träger-Vertreter, oft der Pfarrer, ein wichtiges Wort mitzureden hat, ist selbstverständlich. Er hat seinen Beitrag als Theologe und Pädagoge zu leisten.
Die Zeit vor Weihnachten ist eine gute Gelegenheit, die Eltern einzuladen. Allerdings sollte der Advents- und Weihnachtselternabend nicht die erste Elternzusammenkunft des jeweiligen Arbeitsjahres sein. Ideal wäre natürlich, wenn nicht nur ein einzelner Abend sich mit Weihnachten beschäftigen würde, sondern sich daraus ein ganzes Seminar entwickeln würde. In diesem Seminar hätten dann alle möglichen Formen und Themen (siehe im folgenden) Platz.
Elternarbeit darf aber nicht auf die Abende beschränkt bleiben. Der Kontakt zu den Eltern muß lebendig bleiben. Er kann sich auch darin zeigen, daß Mütter im Kindergarten stundenweise mitarbeiten, den Kindergartenalltag kennenlernen: die Erzieherin, die verschiedenartigen Kinder, den Wochenplan, usw. So könnte sich auch eine Weihnachtsfeier leichter vorbereiten lassen, wenn einzelne Mütter mit den Kindern zusammen lernen. Väter und Mütter sind im Erziehungsgeschäft meist Laien und bedürfen des Lernens. Eltern sollten die Chancen nützen, die sich dadurch ergeben, daß ihr Kind im Kindergarten ist.

1 Der Elternabend

Der adventliche bzw. weihnachtliche Elternabend sollte sich von anderen unterscheiden, und zwar in Programm- und Raumgestaltung. Kerzen und Tannengrün (man kann im Lauf des Abends darauf hinweisen, was diese bedeuten), Tischschmuck und Bastelarbeiten, ein kleiner Imbiß mit entsprechendem Gebäck (und den nötigen Hinweisen) unterstreichen die Botschaft, um die es gerade in dieser Zeit geht.
Die Kinder haben zu diesem Elternabend die Einladungen gemalt und gestaltet. Der Kontakt Eltern – Kinder – Erzieherin ist dann schon hergestellt.
Der Ablauf eines Abends könnte z. B. so aussehen:

a) Vorbereitungsphase
Begrüßung durch die Erzieherin
Singen, u. U. mit Schallplatte oder (besser!) mit Orffschen Instrumenten
Musizieren einiger Eltern
Gedicht oder
Kurzgeschichte oder
Bildbetrachtung

b) Gesprächsphase
Pause mit Tee (Punsch) und Gespräch

c) Arbeitsphase
Referat mit Aussprache oder
Schallplatte mit Aussprache oder
Leseszene mit Aussprache oder
Thesenreihe mit Aussprache oder
Aussprachegruppen mit Zusammenfassung
Schlußüberlegung: Was ist zu tun?
oder Basteln
oder Singen

d) Besinnungsphase
Diareihe oder Dia oder
Gedicht oder Geschichte oder
Andacht
Singen
Gebet

Der Elternabend kann sehr verschiedene Funktionen haben: Entweder geht es um die Eltern selbst, oder es wird in erster Linie die Verantwortung der Eltern für die Kinder angesprochen.

1.1 Zur eigenen Besinnung und Klärung

Die Eltern (nicht nur Mütter!) sollten vor dem Christfest zu sich selber kommen können. Die meisten Eltern gehören keinem Kreis der Kirchengemeinde an. Sie erleben also keine christliche Advents- oder Weihnachtsfeier, in der sie selber angesprochen sind. Bei der Kindergarten-Weihnachtsfeier können sie sich immer noch hinter den Kindern verstecken. Zuhause am Heiligen Abend sind sie selber in Aktion. Und zum Gemeindegottesdienst geht auch nur ein kleiner Prozentsatz. Darum ist es nötig, die Eltern selbst – als die wichtigsten Erzieher der Kinder – zum Nachdenken und Besinnen über Weihnachten zu bringen. Ein Abend ist nötig, an dem die Eltern unter sich sind, vielleicht auch mit einem Referenten, dem Pfarrer, der Erzieherin zusammen sind, um Grundfragen des christlichen Glaubens und Lebens, besonders im Blick auf Weihnachten, zu besprechen:
Was ist Weihnachten? Christtag oder Weihnachten? Was bedeutet Weihnachten heute? Ist Weihnachten nicht ein Märchen? Das sind einige mögliche Fragen. Weitere Fragen könnten sein:
Wir haben noch ältere Kinder; wie sollen wir Weihnachten feiern? Wie werden wir mit unseren Kindern fertig? Wie ist es, wenn wir selber nicht glauben können?
Sicher wird ein Elternausschuß auf solche und weitere Fragen kommen. Gründliche Vorbereitung ist allerdings nötig.
Hinweise auf Schallplatten, Dia-Reihen usw. siehe S. 135 f.

1.1.1 Texte zur Besinnung

Text I: Lukas 2 – aktuell

Es begab sich aber zu der Zeit . . .

Das ist schon lange her, und wer weiß, ob es überhaupt wahr ist. – Es war einmal . . . Da weiß man doch gleich, daß es bestimmt nicht „war", weder einmal noch sonstwann. „Einmal" ist keinmal – hier jedenfalls. Märchen sind nicht wahr. Geschichten sind schön, aber nicht wahr. Die Weihnachtsgeschichte ist schön, aber . . . Irgend etwas muß doch daran wahr sein, denn „es war einmal".

. . . daß ein Gebot von dem Kaiser Augustus ausging . . .

Und der Kaiser Augustus ist kein Märchen. Der regierte das römische Weltreich vom Jahre 31 vor bis zum Jahre 14 nach Beginn unserer Zeitrechnung. Der erließ einen Erlaß.

... daß alle Welt geschätzt würde.

Die damals bekannte Welt, das Gebiet um das Mittelmeer. Alle Welt, alle Völker, alle Länder, alle Menschen fallen unter diesen Erlaß, der Steuern eintreiben soll. Eine Welt, die vom Geld regiert wird, deren Schicksal vom Umlauf dieses Geldes abhängt. Wieviel Dunkel herrscht in dieser Welt trotz Kirchen und Religionen. Wieviel Schmutz ist in dieser Welt. Aber wir wissen ja, daß Geldumlauf nötig ist. Die Steuereintreibung.

Diese Schätzung war die allererste und geschah zu der Zeit, da Cyrenius Landpfleger in Syrien war.

Auch dieser Cyrenius ist kein Märchen. Der Besteuerungserlaß forderte, daß die Frauen mit ihren Ehemännern vor dem zuständigen Steuerbeamten zu erscheinen hatten.

Und jedermann ging, daß er sich schätzen ließe, ein jeglicher in seine Stadt.

Es waren viele, die gingen. Viele waren unterwegs, sind unterwegs, Millionen von Menschen, von Polen nach Deutschland, von China nach Hongkong, von Holland nach Auschwitz, von Rußland nach Dachau. Und jedermann ging. Auch Josef. Josef ist auch ein Herr Jedermann.

Da machte sich auf auch Josef aus Galiläa aus der Stadt Nazareth in das jüdische Land zur Stadt Davids, die da heißt Bethlehem, darum daß er von dem Hause und Geschlecht Davids war, auf daß er sich schätzen ließe mit Maria, seinem vertrauten Weibe.

Auch wir kennen es, wie das ist in einer Welt der Registraturen und Karteien: der Nächste bitte! Name: Josef. Wohnung: Nazareth, Galiläa. Geburtsort: Bethlehem, Judäa. Familie: David (Aha! Früheres Königsgeschlecht bis vor rund 580 Jahren. Na ja. Immerhin: Mit Vorsicht zu genießen ... Vertrauliche Randbemerkung: Staatssicherheitsdienst? Polizeiaufsicht?) Verheiratet? Ja. Mit wem? Maria. Kinder? Noch nicht. Wieso? Ach ja, demnächst.

Die war schwanger.

Name des Kindes: Steht noch nicht fest. Folgt später. 30 Jahre später in der Liste der Hingerichteten. Jesus, Sohn Josefs, Nazareth, Galiläa. Letzter Aufenthaltsort: Jerusalem. Grund: Aufruhr (versuchte Wiederaufrichtung des jüdischen Königreiches – vgl. Steuerliste Buchstabe J – Josef: Davidische Königsfamilie. Staatssicherheitsdienst: Polizeiaufsicht), gezeichnet Pontius Pilatus, Statthalter, 26–36 neuer Zeitrechnung. Aber das war erst später. Damals war dieser Name noch nicht aktenkundig, nur Maria und Josef.

Und als sie daselbst waren, kam die Zeit, daß sie gebären sollte. Und sie gebar ihren ersten Sohn und wickelte ihn in Windeln und legte ihn in eine Krippe, denn sie hatten sonst keinen Raum in der Herberge.

Wie viele andere auch. Ganz Mensch. Mensch, der bei den einfachen Leuten zu Hause ist. Kein Raum, nicht einmal in Jerusalem ist Raum für ihn. Außerhalb der Stadt muß er sterben. Ganz konsequent, keinen Raum. Kein Raum im Tempel, kein Raum in der Kirche. Es ist so schwer zu ertragen, daß dieses Kind nun schlicht und einfach Mensch ist. Mensch und sonst nichts. Mensch und dadurch das Kind Gottes. Hat der Mensch in der Kirche keinen Raum?

Und es waren Hirten in derselben Gegend auf dem Felde bei den Hürden, die hüteten des Nachts ihre Herde.

Menschen kommen, ganz normale Menschen sind bei der Arbeit. Im Hafen, in der Fabrik, wo auch immer. Dort, nirgendwo anders. Genau dort, genau dort.

Sehe, des Herrn Engel trat zu ihnen, und die Klarheit des Herrn leuchtete um sie . . .

Mitten im Alltag, mitten bei der Arbeit, im Dienst, nicht am Sonntag in der Kirche, tritt ihnen einer in den Weg . . .

. . . und sie fürchteten sich sehr.

Weil das so ungewohnt ist, daß einem im Alltag einer begegnet, der von Gott her kommt, weil es so selten ist, daß mit unserem Alltag Gott etwas zu tun hat. Aber es ist gut, wenn mitten im Alltag, auch in der Arbeit, in unserer gewöhnlichen Umwelt uns die Botschaft Gottes trifft:

Und der Engel sprach zu ihnen: Fürchtet euch nicht, siehe, ich verkündige euch große Freude, die allem Volk widerfahren wird. Denn euch ist heute der Heiland geboren, welcher ist Christus, der Herr, in der Stadt Davids.

Heiland und Herr wurde auch Augustus genannt. Es ist schon wichtig zu wissen, daß über einem Augustus oder wie er auch immer heißen mag, ein Heiland und Herr steht, und daß der so hoch darüber stehende Herr und Heiland ganz unten ist, bei uns. Ganz unten, am Rande, bei den Armen, bei den Ausgestoßenen, bei den Unsympathischen, bei den ganz „normalen" Menschen.

Und das habt ihr zum Zeichen: ihr werdet finden das Kind in Windeln gewickelt und in einer Krippe liegend.

Jawohl, daß Jesus Mensch war, das muß man uns sagen, heute und hier.

Und alsbald war da bei dem Engel die Menge der himmlischen Heerscharen, die lobten Gott und sprachen: Ehre sei Gott in der Höhe und Friede auf Erden bei den Menschen, an denen Gott Wohlgefallen hat.

Friede auf Erden. Das ist ein Wort. Ob das wohl geistlich verstanden werden muß? Einfach Frieden im Herzen? Das wäre doch auch schon was. Friede auf Erden. Erde ist nicht Herz. Erde ist die Welt. Erde ist unsere Welt, unsere Umwelt mit uns.

Friede auf Erden, das ist nicht Wegräumen der Vergangenheit, des Schmutzes, des Hasses. Friede auf Erden ist Auftrag im Alltag. Friede ist Aktionsprogramm.

Und da die Engel von ihnen gen Himmel fuhren, sprachen die Hirten untereinander: Laßt uns nun gehen nach Bethlehem und die Geschichte sehen, die da geschehen ist, die uns der Herr kundgetan hat.

Die Geschichte sehen. Wir sind gewohnt, Geschichten zu hören. Das Wort wollen sie sehen. Das Wort, so steht es da. Das ist bedeutsam. Wort . . . Ein Wort muß man hören. Ob dabei nicht sofort an den Menschen des 20. Jahrhunderts gedacht wird, der Beweise will, aber hier auf das Wort verwiesen wird? Menschen, im Gespräch miteinander, ob das so stimmt, ob sich die Sache mit dem Jesus von Nazareth lohnt. Wo Bethlehem wohl liegt? Bethlehem ist überall. Bethlehem ist jeden Tag. Dort ist Bethlehem, „das Haus des Brotes", wo heute das Brot angeboten wird, wo heute das Wort gesagt wird. Bethlehem ist überall.

Und sie kamen eilend und fanden beide, Maria und Josef, dazu das Kind in der Krippe liegen.

Das gibt es, daß man findet, wenn man sucht. Suchen ist gut, Finden ist besser.

Da sie es aber gesehen hatten, breiteten sie . . .

nicht aus, was sie von diesem Kinde gesehen hatten. Was wollten sie auch sehen? Einen Menschen, wie Tausend und Abertausend andere? Sie breiteten aus . . .

. . . das Wort aus, welches zu ihnen von diesem Kinde gesagt war.

Retter und Herr, Heiland und Herr. Das war zu ihnen gesagt. Nichts anderes wußten sie nach dem Anschauen. Nichts anderes können wir erfahren: das Wort, das uns gesagt wird.

Und alle, vor die es kam, wunderten sich der Rede, die ihnen die Hirten gesagt hatten.

Das ist gut so, daß sich Menschen noch verwundern. Sicher, Menschen werden sich wundern, wenn wir Menschen sind, die den

Frieden auf ihre Fahne geschrieben haben, und erzählen, warum sie für den Frieden sind, warum sie gegen das Gegeneinander von jung und alt, Ost und West, Schwarzen und Weißen, DDR und BRD, Deutschen und Juden, Gruppe und Gruppe, Kirchengemeinde und Kirchengemeinde sind. Warum? Weil sie es nötig hatten, daß sie das Wort hörten, wie andere, wie auch Maria, die Mutter.

Maria aber behielt alle diese Worte und bewegte sie in ihrem Herzen.

Sie bewegte noch viel in ihrem Herzen: Sie verstand ihren Sohn nicht. Sie zweifelte an ihm wie viele andere. Ein Mensch, eine Frau, wie andere angefochten und bereit.

Die Hirten kehrten wieder um, priesen und lobten Gott um alles, was sie gehört und gesehen hatten, wie denn zu ihnen gesagt war.

Ganz normale Männer sind auf dem Weg. Mit ihren Mitteln machen sie ihr Wort bekannt. In kleinen und großen Gruppen, von Mann zu Mann, und über den Äther. Die Hirten, die Männer des grauen Alltags sind unterwegs, sind zu uns unterwegs, sind mit uns unterwegs, um zu sagen und zu leben, was Friede ist und woher Friede kommt.

Wilhelm Fuhrmann, Bremen/Kurt Rommel

Text II: Das ist Weihnachten!

Gott handelt
in einem *Menschen.*
Das wird weiter*erzählt*
und fordert *Gehorsam.*

Das Weihnachtsfest ist nicht totzukriegen. Es lebt immer noch. Obwohl es das jüngste unter den christlichen Hauptfesten ist, nach 300 n. Chr. eingeführt, ist es heute das beliebteste Fest und hat darum zahlreiche Namen erhalten: Fest der Familie, des Lichtes, der Geschenke, der Liebe, der Freude, des Kindes, des Menschen usw. Trotz (oder wegen?) der vielen Namen ist der Sinn des Festes nicht klar. Unter Tradition und Gebräuchen ist der Inhalt sehr tief verborgen. Im Trubel geht der Wert unter. Darum lohnt es sich, in wenigen Strichen den Sinn zu skizzieren.

a) *Gott* handelt . . .
Der Glaube, daß Gott handelt, ist wichtig. Es handelt sich um Gottes Liebe zu den Menschen, die ganz gegen die Gedanken der Menschen läuft. Liebe kann man nicht logisch zergliedern. Liebe ist da oder nicht.

Gott handelt. Das wird deutlich gemacht in der uns allen bekannten Geburtsgeschichte Jesu. Eine Jungfrau bringt ein Kind zur Welt. Engel berichten den Hirten von der Geburt. In einer für damalige Menschen verständlichen Form wird die Tat Gottes unüberbietbar, unüberhörbar geschildert, so daß von Jesus in einer besonderen Weise als dem Sohn Gottes die Rede sein kann. Wir sollten weniger darüber nachgrübeln, wie das damals wohl wirklich zugegangen sein mag, als vielmehr die Aussage vom Tun Gottes hören und glauben. Allerdings . . .

b) . . . in einem *Menschen* . . .
Gott handelt in einem Menschen. Wie wir das auch ansehen wollen. Ob wir das glauben oder nicht. So berichtet es das Neue Testament in einer nicht müde werdenden Deutlichkeit. Menschlichkeit, Welthaftigkeit, Vergänglichkeit, Intrigen, Haß: Begriffe, nein, Wirklichkeiten aus den Berichten um die Geburt Jesu. Kein Platz, nur in der Krippe (von Stall, Ochs und Esel steht nichts in den Berichten!), von einer Frau geboren wie wir, ein Stammbaum, der zu Josef führt und die dramatische Flucht sind Kennzeichen der Menschlichkeit Jesu, Kennzeichen für den Menschen Jesus, für seine Solidarität mit uns. So ernst nimmt Gott seine Liebe zu uns, daß er in einem verwechselbaren kleinen Kind, ohne besondere Merkmale, an uns und für uns handelt. Damit ist uns Vergebung und Heimkehr angeboten, allerdings mit dem Risiko, die Beweise erst hinterher geliefert zu bekommen.

c) . . . Das wird weiter*erzählt* . . .
Daß Gott in einem Menschen handelt, gelangt zu uns nicht anders, als es zu den Hirten auf dem Feld bei Bethlehem gelangt ist, wie es der Bericht uns weitergibt: durch Erzählen, Bekanntmachen, Verkündigen. Die Botschaft der Engel ist so, wie sie dasteht „Euch ist heute der Retter geboren!“ eine Nachricht für uns, eine neue, gute Nachricht, die auf griechisch „Evangelium“ heißt. Die Evangelisten haben letztlich keine andere Aufgabe, als diesen Weitersagedienst zu leisten. Die Hirten kamen nach Bethlehem und sahen das Kind. So sagen wir vielleicht, um uns zu entschuldigen, weil wir ja nichts sehen. Aber wenn schon: Was sahen denn die Hirten? Ein Kind, wie wir eines waren. Sie glaubten der Nachricht der Engel, der Boten, der Prediger, daß dieses kleine Kind die uns zugewandte Seite Gottes ist. Uns ist dasselbe aufgegeben, nämlich zu glauben dem Wort „Euch ist heute der Retter geboren!“ und es weiterzusagen.

d) . . . und fordert *Gehorsam.*
„Gehorsam“ kommt von „Hören“. Sie machten damals ihre Ohren auf. Das Neue Testament besteht nur deshalb, weil Menschen ihre Ohren aufmachten und gehorchten: Sie sagten das durch den Mund weiter, was sie ins Ohr bekommen hatten. Das ist noch zu wenig: Sie lebten

das mit ihrem ganzen Leben (mal mehr, mal weniger), was sie mit den Ohren gehört hatten, was sie bei anderen gelebt sahen. Uns fällt beim Lesen von Aussagen der Leute, die in der großen Öffentlichkeit stehen, auf, daß ihnen an Weihnachten der Friede so wichtig ist. Das ist keine schlechte Auslegung dieses Festes. Wenn Gott in einem Menschen handelt, dann sollen wir seine Nachfolger und Nachahmer werden, und menschlich mit Menschen umgehen. „Friede auf Erden" ist nicht nur eine Verheißung und Zusage für die Ewigkeit, sondern für alle ein Auftrag, dem es hier und jetzt zu gehorchen gilt.

Text III: Bekenntnis

Ich glaube an Jesus,
durch den Gott seine ganze Liebe zu uns zeigt,
indem Gott durch einen Menschen, unter den Menschen Frieden stiftet, Vergangenheit ungültig macht, die Gegenwart bewältigen hilft und die Zukunft eröffnet.

Ich glaube,
daß Gott diese Nachricht immer wieder durch Menschen bekanntmachen läßt, daß sie durch nichts anderes als durch Glauben angenommen werden kann, daß sie Gehorsam fordert, die Botschaft vom Frieden erfüllen zu helfen.

Ich glaube,
daß ich das nicht allein kann, sondern nur mit vielen anderen zusammen, die sich als Christen zur Gemeinde Jesu Christi bekennen.

Text IV: Besinnung und Gebet

Wir leben in der Spannung
zwischen Offensein für andere und Zuhausesein bei uns selbst,
zwischen dem Fest der Familie und dem Fest des Friedens für alle Welt,
zwischen Stille und Besinnung und der vielfältigen Geschäftigkeit,
zwischen dem Hören auf Gottes Botschaft und dem Tun dieser Botschaft in unserem Beruf,
zwischen der Hoffnung auf das Reich der Liebe und des Friedens und der harten Wirklichkeit der Lieblosigkeit und des Unfriedens.

Wir beten:
Herr, unser Gott, erhalte uns in dieser Spannung.
Laß uns nicht auf eine Seite ausweichen.
Gib, daß wir aus deiner Liebe leben
und deine Liebe verwirklichen,

daß wir uns von dir nicht abbringen lassen,
aber auch nicht von den Menschen, die uns unser Alltag nahebringt.
Wir wissen, daß für Jesus kein Raum in der Herberge war.
Wir wollen ihm Raum schaffen in uns,
aber auch den Menschen, mit denen wir arbeiten.
Herr, unser Gott!
So wollen wir der Geburt deines Sohnes gedenken.
Amen.

Dieser und der folgende Text kann wechselweise von verschiedenen Sprechern vorgetragen werden.

Text V: „Vater unser“ in der Weihnachtszeit

Vater unser im Himmel.
Du bist in deinem Sohn Jesus Christus aus der Unsichtbarkeit des Himmels in die Sichtbarkeit unserer Welt gekommen. Wir danken Dir dafür.

Geheiligt werde dein Name,
der uns durch deinen Sohn bekanntgeworden ist: Wunder-Rat, Gott-Held, Ewig-Vater, Friede-Fürst. Wir wollen ihn recht gebrauchen in Gebet und Lied, in Verkündigung und Dienst.

Dein Reich komme.
Dein Reich der Liebe und des Friedens komme zu uns, in unsere Herzen, in unsere Häuser, in unsere Arbeit, in die Gemeinden, in unsere Kirche, zu „allem Volk“, jetzt und immer wieder.

Dein Wille geschehe wie im Himmel, so auf Erden.
Dein Wille ist Freude und Friede und Freiheit. Du willst sie uns schenken. Du willst aber auch, daß wir Freude machen, Frieden schaffen und Freiheit gewähren. Hilf uns, das zu tun.

Unser tägliches Brot gib uns heute,
nicht nur Brot, sondern auch dein Wort, nicht nur heute, sondern auch morgen, nicht nur uns, sondern auch denen, die bei uns und in der Welt nach Brot, Liebe und Verständnis hungern.

Und vergib uns unsere Schuld,
die wir durch Gleichgültigkeit auf uns laden, in die wir durch Routine hineinkommen, die uns belastet, wenn wir in unserem Arbeiten müde werden. Vergib uns.

Wie auch wir vergeben unseren Schuldigern.
wie wir es immer wieder versuchen, sie von ihrer Last zu befreien, sie entschuldigen, keine Schuld nachtragen und sie in die Freiheit führen.

Und führe uns nicht in Versuchung,
durch die vielen Hilfsmöglichkeiten heute auf dich und deine Hilfe verzichten zu können, alles selber aus uns heraus machen zu wollen.

Sondern erlöse uns von dem Bösen,
dem Zweifeln im Glauben, dem Straucheln in der Liebe, dem Verzweifeln in der Arbeit, der Macht der Einsamkeit und Verlassenheit, der Angst vor dem Leben und vor dem Tod. Erlöse uns durch Jesus Christus, den Retter, der einst geboren wurde, lebte, liebte und starb und heute lebt.

Denn dein ist das Reich und die Kraft und die Herrlichkeit in Ewigkeit. Amen.

1.1.2 Texte zur Diskussion

Text I: Schöne Bescherung

Andreas: Hallo, Fritz, Weihnachten gut überstanden?
Fritz: Hallo, Andreas! Tag, Günter! Man tut ja, was man kann. Wie war's bei Euch?
Günter: Soweit ganz erträglich. Da kommen auch Dieter und Ute. Hallo, wie geht's? Auch zu viel und zu gut gegessen?
Dieter und Ute: Tag, allesamt.
Dieter: Andreas, sag mal, hast Du das Bonanzarad bekommen, das Du Dir gewünscht hast?
Andreas: Ja, Mensch, und noch Massen. Tollen Experimentierkasten. Und Du, Dieter?
Dieter: Ach, alles Scheiße! Ich hab' doch alles, hatte gar keine Wünsche. Ich hab' vor allem Geld gekriegt. Mal sehen, was ich damit anfange.
Günter: Das finde ich blöd. Ist doch kein Schenken, sondern nur noch Geldaustausch.
Dieter: Ansichtssache! – He, Fritz, warst Du zufrieden mit Deinen Alten?
Fritz: Ja, ganz zufrieden. Verlief alles nach Wunsch, hatte meine Wünsche ja auch ganz genau zu Papier gebracht. Sie konnten gar nichts falsch machen. Vorsichtshalber habe ich gleich Wünsche an die Verwandtschaft mit eingeplant. Das zahlt sich aus. – Was hast Du Dir denn gewünscht, Ute?
Ute: So teure Sachen wie bei Dir gibt's bei uns nicht. Ich hab' mir auch nicht viel gewünscht, nur 'ne flotte Tasche. Aber meine Mutter ist prima, die hat sie toll ausgesucht und noch allerlei Kram dazu, den man braucht: Portemonnaie, Kamm und Spiegel, Modeschmuck und so. Sie muß sich ordentlich Mühe gegeben haben, was nach meinem Geschmack zu suchen. Finde ich enorm, weil ihr das eigentlich gar nicht alles gefällt.

Günter: Stellt Euch bloß mal vor, was meine Eltern vom Herrn Großpapa bekommen haben. Könnt Ihr nicht raten. Bei mir war er ganz spendabel. Meine Eltern kriegten nur einen Briefumschlag. Na, ich tippte auf 'nen schönen Schein. Denkste! Drin lag eine Briefkarte, auf der stand: Mein Geschenk für Euch habe ich in diesem Jahr an „Brot für die Welt" überwiesen. Da seid Ihr baff, was? Na, wir waren es auch.
Dieter: So was Blödes!
Andreas: Vielleicht gar nicht so schlecht!
Fritz: Kannst Du Dir ja nächstes Jahr wünschen. Ich ziehe meinen Recorder vor.
Günter: Jedenfalls finde ich es blöd, immer mehr und mehr zu schenken aus lauter Angabe.

Anmerkungen für die Erzieherin:
In dieseme Gespräch kommt es darauf an, verschiedene Vorstellungen vom Schenken anklingen zu lassen. Die Eltern werden angeregt, über die Schenkgewohnheiten in der eigenen Familie zu berichten. Ihre Bewertung der Szene läßt ihre Einstellung zur Problematik der Geschenke erkennen. Im Gespräch kommt es zur Problematisierung dieser Einstellungen. – Hieran schließt sich sinnvoll ein Gespräch über kritischen Konsum an, möglich ist auch eine Vertiefung des Aspekts „Schenken".

Sigrid Berg (Hg.), Weihnachten. Materialien und Entwürfe, Calwer Verlag, Stuttgart/Kösel Verlag, München
Die Sprechszene ist auch auf Schallplatte erschienen, in: Sigrid Berg, Medienpaket „Weihnachten", Burckhardthaus – V. 4013, Christophorus 60 402

Text II: Wie wollen Sie in diesem Jahr Weihnachten feiern?

1. Szene:

Reporter: Ich stehe mitten in der Innenstadt, um Menschen zu fragen, wie sie in diesem Jahr Weihnachten feiern wollen. Um mich herum flutet der Verkehr, schwer bepackte Leute schieben sich durch die Straßen und Geschäfte. Weihnachtsvorbereitungen! Hier kommt eine Familie mit zwei Kindern von etwa 10 und 14 Jahren. Mit ihnen will ich beginnen. – Guten Tag, darf ich Ihnen vielleicht ein paar Fragen stellen? Wir machen Interviews über Weihnachten. Könnten Sie mir sagen, wie Sie in diesem Jahr das Fest feiern wollen?
Mutter: Nun, ja – eigentlich wie immer. Einen schönen Baum wollen wir haben. Ich habe auch schon viel eingekauft und vorbereitet für ein Festessen. In diesem Jahr können wir mit den Geschenken viele Wünsche erfüllen. Es soll recht festlich, froh und gemütlich werden.
Vater: Ich freue mich, daß ich mir mal ordentlich Zeit für die Familie nehmen kann.

Reporter (zu den Kindern): Und Ihr, wie stellt Ihr Euch Weihnachten vor?
10jähriger: Ich freue mich schon auf die Geschenke, vor allem auch, daß der Vater mal Zeit hat und wir alle beisammen sind.
14jährige: Ich finde das auch ganz gut. Mutter müßte bloß nicht so viel Tam-Tam mit Hausputz, Vorbereitungen und Essen machen.
Reporter: Vielen Dank meine Herrschaften!

2. Szene:

Reporter: Hier kommen ein paar Jugendliche. Können Sie mir sagen, was Ihnen Weihnachten bedeutet und wie Sie es in diesem Jahr feiern wollen?
A: Ach mir ist das alles über. Das Religiöse spielt überhaupt keine Rolle, auch bei meinen Eltern nicht. Die haben nur irgendwo gelesen, daß man am 24. Dezember recht nett sein soll. Also: weihnachtliches Getue, aufgezwungene Feierlichkeit, rührselige Stimmung!
B: Weihnachten bringt Urlaub und Geschenke, das ist das Schöne. Das laß ich mir gefallen. Bedeuten tut mir's sonst nichts. Ein Feiertag wie alle anderen: ordentlich faulenzen, essen, trinken und die Geschenke.
Reporter: Und was meinen Sie dazu?
C: Ich finde es gut, daß Weihnachten der Kontakt in der Familie noch enger ist als sonst, man hat richtig Zeit füreinander.
D: Nein, danke. Mir ist das unerträglich, weil alles nicht so gut gemeint ist. Meine Eltern und ich sehen uns sonst nur morgens und nach Feierabend. Gerade genug Zeit für ein paar unfreundliche Bemerkungen. Am Wochenende gehen wir uns dann etwas länger auf die Nerven. Und Weihnachten? Statt sich endlich mal in Ruhe auszusprechen, bloß ein scheinheiliger Trubel. Und am zweiten Feiertag geht der ganze Ärger wieder los.
E: Ja, da kann man nur gute Miene zum bösen Spiel machen. Meine Eltern meinen offenbar, daß sie mir den ganzen Zauber schuldig sind. Da will ich nicht Spielverderber sein, obwohl ich's saublöd finde.
F: So, nun wissen Sie, was wir denken. Ich sag's Ihnen noch deutlicher: Weihnachten ist Quatsch!

3. Szene

Reporter: Dort stehen einige Leute und lesen die Einladung zu einem Weihnachtsgottesdienst. Denen will ich meine Frage stellen.
Könnten Sie mir sagen, was Ihnen Weihnachten bedeutet?
G: Für mich bedeutet Weihnachten das Fest der Geburt Christi. Und das heißt für mich, einmal nachzudenken, über mich und die Bedeutung, die diese Geburt für mein Leben hat. Es heißt, mein Leben und Handeln in Frage zu stellen, wieweit es übereinstimmt mit dem „Friede auf Erden und den Menschen ein Wohlgefallen".

Reporter: Was meinen Sie dazu, mein Herr?
H: Ich habe leider nicht die ganze Antwort verstanden, nur das „Friede auf Erden". Und das macht mich wild. In den Weihnachtsansprachen reden die Mächtigen immer davon, und 5 Minuten später geben sie den Einsatzbefehl für Bombenabwürfe. Denken Sie doch an Vietnam! Die Schwafelei von Frieden und Nächstenliebe gilt doch überall nur über das Fest! Wenn was dran wäre, müßte unsere Welt doch schon etwas besser und friedlicher sein.

4. Szene

Reporter: Inzwischen sind wir hier in einer Gruppe Diskutierender gelandet. Darf ich Ihnen einmal die Frage stellen, was Sie von Weihnachten halten und wie Sie es in diesem Jahr zu feiern gedenken?
J. Wissen Sie, das ist gar nicht so leicht zu beantworten. Wahrscheinlich werden wir wieder das übliche Lichterbaum-Weihnachten zu Hause feiern, weil uns noch nichts Besseres eingefallen ist. Aber ich finde es eigentlich falsch: Familienfest, sich abkapseln, jeden anderen sich selbst überlassen. Man müßte für andere da sein. Vielleicht sollte man wenigstens irgendwen einladen.
K. Ja, ja, das arme Waisenkind zu Weihnachten! Das ist doch Betrug. Das ganze Jahr denkst du nicht an andere, und zu Weihnachten machst du dir was vor: „Oh wie bin ich doch menschlich und gut!" Du willst doch bloß dein Gewissen beruhigen.
Reporter: Das klingt hart. Was meinen die anderen dazu?
L: Sicher klingt es hart, sicher sollte es auch nicht so sein: einmal, zu Weihnachten, ist man Mensch. Aber der Gedanke, daß das Fest über die Familie hinausgehen soll, ist gewiß richtig. Nicht nur: Hauptsache, ich habe mein Weihnachten.
M: Ich kenne ein junges Ehepaar, die gehen Weihnachten los in Wartesäle oder nach St. Pauli und suchen dort einen Menschen, der sie braucht. Meist bleibt es dann auch nicht bei diesem einen Abend, da bahnt sich mehr an.
K: So hört sich das anders an. Mich regt es bloß auf, wenn wir mit so einmaliger Menschlichkeit oder einem Fünfzigmarkschein für einen guten Zweck zu Weihnachten gut machen wollen, was das ganze Jahr falsch läuft.
J: Vielleicht hätte Weihnachten den Sinn, uns an all das zu erinnern.
Reporter: Vielen Dank, meine Herrschaften.

5. Szene

Reporter: Meine Herren, darf ich Sie einmal fragen, was Ihnen Weihnachten bedeutet?
N: Sehen Sie, ich bin beladen mit Geschenken. Ich kann es mir leisten, meine Familie dieses Jahr richtig toll zu beschenken. Das macht mir Spaß.

Reporter: Das erinnert mich an einen Vers, den ich neulich hörte: „Süßer die Kassen nie klingen, als zu der Weihnachtszeit".
N: Ach, lassen Sie mich bloß mit dem Quatsch zufrieden. Konsumverzicht und so weiter. Sollen wir uns nicht freuen, daß wir mal so richtig reinhauen können? Kommt ja schließlich auch wieder uns zugute, wenn die Wirtschaft blüht.
Reporter: Was meinen Sie dazu, Sie haben die Äußerung eben zufällig mit angehört.
O: Ich bin da ganz anderer Meinung. Ich halte wirklich nichts von diesem Konsumweihnachten, das wir so feiern. Man denkt nur an Haben, Schenken, Essen, Trinken. Daß währenddessen zwei Drittel der Menschheit hungert, kümmert uns nicht. Was könnte durch unseren Verzicht getan werden!
Reporter: Und Ihre Meinung?
P: Ich hab' nicht viel Zeit. Kann nur schnell sagen: Weihnachten abschaffen! Alles Theater! Glaubt doch keiner mehr dran!

Anmerkungen für die Erzieherin:
Die Szenen haben die Aufgabe, viele mit dem Weihnachtsfest zusammenhängende Fragen und Probleme anzusprechen, ohne in irgendeiner Weise eine Entscheidung zu fällen oder eine Wertung vorzunehmen. Durch die Verbalisierung ziemlich kontrastreich formulierter Einstellungen leistet der Text zunächst auch Sprachgebung für Eltern, die nicht besonders hoch reflektieren oder ihre vagen Empfindungen nicht artikulieren können.

Es wäre die Aufgabe der Eltern, die verschiedenen Problemkreise aus dem Gespräch herauszuarbeiten. Dabei werden eigene Voreinstellungen mit eingebracht. Außerdem können die Eltern in der Auseinandersetzung mit den verschiedenen Positionen entscheiden, welche Fragestellungen ihnen wichtig sind.

Es ist auch möglich, nur eine Szene herauszugreifen, wenn man sich von vornherein auf einen Problemkreis beschränken will. Dann eignen sich die Szenen vor allem als Motivationsmaterial.

Sigrid Berg (Hg.), Weihnachten. Materialien und Entwürfe, Calwer Verlag, Stuttgart/Kösel Verlag, München
Die Szenen sind auch auf Schallplatte erschienen, in: Sigrid Berg, Medienpaket „Weihnachten", Burckhardthaus – V. 4013/Christophorus 60 402

1.2 Bastel-Elternabend

1.2.1 Zur eigenen Freude

Die Eltern kommen sehr gerne zum Basteln, weil dieser Bereich früher in der musischen Erziehung zu kurz kam. Die Eltern, besonders die Mütter, wollen einiges nachholen. Oft müssen mehrere Abende dafür angesetzt werden. Das Basteln und Werken und Umgehen mit Stoffen hat natürlich einen Wert in sich. Es macht Freude, es lockert und befreit. Die Eltern können ihre eigenen Fähigkeiten erproben, ohne sich vor den Kindern zu blamieren. Es steigert das Selbstwertgefühl der Eltern. Das Werken löst auch die Zunge. Manches wichtige Gespräch wurde schon während des Bastelns geführt. Manches Problem ist auf diese Weise entdeckt und zu einer Lösung geführt worden. Es wäre allerdings schade, wenn der Bastelabend der einzige Elternabend in der Adventszeit bliebe. Erzieherinnen und kirchliche Träger haben den Eltern gerade an Weihnachten mehr mitzugeben als ein paar technische Tips und Fertigkeiten. Auch am Bastelabend sollten Singen und eine kurze Andacht nicht fehlen.
Geeignete Bastelhefte/Bastelbücher usw. werden im Teil „Literaturangaben", Seite 141, vorgestellt.

1.2.2 Für den Heiligen Abend zu Hause

Die Eltern kommen aus verschiedenen Traditionen. So können sie sich an einem Bastelabend in der Adventszeit austauschen über ihren Weihnachtsschmuck, können ihn kritisch untersuchen und sich neue Anstöße geben (lassen). Man überlegt sich gemeinsam, was die Botschaft von der Geburt Jesu, was den Geburtstag Jesu unterstreichen hilft. Da kann eine Krippe entstehen: aus Wurzelwerk, aus Rinde, aus Holz, aus Ton, aus Ytong usw. Da kann neuer Christbaumschmuck entstehen, der an Weihnachten zu Hause Anlaß zu Gesprächen mit Nachbarn, Freunden und Verwandten gibt. Bei einem solchen Abend kann man sich besonders gut helfen, aus dem Trend „Konsumfest" oder „Kinderfest" oder „Winterfest" herauszukommen.

1.2.3 Für die Kindergarten-Weihnachtsfeier

Je nach Art der Advents- und Weihnachtsfeier sind bestimmte Gegenstände nötig: Laternen oder Figuren oder Stehkino. Es wäre falsch, die Kinder alles selber machen zu lassen, weil sie bei vielem überfordert sind. Es wäre auch falsch, wenn sich die Erzieherin allein an die Arbeit machen würde. Wichtig ist, daß die Eltern in die Verantwortung gestellt und an den Arbeiten für ihre Kinder beteiligt werden. Für die Kinder kommt auf diese Weise das Moment der Überraschung, für die Erzieherin ergibt sich die Möglichkeit des Gesprächs mit den Eltern. Dieses praktische Vorbereiten wird meistens mit der inhaltlichen Vorbereitung Hand in Hand gehen.

1.3 Vorbereitung der Kindergarten-Weihnachtsfeier

Wenn der Elternabend zeitig genug stattfindet, kann mit den Eltern zusammen eine Feier mit den Kindern erdacht und entworfen werden. Dieser Entwurf könnte natürlich auch das Ergebnis eines Elternseminars sein, in dem alle Weihnachtsprobleme besprochen wurden. Miteinander versuchen nun Eltern und Erzieherin (und Pfarrer), Fehler zu vermeiden und einen Schritt vorwärts zu tun. Ein solches Ergebnis wird sicher manche Eltern beflügeln, diese Vorbereitung auch bei der häuslichen Heilig-Abend-Feier zum Tragen kommen zu lassen.
Der Entwurf für eine Kindergarten-Weihnachtsfeier kann auf verschiedene Weise zustande kommen:
Entweder nehmen sich alle einen Entwurf vor (z.B. einen aus diesem Buch) und versuchen ihn für ihren Kindergarten umzuarbeiten;
oder die Eltern tragen zusammen, wozu sie selber fähig oder in der Lage sind, es zu tun: Basteln (siehe oben), Singen, Sprechen, Spielen usw.
Wenn die Eltern das Singen vorbereiten, sollten sie genau prüfen, was sie überhaupt singen. Vielleicht fällt dann manches unter den Tisch, auch wenn es noch so beliebt und noch so traditionsreich ist. Viele Lieder können auch in aufgeteilter Form gesungen werden: Die oft schwierigeren Strophen singen die Eltern, den Kehrvers singen die Kinder. Bei leichteren Liedern ist es umgekehrt. Auf jeden Fall ist es gut, wenn Eltern und Kinder im Wechsel etwas zu singen haben. (Siehe dazu die Vorschläge in der Liedbeilage.)
Wenn die Eltern Sprechtexte vorbereiten, dann merken sie besser, was man Kindern zumuten kann. Eltern werden auf diese Weise eingeübt, auch geistliche Dinge mit ihren Kindern zu besprechen.
Wenn Eltern gerne spielen, dann ist das für Kinder eine besondere Freude. Es wird sicher Rollen geben, die die Eltern übernehmen können.

1.4 Vorbereitung des Heiligen Abends zu Hause

Ziel der Elternarbeit ist nicht, daß der Kindergarten seine Weihnachtsfeier gut über die Runden bekommt, sondern daß die Eltern Weihnachten besser verstehen, umdenken lernen und mit Hilfe der Erzieher neue Wege beschreiten, die in den häuslichen Heilig-Abend hineinreichen. Ideal wäre, wenn sich die Kindergartenarbeit, die Weihnachtsfeier (in der Kirche) und der familiäre Heilig-Abend gegenseitig stützen und ergänzen, auf jeden Fall nicht widersprechen würden.

1.4.1 Die richtige Vorbereitung ist das halbe Fest

Die wichtigste Frage ist: Was will man überhaupt feiern? Die Geburt Jesu? Ein Familienfest? Oder hat man den ganzen Rummel so satt, daß man aus Protest gar nichts mehr macht?
Wir gehen im folgenden davon aus, daß eine Familie mit kleinen Kindern den Versuch machen will, den Kindern ein Verhältnis zu Jesus zu vermitteln. Damit ist nichts gegen das Familienfest gesagt. Erwachsene, die das Weihnachtsfest in der üblich gewordenen Form ablehnen und sich bewußt zurückziehen, haben unseren Respekt. Aber unsere Kinder haben ein Recht auf Aufklärung über das, was um sie herum vorgeht. Sie haben ein Recht auf das Fest und seine Fröhlichkeit, und sie haben ein Recht, zu erfahren, wer Jesus wirklich war. Wie kann man das machen?
Auf jeden Fall sollte man einen Fahrplan für den Weihnachtsabend festlegen. Gehen wir in die Kirche oder nicht? Was spricht dafür? Die geschmückte Kirche, die feiernde Gemeinde, der gemeinsame Gesang, die Predigt – all das sind Dinge, die man so zu Hause nicht hat. Andererseits: Der Schmuck in der Kirche kann fragwürdig sein. Es gibt kitschige Krippen. Die „feiernde Gemeinde" kann unerträglich sentimental sein, der gemeinsame Gesang zum Heulen, und die Predigt niederschmetternd. Wer nicht hingeht, ist also nicht vom Glauben abgefallen. Wir sind mit unseren Kindern gegangen, trotz allem – und sie haben sich gefreut. Soll man dann zu Hause noch eine eigene Weihnachtsfeier veranstalten? Wir machen es. Ganz schlicht. Ich erzähle meinen Kindern, warum wir uns freuen, daß Jesus geboren ist. Er hat gesagt, daß Gott uns lieb hat und daß alle Menschen Brüder sind. Das ist mir das Wichtigste, das sollen sie wissen.
Wir haben nie den Baum und die Geschenke im selben Raum aufgestellt. Die Geschenke sollen zurücktreten. Erst am Schluß unserer häuslichen „Feier" haben wir die Geschenke geholt. „Weil wir uns freuen, daß Jesus geboren ist, möchten wir euch auch eine Freude machen." Dann wurde gespielt.

Wenn man seine eigene häusliche Weihnachtsfeier machen will, scheinen mir noch die folgenden „äußerlichen" Dinge wichtig zu sein. Wenn gesungen werden soll, muß jemand vorher die Lieder aussuchen, damit alle die Texte kennen. Man sollte die Hausfrau entlasten, damit sie nicht der Kuli des Abends ist. Man kann zum Beispiel bewußt einfach essen. Alles sollte so früh angesetzt werden, daß die Kinder noch genügend Zeit haben, sich mit ihren Geschenken zu beschäftigen. Aber bevor sie müde werden, sollte man Schluß machen, sonst gibt es Nörgelei aus Müdigkeit.
Weihnachten sollte die Familie wirklich Familie sein, tun, was allen Spaß macht, und möglichst viel gemeinsam unternehmen. Vielleicht sollte man jemanden einladen, von dem man weiß, daß er allein ist? Vielleicht einen Tag für die Freunde reservieren?
Natürlich kann man das alles auch anders machen. Aber was immer wir auch tun und sagen: Wichtig ist, daß wir ehrlich sind. Wichtig ist, daß das Gespräch mit unseren Kindern nicht abreißt, auch nicht das Gespräch über unseren Unglauben oder Glauben.
Bei all meinen Versuchen, mit meinen Kindern Weihnachten zu feiern, kam es mir darauf an, ihnen einen Zugang zur Gestalt Jesu zu eröffnen. Nicht zu dem „Christkindchen", das die vielen Geschenke bringt. Sondern zu Jesus, der die Liebe Gottes dadurch verkündete, daß er für seinen Nächsten da war.

Hans May, Religion im Kinderzimmer?, Verlage Diesterweg, Frankfurt (Main)/ Sauerländer, Aarau, S. 87

1.4.2 Die Weihnachtsfeier in der Familie

Was brauchen wir zur Festvorbereitung?

Gesangbücher, Liederhefte, einige Instrumente, eventuell Glockenspiel, Triangel oder ähnliches, das „Moderne Werkbuch für die Weihnachtszeit" von Gert Lindner, Gütersloher Verlagshaus Gerd Mohn (Sie finden dort eine Anregung zur Gestaltung einer Weihnachtskrippe). Für Vorschulkinder bringen wir nachstehend eine entsprechende Anregung. Alles wertlose Material kann dazu verwendet werden.

Wie gestalten wir die Vorweihnachtszeit?

1. Adventswoche:
Am ersten Adventssonntag Betrachten des Bilderbuches „Jesus ist geboren" aus der Reihe „Was uns die Bibel erzählt", Württembergische Bibelanstalt Stuttgart. Dazu die Strophe eines Adventsliedes singen. Vorschlag: „Macht hoch die Tür" (Liedbeilage Nr. 2) (bei Klein- und Vorschulkindern nur die erste Strophe).

In dieser Woche kann aus wertlosem Material – Karton oder Schuhschachtel – ein Stall gebastelt werden. Die Kinder malen die Krippe an, decken das Dach mit Rinde oder Stroh. Mit Moos und dürren Ästen kann die Umgebung des Stalles belebt werden.

2. Adventswoche:
Am zweiten Adventssonntag kann besprochen werden, welches Weihnachtslied in dieser Woche für den Heiligen Abend gelernt wird. Vorschlag: „Kommt und laßt uns Christum ehren“ (bei Klein- und Vorschulkindern die Strophen 1, 3 und 7).
Aus Karton, Stoff- und Wollresten sowie einer Wattekugel die wichtigsten Figuren basteln. Aus dem Karton werden Halbkreise geschnitten, mit Stoff beklebt und zu einer spitzen Tüte zusammengeklebt. Das ist der Körper der Figur. Die Wattekugel wird mittels eines Stückchens von einem Pfeifenputzer auf die Tüte aufgeklebt. Damit hat der Körper seinen Kopf. Mit Wollresten können Haare und Bart angebracht werden. So entstehen Maria und Joseph und die Hirten. Neben dieser Bastelarbeit lernen unsere Jüngsten Texte, die in die Christfeier eingebaut werden können (siehe unten). Auch die vorgeschlagenen Lieder werden gesungen. Schulkinder können eventuell mit Instrumenten begleiten.

3. Adventswoche:
Das Lied „Als Jesus auf der Erd erschien“ (Liedbeilage Nr. 4) kann am dritten Adventssonntag gelernt werden. Jedes Familienglied kann fröhlich mit einstimmen in den Refrain:
„Christ ist geboren! Christ ist geboren! Darüber freuen wir uns sehr.“
Weitere Figuren aus wertlosem Material werden für die Krippe gearbeitet: ein Nachbar, eine Magd, der Gastwirt. Auch hier werden die passenden Reime gelernt.

4. Adventswoche:
Am vierten Adventssonntag alle Lieder singen und musizieren, Instrumente dazunehmen – für die Kleinen Triangel und Klangstäbe – oder bei „Christ ist geboren! Christ ist geboren! Darüber freuen wir uns sehr“ klatschen lassen.
Die letzten Figuren sollten in dieser Woche gebastelt werden: die drei Weisen aus dem Morgenland und das Kind in der Krippe.
Es kann überlegt werden, wem man in diesen Weihnachtstagen eine Freude machen könnte:
Jemand einladen, der allein ist;
Alten und Kranken mit einem Zweig, Licht und Lied eine Freude machen;
sich überlegen, wie man für die Aktion „Brot für die Welt“ oder „Adveniat“ etwas tun könnte, z.B. einen Teil des Geldes, das für Ge-

schenke ausgegeben werden sollte, an die Hungernden in der Dritten Welt weitergeben.
Das Weihnachtszimmer kann mit den Kindern zusammen gerichtet werden. Beim Schmücken des Baumes weisen wir darauf hin, daß wir den Geburtstag Jesu in festlichem Schmuck begehen wollen. Der selbstgebastelte Stall nimmt einen Ehrenplatz ein. Abseits sind die Figuren untergebracht. Sie werden später von den Kindern geholt und im Stall aufgestellt.

Die Feier am Heiligen Abend

Der Vater oder die Mutter ruft die Familie in das festlich erleuchtete Weihnachtszimmer.

Vorspiel zum Lied (von den Schulkindern eingeübt), darauf folgt die erste Strophe von „Macht hoch die Tür, die Tor macht weit!“ (Liedbeilage Nr. 2).

Der Vater oder die Muter erzählt die Weihnachtsgeschichte nach einer modernen Übersetzung oder aus einer guten Kinderbibel. (Siehe auch die Erzählvorschläge in diesem Buch S. 40 ff.)

Beim Singen des Liedes „Als Jesus auf der Erd erschien“ (Liedbeilage Nr. 4) stellt die Mutter die Krippe in den noch leeren Stall.

Mutter:
„Jetzt tretet vor, und jeder singt,
sagt, wer ihr seid und was ihr bringt.“

Kind mit Maria:
„Ich bin Maria, setz mich her:
Gott Lob und Dank!
Gott Preis und Ehr!“

Kind mit Joseph:
„Ich bin der Joseph, tret heran,
zünd für das Kind ein Lichtlein an.“

Die Kinder stellen die Figuren zum Kind in den Stall. Die größeren Kinder musizieren.

Kind mit Hirtenfigur:
„Ich bin ein Hirt, leg auf die Erd
ein junges Lamm aus meiner Herd.“

Kind mit Hirtenfigur:
„Ich blas auf meinem Flötenrohr
dem Kind ein Hirtenliedchen vor.“

Kind mit Hirtenfigur:
Weil ich nichts hab, weil ich nichts find,
knie ich mich selber vor das Kind."

Die selbstgebastelten Figuren werden am Stall gruppiert. Die größeren Kinder musizieren.

Kind mit Nachbar:
„Ich bin ein Nachbar, bring ein Brot
und schenk ihm einen Apfel rot."

Kind mit Magd:
„Ich bin die Magd, ich lauf herbei,
ich bring ihm einen süßen Brei."

Kind mit Wirt:
„Ich aber will der Gastwirt sein,
ich bring dem Kind ein Krüglein Wein."

Die Figuren werden abgestellt. Die größeren Kinder musizieren.

Kind mit einem Weisen aus dem Morgenland:
„Ich geb, obwohl ich fremd hier bin,
dem Kind gern meine Gaben hin."

Kind mit dem zweiten Weisen:
„Ich, zweiter Fremder, lege ab
mein Herz und damit, was ich hab."

Kind mit dem dritten Weisen:
„Der dritte bin ich, und ich bringe
Gold, Weihrauch und viel edle Dinge."

Die Figuren werden abgestellt.

Gemeinsam kann das Lied „Kommt und laßt uns Christum ehren", Strophen 1, 3 und 7, gesungen werden.

Mutter:
„Wir feiern in diesen Tagen den Geburtstag Jesu. Ihr wißt, wer Geburtstag hat, bekommt etwas geschenkt. Deshalb bringen all die Leute unserer selbstgebastelten Krippe ein Geschenk. Aber wie können wir heute Jesus etwas schenken? Wir wollen einander Freude machen. Wir helfen einander. Wir versuchen, nicht zu streiten. Wir denken an die, die es nicht so gut haben wie wir. Darüber freut sich Jesus."

Gebet (gesprochen vom Vater oder von der Mutter):
„Lieber Herr, du starker Gott!
Du hast uns reich beschenkt.
Jesus ist zu uns gekommen.
An ihm sehen wir, wie lieb du uns hast.
Wir danken dir für alles." (Evtl. Fürbitte anschließen.)

IV Advent und Weihnachten mit Eltern

Flötenstück der Großen

Bescherung

Und nun wünschen wir recht viel Freude – Christtagsfreude!

Erstmals veröffentlicht in: Kind und Schwester 72/1973, Haus der Diakonie, Weinstadt-Beutelsbach
Verse S. 106f. von Friedrich Hoffmann, aus: Ein Stern strahlt über Berg und Tal. Ein Adventskalender zum Basteln einer Weihnachtslaterne und mit einem Singspiel, Verlag Ernst Kaufmann, Lahr

1.4.3 Die Gestaltung des Heiligen Abends

Der Heilige Abend fängt genau genommen schon am Morgen an. Die Schwerpunkte des Tages bestehen aus den *unmitelbaren Festvorbereitungen* und der *festlichen Gestaltung des Heiligen Abends.*
Zur Vorbereitung und Festlichkeit gehört eine bestimmte Atmosphäre. Lieber ein bißchen weniger tun, dafür aber eine entspannte Atmosphäre schaffen!
Eine entspannte Atmosphäre erhalten wir uns nur, wenn nicht alles in letzter Minute getan werden muß. Also frühzeitig mit den Vorbereitungen beginnen und den Tag ein wenig einteilen. Der Vater könnte mit den Kindern einkaufen oder spazieren gehen. Für den Abend werden die Kinder möglichst praktisch gekleidet, damit sie am Boden spielen können (und ein Essensfleck keine Tragödie ist).

Christbaum und Krippe
Das Herrichten von Christbaum und Krippe braucht Zeit. Darum empfehlen wir, dies vielleicht schon am Tag vorher zu tun. Da wir unseren Kindern sagen, daß nicht geheimnisvolle Wesen (Christkind und Engelein), sondern wir Christbaum und Krippe herrichten, sollten sie sich auch daran beteiligen oder wenigstens zusehen dürfen.
In vielen Familien gehört zu Weihnachten auch die Krippe. Am Aufstellen beteiligen sich Kinder sehr gern. Kostbare Figuren eignen sich weniger als handfeste oder solche, die die Kinder selbst gestaltet haben (aus Knet oder Plastilin).

Festlicher Schmuck
Zur Festlichkeit trägt der mit weihnachtlichen Symbolen wie Tannenzweigen, Kerzen und Sternen geschmückte Raum bei. Aber Vorsicht: Auf Christkindchen und Engelein verzichten wir besser. Daß wir nicht nur essen wie sonst, sondern ein Festmahl halten wie an einem Geburtstag, zeigt der besonders schön gedeckte Tisch.

Bescherung

Die Geschenke für die abendliche Bescherung sind längst vorbereitet. Haben wir sie schon tagsüber ins Weihnachtszimmer gebracht, könnten wir sie zur Bescherung zudecken, da die Überraschung bleiben soll. Eine andere Möglichkeit wäre, alles in einen Wäschekorb (oder etwas ähnliches) zu packen und diesen erst zur Bescherung ins Zimmer zu holen. Man könnte auch zu der Stelle, wo die Geschenke versteckt sind, einen Faden legen, der im Weihnachtszimmer endet. Jeder geht seinem Faden nach und holt seine Geschenke.

Feier der Gemeinschaft

Zu überlegen wäre, ob man nicht den Heiligen Abend – wenigstens zum Teil – gemeinsam mit bekannten Familien begehen könnte. Weihnachten würde so aus einem „Fest des Familienegoismus" zu einem „Fest der Kommunikation".

Manchmal wird auch der Vorschlag gemacht, Alleinstehende und Einsame einzuladen und sie an der Familienfeier teilhaben zu lassen. Dies ist aber nur sinnvoll, wenn man sich auch sonst ab und zu um diese Menschen kümmert. Wo es aber geschehen kann, erleben die Kinder ganz eindrücklich einen wesentlichen Sinn des Festes: Wir feiern Jesus, der zu „denen am Rande" (Hirten!) kam und für sie immer eine besondere Vorliebe hatte.

Die religiöse Feier

Grundsätzlich soll alles, was wir tun, zur Feier des Geburtstages Jesu beitragen (es wäre daher eine Verkürzung, wenn der Heilige Abend nur aus der Bescherung bestünde). Was wir tun, muß aber nicht künstlerisch wertvoll sein. Wir wollen kein Theater veranstalten, bei dem sich die Kinder produzieren müssen. Sie sollen wissen, daß jeder Beitrag so richtig ist, wie er geleistet wird. Wir empfehlen, die Gestaltung des Abends vorher zu überdenken (und evtl. zu notieren).

Elemente der Feier

a) Einleitung

Die Einleitung der Feier könnte kurz den Sinn des Zusammenseins umschreiben, zum Beispiel: Wir wollen heute miteinander das Geburtstagsfest Jesu feiern. Aus Freude über Jesus machen wir uns gegenseitig eine Freude. Wir beginnen unsere Feier mit . . .

b) Singen und Musizieren

Gemeinsames *Singen* schließt die Feiernden zusammen. Unmusikalische Kinder singen so mit, wie sie es eben können. Am besten werden die Lieder vorher eingeübt.

Zum Singen kann *musiziert* werden. Dazu eignen sich für Kinder Instrumente wie: Triangel, Zimbel, Rassel, Schelle, Tamburin oder Klopfhölzer, die im Takt geschüttelt oder geklopft werden. Solches Musizieren ist leicht zu erlernen. Besonders kindgemäß und eine gute Lösung, falls man kein Instrument hat, ist das *Klatschen* zu den Liedern. Es beteiligt die Kinder intensiv und macht das Singen lebendig.

c) Die Weihnachtsgeschichte

Ein wichtiger Bestandteil des Heiligen Abends ist die *Weihnachtsgeschichte.* Ihre Botschaft gilt jedem Alter. Kindern sollte sie kindgemäß nahegebracht werden. Man muß sie also erzählen und darf sie nicht aus der Bibel vorlesen (siehe Erzählbeispiele in diesem Buch S. 40f.).

d) Spiel

Kinder können nicht lange still sitzen. Da sie das, was sie beeindruckt, im Spiel verarbeiten, empfehlen wir, sie spielen zu lassen, was sinngemäß zur Geburtstagsfeier Jesu paßt. Wenn nur ein Kind da ist, können die Erwachsenen mitspielen.
Das Spiel wird möglichst vorher nicht eingeübt, sondern improvisiert.

☐ *Erste Möglichkeit:*

Zum Spielen bietet sich die Weihnachtsgeschichte an. Es genügen kurze Szenen, zum Beispiel: die Ankunft im Stall, die Freude über das Kind, der Besuch der Hirten. Wenn die Kinder im Kindergarten ein Weihnachtsspiel erlebt oder mitgestaltet haben, könnten sie auch daraus etwas spielen.

☐ *Zweite Möglichkeit:*

Die Kinder tragen Kerzen (oder Sterne, Zweige, Blumen) zur Krippe und legen diese dort nieder. Es können aber auch andere Geschenke sein, die man am nächsten Tag zu den Adressaten bringen will.

e) Gespräche

Statt des Spiels (oder zusätzlich) können auch kleine Gesprächsmeditationen mit den Kindern gemacht werden. Das heißt, wir stellen in einem Gespräch einige kurze Überlegungen an. Wenn man sich vorher ein paar Gedanken darüber macht, ist das gar nicht so schwer, das zeigen die folgenden Beispiele:

☐ *Erstes Beispiel:*

Nach einem improvisierten Krippenspiel überlegen wir: Wer feiert, wenn die Kinder Geburtstag haben? Wenn der Vater und die Kindergärtnerin Geburtstag haben? Und wenn Jesus Geburtstag hat, wer feiert da? Alle Leute im Haus, in der Straße, in der Stadt . . . So wichtig ist Jesus für alle.

☐ *Zweites Beispiel:*
Nach dem Kerzenspiel kann man überlegen, was schöner ist, Dunkelheit oder Licht. Da Dunkelheit für Kinder besonders beängstigend ist, merken sie bald, Licht ist schöner. Wo Licht ist, da ist es schön. Es gibt Leute, die sagen, Jesus ist das Licht der Welt. Auch wir gehören zu ihnen. Wir, die wir Jesus kennen, können auch Licht für die Welt sein. Wie?

☐ *Drittes Beispiel:*
Oder wir reden darüber, wie schlimm Krieg und Streit sind. Die Kinder wissen sicher Beispiele. Jeder sollte dafür sorgen, daß in seiner Umgebung Frieden ist. Was ist Frieden? Gut sein miteinander. Wir zeigen uns, daß wir gut miteinander sein wollen, auch wenn es vielleicht manchmal schwer ist. Wir geben uns die Hände. Dazu stehen wir im Kreis oder jeder gibt jedem die Hand. Wir sagen einen selbstgefundenen Friedensgruß.

f) Gebete
In die Feier des Heiligen Abends paßt und gehört ein Gebet. Es kann sich spontan, z. B. an das Gespräch anschließen, aber ebensogut auch Freude und Dank, Bitte oder Fürbitte ausdrücken. Die Kinder beteiligen sich am leichtesten mit gleichbleibenden Gebetsrufen: „Wir danken dir, guter Gott“, „Wir bitten dich“, „Wir freuen uns“ und ähnlich. Diese frei formulierten Gebete können alles betreffen, was uns und unsere Kinder bewegt. Folgende Beispiele zeigen, daß das nicht schwierig ist.

☐ *Erstes Beispiel:*
Guter Gott, schon lange freuen wir uns auf den Geburtstag Jesu.
Das wollen wir dir sagen.
Feiern ist schön, Singen ist schön.
Das . . .
Wir bekommen Geschenke und geben Geschenke her.
Das . . .
Freude haben und Freude machen ist schön.
Das . . .
Du hast Jesus geschickt. Er ist unser Freund. Es ist gut, daß wir Jesus – einen guten Freund haben.
Das . . .

☐ *Zweites Beispiel:*
Gott, du hast uns lieb.
Danke, guter Gott (oder: Wir danken dir)
Du gibst uns Menschen, die gut zu uns sind.
Danke . . .
Jesus zeigt uns, wie wir leben sollen, damit wir glücklich werden.
Danke . . .
Heute am Geburtstag von Jesus danken wir dir, daß wir Jesus kennen.

□ *Drittes Beispiel:*
Guter Gott,
wir kennen Jesus – das ist schön
wir feiern seinen Geburtstag – das ist schön
wir haben einen Christbaum – das ist schön
viele Kerzen brennen – das ist schön
wir haben eine Krippe – das ist schön
wir singen miteinander – das ist schön
es gibt gutes Essen – das ist schön
Guter Gott, heute, am Geburtstag von Jesus ist es schön. Danke und Amen.

g) Die Bescherung
Der Wunsch, uns gegenseitig zu beschenken, hängt mit der Freude über Jesus zusammen. Wir wissen, daß wir angenommen sind, und wollen einander spüren lassen, daß wir Gutes empfangen haben. Deshalb machen wir einander mit Geschenken Freude.
Wir schlagen vor, Kinder die Geschenke austeilen zu lassen, sie unter Anteilnahme aller einzelnen auspacken zu lassen und die Freude deutlich zu zeigen. Kinder ahmen nach und übernehmen diese Haltung. Das scheint uns wichtig, denn im allgemeinen Getümmel geht oft die Freude und der Dank des einzelnen unter.

h) Festessen
Ein schönes Zeichen der Zusammengehörigkeit und Feierlichkeit ist, sich vor dem festlichen Mahl die Hände zu reichen, in dieser Haltung ein Tischgebet zu sprechen oder sich guten Appetit zu wünschen.

i) Spielen
Ein für unsere Kinder wichtiger Teil des Heiligen Abends und der folgenden Feiertage ist das gemeinsame Spielen. Es geht darum, Zeit für die Kinder zu haben. Sie ist wertvoller als alle Geschenke. Ein Heiliger Abend ohne gemeinsames Spiel ist für Kinder kein richtiges Fest.

j) Medien
Beliebte Gestaltungsmittel des Heiligen Abends sind Schallplatten, Hörfunk und Fernsehen. Es sollte beachtet werden, daß diese Medien weitgehend jede Eigeninitiative unterbinden. Wo in den Familien nicht musiziert wird, kann Schallplatte und Hörfunk dies ersetzen. Doch sollte, genau wie bei den weihnachtlichen Fernsehsendungen, kritisch ausgewählt werden.

k) Ausklang
Weihnachten ist mit dem Heiligen Abend aber noch nicht zu Ende. Mindestens an den beiden Feiertagen wird weiterhin gesungen, festlich ge-

gessen und gemeinsam gespielt. Gespräche und Gebete lassen sich auf diese Tage ausweiten oder verlegen. Doch auch dann sollten wir nicht der Meinung sein, mit Beschenken und Feiern wäre alles getan. Weihnachten soll weiterwirken und die guten Ansätze vertiefen.

Hans Jellouschek/Gertrud Lorenz/Anton Steiner/Wolfgang Wessinger, Mit Kindern glauben lernen. Arbeitsheft für die Teilnehmer am Seminar über religiöse Erziehung im Vorschulalter, KBW Verlag, Stuttgart, S. (19)–(24)

1.4.4 Modell eines Heiligen Abends

Der Feier geht voraus das gemeinsame Herrichten von Christbaum und Krippe, das gemeinsame Bereitstellen der Geschenke (nachher sollte man nicht mehr ins Weihnachtszimmer hineingehen dürfen).

Einstimmung auf die Geburtstagsfeier
☐ Besuch eines Kindergottesdienstes
☐ oder Gang zum Friedhof
(Bei der Rückkehr könnten in der Wohnung überall Kerzen brennen.)

Festliche Feier

☐ Der Vater läutet mit einem Glöckchen. Alle kommen ins Weihnachtszimmer.
☐ Ein Lied singen, musizieren, Teil einer Schallplatte hören.
☐ Einleitung: Warum wir feiern, einen Baum, Kerzen, eine Krippe usw. haben.
☐ Lied, z. B. „Wir feiern jetzt ein Jesusfest“ (Liedbeilage Nr. 17)
☐ Die Weihnachtsgeschichte kindgemäß erzählen (siehe Erzählbeispiele S. 38 ff.). Die Kinder sollten sie schon von der Adventszeit her kennen.
☐ Lied, z. B. „Ihr Hirten, ihr Hirten“ (Liedbeilage Nr. 11)
☐ Beitrag eines Kindes: „Damit die Feier schön wird, singt (musiziert) . . .“
☐ Gespräch, z. B. über einen abwesenden Menschen, einen Traurigen. Man sollte dabei aber den konkreten Vorsatz fassen, diesem eine Freude zu machen. Evtl. darf das Kind ihm etwas vortragen oder bringen. Unbedingt auch ausführen; gleich festlegen, wann. Es soll deutlich werden: Wir feiern richtig, wenn wir andere froh machen.
☐ Gebet im Sinn des Gesprächs, Bitte oder Dank für Jesus oder andere.
☐ Beschenken. Evtl. eines nach dem andern, mit sofortigem Dank an den Schenkenden.
☐ Festessen.
☐ Gemeinsame Gespräche, gemeinsames Spielen.
☐ Abschlußsingen.

Anton Steiner, in: Hans Jellouschek/Wolfgang Wessinger, Mit Kindern glauben lernen, KBW Verlag, Stuttgart, S. 86 (leicht verändert)

2 Elternseminar

Weihnachten könnte (ein) Anlaß sein, in einer Gemeinde ein Elternseminar durchzuführen. In diesem Seminar hätten dann die verschiedenen Elternabend-Themen ihren Platz. Das Seminar hat gegenüber den einzelnen Elternabenden den Vorteil, daß man angerissene Fragen gründlich durchdenken und bei einer nächsten Zusammenkunft wieder aufgreifen kann. Ein Elternseminar muß zeitig, möglichst schon im Frühjahr für den Herbst geplant werden. Es muß auch so zeitig angesetzt werden, daß die Ergebnisse des Seminars in der Advents- und Weihnachtszeit zum Tragen kommen können.

Vorschlag für ein Seminar

1. Abend Einführung: Was ist Weihnachten?
Das Problem „Weihnachten“ anhand von Bibeltexten, Fremdtexten und Erfahrungen der Eltern usw.

2. Abend Kritischer Durchgang: Spiele, Lieder werden besprochen

3. Abend Erarbeitung einer Kindergarten-Weihnachtsfeier oder einer häuslichen Weihnachtsfeier

4. Abend Bastel- und Singabend, bei dem noch offene Fragen der ersten Abende besprochen werden können

5. Abend Besinnlicher Abend für die Eltern selbst.

Ein ausführlicher Seminarvorschlag ist bei Jellouschek/Wessinger, Mit Kindern glauben lernen (KBW Verlag, Stuttgart) zu finden.

3 Vorfeier mit den Eltern (vor der Kindergartenweihnachtsfeier)

Eltern stehen bei der Weihnachtsfeier mit Kindern in der Gefahr, die Feier als Theater, als Schauspiel anzusehen, das ihnen ihre Kinder vorführen. Durch die Elternabende ist sicher bei vielen Eltern eine solche Einstellung abgebaut worden. Aber erfahrungsgemäß kommen zu den Elternabenden nicht alle Eltern, selten die Väter. Da für die meisten Eltern die Kindergartenweihnachtsfeier die einzige „christliche“ Weihnachtsfeier ist, sollte auf deren Inhalt und Gestaltung ganz besonderer

Wert gelegt werden. In einer Vorfeier für die Eltern kann darauf noch einmal hingewiesen werden, können die Eltern dafür bereit gemacht werden.
Die Eltern brauchen (auch nach einem Elternabend) noch einmal Anleitung für ihre Beteiligung bei der Feier mit den Kindern. Auch wenn die Eltern bei dieser Feier „nur" singen dürfen, sollte für sie deutlich werden, daß sie selber darin vorkommen. Wenn die Kinder zur Krippe gehen, dann gehen sie stellvertretend auch für die Eltern zur Krippe. Wenn die Kinder den Geburtstag Jesu feiern, dann tun das die Eltern mit. Wenn die Kinder Jesus loben, dann loben die Eltern mit. Diese Vorfeier ist oft die Stelle, an der der Gemeindepfarrer zu Wort kommen kann.

4 Worte und Anregungen für Pfarrer und für die, die ihn vertreten müssen

Text I: Im Advent

a) Es wird nie so viel gesungen wie in der Advents- und Weihnachtszeit.

b) Es wird nie so viel von Freude geredet wie in dieser Zeit.

c) Es wird nie so deutlich, wie stark die Gegensätze zwischen arm und reich sind.

d) Es wird nie so deutlich, wie gut wir mit dem Kommen Jesu dran sind.

e) Es wird nie so deutlich, wie unser Singen, unsere Freude und unser Leben zusammenstimmen sollten.

Text II: Eine Handvoll Reis

Wenn es eine Zeit gibt, in der die Eltern an ihre eigene Kindheit zurückdenken, dann ist es die Advents- und Weihnachtszeit. Allerdings: In der Kinderzeit der Eltern war wohl Krieg oder Nachkriegszeit, aber von Hungersnot in der Welt war noch keine Rede. Seit den letzten 30 Jahren hat sich die Weltbevölkerung um 50% vermehrt, allein z. B. in Brasilien um 100%. Die Nahrungsmittel sind nicht im gleichen Maße gewachsen. Dies kann uns nicht in Ruhe lassen angesichts der Liebe Gottes, die uns in Jesus Christus entgegenkommt. Es wäre gut, wenn unsere Kinder von dieser Not hören und beizeiten Liebe üben lernen würden. „Eine Handvoll Reis" sei ein Beispiel:

Wir fahren zur Stadt, Geschenke einzukaufen,
sie locken uns in wohlsortierten Haufen.
Wir greifen freudig zu, warum auch nicht?
Wir haben's ja,
wer fragt schon nach dem Preis?
In Hongkong ein Chinesenjunge spricht:
„Wer gibt mir heute eine Handvoll Reis?"

Wir backen eifrig unsre Festtagstorte
und Honigkuchen ganz besondrer Sorte.
Probier mal den!
Der schmeckt wie ein Gedicht!
Was wärn wir ohne unsrer Hausfraun Fleiß?
In Hongkong ein Chinesenjunge spricht:
„Wer gibt mir heute eine Handvoll Reis?"

Wir essen dankbar unsern Sonntagsbraten,
er ist wie immer wunderbar geraten.
Dazu ein guter Schluck!
Nun, schmeckt das nicht?
Geh, leg noch eine Flasche schnell aufs Eis!
In Hongkong ein Chinesenjunge spricht:
„Wer gibt mir heute eine Handvoll Reis?"

Wir sitzen feierlich in Kirchenbänken,
uns andachtsvoll in Sein Wort zu versenken.
Wie friedlich brennt
des Christbaums helles Licht!
Wir singen laut zu unseres Retters Preis.
In Hongkong ein Chinesenjunge spricht:
„Wer gibt mir heute eine Handvoll Reis?"

Wir lesen dies Gedicht mit Unbehagen.
Wer hätte Zeit für solche dummen Fragen!
Wir taten anderswo schon unsre Pflicht.
Was uns nicht brennt,
das macht uns auch nicht heiß!
In Hongkong ein Chinesenjunge spricht:
„Wer gibt mir heute eine Handvoll Reis?"

Wir werden diesem Kinde nicht entgehen.
Bis wir nicht aufgerüttelt durch sein Flehen,
verfolgt uns dieses fragende Gesicht.
Ob unser Herz nicht längst die Antwort weiß?
In Hongkong ein Chinesenjunge spricht:
„Wer gibt mir heute eine Handvoll Reis?"

Wolf-Dietrich Berndt

Text III: Bethlehem ist überall

Bethlehem ist überall.
Wir lassen uns das Christfest nicht nehmen.
Wir denken dabei an uns:
Wir brauchen die Liebe Gottes. Wir leben davon.
Wir denken an die Vielen, die Armen, die Hungernden, die Zweifelnden: Sie brauchen die Liebe Gottes. Sie leben davon.
Sie alle profitieren von Weihnachten, das zum Christfest geworden ist, weil wir auf die Liebe Gottes angesprochen werden.
Wir sind reich Beschenkte. Beschenkte schenken weiter.

Text IV: Kein Raum für Jesus

Kein Raum für Jesus. Wo zeigt sich das? Im Gottesdienstbesuch, bei Gemeindeveranstaltungen, bei der Hausandacht, in der Bibelkenntnis, im Religionsunterricht, der Nächste wird nicht gesehen.
Und doch gibt es auch Lichtblicke: Mitarbeiter sind da, es gibt noch eine Bibelstunde, es gibt auch Opferbereitschaft.
Kein Raum! Das ist das Kreuz in der Krippe. Das ist der Tod mitten im Leben. Das ist der Fluch im Segen.
Aber billiger ist das Christfest nicht zu haben.
Schaffen wir Raum für Jesus – bei uns.

Text V: Merksätze zum Christfest

a) Christfest ist ein Fest für Kinder und Erwachsene.
b) Die Kinder dürfen den Erwachsenen Beispiel für Offenheit und Bereitschaft sein.
c) Das Geburtstagskind sollte beim Geburtstagsfest nicht zu kurz kommen.
d) Wir müssen bedenken, daß der, der in der Krippe geboren wurde, der ist, der am Kreuz starb und an Ostern auferstand.
e) Wir müssen mithelfen, daß die Kinder verstehen: Das Kind in der Krippe und der Mann am Kreuz sind derselbe.
f) Das Kreuz darf durch Kindliches nicht verdeckt werden.
g) Das Geburtstagskind bekommt etwas geschenkt. Das Schenken sollte sich nicht ganz auf die Kinder verlagern, sondern Kinder und Erwachsene beschenken miteinander Arme und Kranke. Denn hinter ihnen versteckt sich Jesus.
h) Versuchen Sie, mit gutem Beispiel voranzugehen und sagen Sie Ihren Kindern, daß Sie auch an andere denken (nicht nur an Verwandte und Patenkinder).

i) Singen Sie mit ihren Kindern in den Festtagen und begnügen Sie sich nicht mit Schallplatten, Radio und Fernsehen.
k) Feiern Sie sinnvoll Christfest. Ihre Kinder helfen Ihnen dabei.

Text VI: Krippe und Kreuz

Auf alten Bildern kann man die ganze Geburtsgeschichte Jesu finden: Stall und Krippe, Ochs und Esel, Hirten und Engel, Stroh, Heu und Schafe usw. Aber auch: An irgendeinem Balken hängt ein Kruzifix, ein Kreuz, an dem Jesus hängt. Das kann nie so gewesen sein, das Kind in der Krippe und zugleich der Mann am Kreuz. Und doch haben die Maler etwas ganz Richtiges erkannt: Das Kind in der Krippe ist nur insofern für uns wichtig, als dieses Kind der Mann wurde, der am Kreuz starb.
Und noch eins: Wir lassen ja das Kreuz in der Kirche stehen. Wir verhüllen am Christfest das Kreuz nicht. Sondern es ist schon so: Das Kreuz, das Holz, an dem Jesus starb, bringt erst die rechte Deutung der Geburtsgeschichte. Krippe und Kreuz sind aus demselben Holz. Krippe und Kreuz gehen in dieselbe Richtung: Armut, Verzicht, Leid, Schmerz, Liebe, Tod.

V
Praktische Hilfen zur Gestaltung Informationen · Materialangebot

1 Weihnachtsbräuche

In den Bräuchen der Advents- und Weihnachtszeit vermischen sich heidnische und christliche Gedanken und Vorstellungen. Es ist gut, wenn man sich darüber Klarheit verschafft und rechte Auskunft geben kann. Otto Schließke gibt in seinem Heft: Äpfel, Nuß und Mandelkern (Kreuz-Verlag, Stuttgart) viele Hinweise.
Advents- und Weihnachtsbräuche sind selten älter als 500 Jahre und reichen kaum über das Mittelalter hinaus. Das Christfest selbst wurde ja erst spät zu einem christlichen Fest, weil Ostern im Vordergrund stand.
Die Bräuche versuchen auf ihre Weise die Bedeutung und die Gestalt Jesu in die eigene Umwelt zu übersetzen, teils durch biblische, teils durch Mittel, deren heidnische Bedeutung man durch diesen Gebrauch zurückdrängen, auf jeden Fall überdecken wollte. Darum gibt es für manches Brauchtum eine heidnische und eine christliche Deutung, wie zum Beispiel für das Licht oder den Tannenbaum.
Man kann Bräuche und Symbole sehr schwer durch andere ersetzen. Man kann und soll sie aber erläutern, erklären, deuten und ergänzen.

1.1 Termin und Name „Weihnachten"

Der Geburtstermin Jesu, der 25. Dezember, ist nicht historisch, sondern theologisch oder kirchenpolitisch zu verstehen. Der Tag der „unbesiegbaren Sonne" der Römer sollte durch den Geburtstag Jesu als „wahre Sonne" ersetzt werden. Der wahre Geburtstermin Jesu ist nicht bekannt. Die Ostkirchen feiern heute noch am 6. Januar Geburtstag Jesu.
Der 25. Dezember fällt auch fast zusammen mit der Wintersonnenwende (dem alten germanischen Julfest) und bietet von daher Anlaß, das Licht, das wieder zunehmende Sonnenlicht, zu feiern und zu verehren.
Auch der Name „Weihnachten" ist ein vor- und außerchristlicher Begriff und meint ursprünglich die „Weihenächte" und die Wintersonnenwende. Die Weihenächte haben sich im Volkstum noch erhalten als die 12 Nächte zwischen 25. Dezember und 6. Januar, aus denen man dann allerlei für die 12 Monate des Jahres ableitet. Daher sollte man sich überlegen, ob man nicht statt „Weihnachten" besser „Christfest" sagt.

1.2 Besondere Tage der Advents- und Weihnachtszeit

Es handelt sich hier um Tage, die um den 25. Dezember liegen und von Weihnachten her ihr Licht bekamen, oder im Zusammenhang mit Weihnachten bestimmte Akzente setzen.

1.2.1 Der Martinstag: 11. November

Der Tag des heiligen Martin von Tours ist am 11. November. Martin, der seinen Mantel zugunsten eines Bettlers teilte, der den Namen für viele Kirchen und Kapellen abgab, verbirgt sich hinter dem schwäbischen „Pelzmärte“. Er hat vielerorts eine ähnliche Funktion wie Nikolaus. Viele Sitten und Bräuche haben sich am Martinstag selbst erhalten: Martinsritt, Martinslaterne, Martinsgans usw.

1.2.2 Die Andreasnacht: 30. November

In dieser Nacht, die als letzte Nacht im Kirchenjahr gilt, befragt man gern die Zukunft (heute hat sich dieser Brauch meist verschoben auf den 31. Dezember/Silvester). Die Mädchen wollen erfahren, ob sie innerhalb eines Jahres einen Freier bekommen.

1.2.3 Der Barbaratag: 4. Dezember

An diesem Tag ist es höchste Zeit, Kirschzweige (oder andere Obstzweige) mit vielen Blütenknospen zu schneiden. Man stellt sie im Zimmer in lauwarmes Wasser. Um die Weihnachtszeit blühen dann die sogenannten „Barbarazweige“; „Es ist ein Ros entsprungen . . .“ wird dann angestimmt.

1.2.4 Der Nikolaustag: 6. Dezember

Nikolaus von Myra (Kleinasien, heute Türkei) war im 4. Jahrhundert n. Chr. Bischof und machte sich in besonderer Weise durch die Rettung von Kindern verdient. Alle Nikolaus- bzw. Nikolaikirchen erinnern an ihn. Man nimmt an, daß der Nikolaustag auf ein altes kultisches Brauchtum zurückgeht, bei dem die bösen Geister gebannt wurden. Man versuchte, die guten Mächte für einen selbst gewogen zu machen. Auf jeden Fall geht es gegen jede heidnische und christliche Erkenntnis, wenn der Nikolaus zum bösen Mann gestempelt wird. Nikolaus ist ein „braver Mann“.

Der Nikolaustag war früher der eigentliche Geschenktag (wie heute noch in Holland). Diese Sitte würde uns heute über viele Schwierigkeiten hinweghelfen. Erst später wurde das Schenken auf das Christfest selbst gelegt.

1.2.5 Der Tag Adam und Eva: 24. Dezember

Der Namenstag Adam und Eva ist sinnigerweise der Tag vor dem Geburtstag Jesu. Die Schuld der Menschen kann Gottes Liebe nicht zerstören. Sie wird vergeben. „Jakobs Stern ist aufgegangen . . . bricht den Kopf der alten Schlangen und zerstört der Höllen Reich.“ Der Brauch, Äpfel an den Christbaum zu hängen, erinnert an Adam und Eva, die die Frucht vom Baum nahmen, weil sie sein wollten wie Gott und damit schuldig wurden.

1.2.6 Der Stephanustag: 26. Dezember

In der Christenheit ist klar, daß Jesus der ist, mit dessen Geburt schon sein Leiden begann. In der Weihnachtsgeschichte ist es die Flucht nach Ägypten (Mattäus 2). Wer mit Jesus leben will, muß mit ähnlichen Leiden rechnen wie er. Stephanus ist der erste Märtyrer der Kirche. Sein Tod gehört zur Krippe, wie das Kreuz Jesu zu seiner Krippe gehört.

1.2.7 Der Epiphaniastag (Erscheinungsfest): 6. Januar

Am 6. Januar wird in der Orthodoxen Kirche das Geburtsfest Jesu gefeiert. Bei uns ist es üblich geworden, an diesem Tag die zweite Geburtsgeschichte Jesu zu lesen: Mattäus 2, 1—12, nach der nicht nur die Juden, sondern die Heiden (die Weisen aus dem Morgenland), also die Leute der „Welt“ zu Jesus kommen. Weil man diese Weisen oft als Könige angesehen hat, nennt man diesen Tag auch Fest der „Heiligen Drei Könige“ (siehe bei Mattäus 2).

1.3 Symbole

Symbole bedürfen der Deutung. Licht und Stern können nichtchristlich und christlich gedeutet werden. Sie sind Ursymbole der Menschheit. Sie haben im Weihnachtsfestkreis ihren Sinn, wenn sie die Botschaft von der Geburt Jesu und die Botschaft Jesu verdeutlichen helfen.

1.3.1 Kerzenlicht

In der frühen Christenheit, wohl im Oströmischen Reich, wurde das Epiphaniasfest (6. Januar) mit Kerzenlicht gefeiert. In Böhmen stellte man bereits um das Jahr 1450 in der Adventszeit Lichter in den Stuben auf.

Die Kerze wird kleiner durch ihr Leuchten. Das war schon immer Anlaß, an Johannes den Täufer zu denken, der auf Jesus hinwies: „Er muß wachsen, ich aber muß abnehmen“ (Joh. 3, 30). Die Kerze verzehrt sich im Dienst für andere und wird damit zum Symbol für Jesus selbst, der sich für andere gibt.

1.3.2 (Advents-)Stern

Der Stern hat seine ursprüngliche Bedeutung beim Christfest selbst. Diese kommt von den Sternen, die den Weisen aus dem Morgenland den Weg nach Jerusalem wiesen. Der Stern kann mißdeutet werden im Sinne der Astrologie, nach der die Sterne für unser Leben etwas zu bedeuten haben. Sinn und Bedeutung bekommt er für uns allein durch Mattäus 2. Viele Formen von Sternen erleuchten in der Advents- und Weihnachtszeit Städte und Wohnungen. Transparente tragen das Sternsymbol. Wenn die Sterne nach Jerusalem weisen, um dort aus der Bibel zu hören, daß Jesus geboren ist, dann haben sie ihren Dienst getan.

1.4 Gebäck

1.4.1 Der Christstollen

Er ist seit 500 Jahren bekannt und stammt aus Sachsen und Thüringen. Vermutlich soll der eingerollte Stollen ein Wickelkind darstellen, also das Kind in der Krippe.

1.4.2 Der Lebkuchen

Der Nürnberger Lebkuchen (Pfefferkuchen, Gewürzkuchen) ist von „Leb“ = Heilmittel oder Arzneimittel hergeleitet. Wahrscheinlich sind Mönche die Erfinder dieses Gebäcks, das aus vielen Gewürzen gemacht wurde. Äußerlich soll es dunkel sein, innen aber um so süßer. Der Lebkuchen soll das Kind in der Krippe darstellen: arm und unscheinbar, und doch der Herr der Welt.

1.5 Christbaum. Adventskranz. Krippe

Es gibt kaum eine Familie oder Gruppe, die nicht in der Advents- und Weihnachtszeit die für diese Zeit typischen Gegenstände benützt bzw. aufstellt. Diese Gegenstände gilt es im besonderen zu verstehen und zu deuten. Abwerten bringt gerade hier erfahrungsgemäß nichts, und Abschaffenwollen ist ein vergebliches Unterfangen.

1.5.1 Der Christbaum und sein Schmuck

Der Baum wird erstmals im Zusammenhang mit Weihnachten in Straßburg 1539 genannt. Es ist ein Bild von Martin Luther unter dem Tannenbaum erhalten.

1.5.1.1 Verschiedene Vorstellungen

Mehrere Vorstellungen fließen im christlichen Weihnachtsbaum (Christbaum oder Tannenbaum) zusammen:

☐ Der Baum ist in der germanischen Sage die Esche, die Uresche, die als Weltenbaum angesehen wird, aus der das Leben kommen soll.

☐ In Genesis (1. Mose) 2 und 3 ist vom Paradiesbaum die Rede. Zu ihm war der Zugang verwehrt, weil er ewiges Leben geben konnte. Der im Zimmer aufgestellte Baum soll dieses Leben andeuten. Der Zugang ist nicht mehr versperrt. „Der Cherub steht nicht mehr dafür . . ." Adam und Eva (24. Dezember) haben jetzt Zugang zu Gott. Bei diesem Paradiesbaum schwingen noch andere Dinge mit, z. B. der Wunderbaum, der mitten im kalten Winter als Rosen- und Lilienstock Blüten treibt oder als Apfelbaum Paradiesäpfel trägt.

☐ Die Tanne wird als besonderer Baum angesehen, weil sie immergrün ist, weil sie sich nach oben verjüngt und so die Hoffnung des Lebens mitten im Winter ausdrückt. Zudem bilden alle Zweige bis in die kleinste Ausformung hinein kleine Kreuze.

1.5.1.2 Der Baumschmuck

Die verschiedenen Vorstellungen lassen verschiedene Deutungen zu. Darum ist es gut, wenn durch einen entsprechenden Schmuck der Tannenbaum zu einem Christbaum wird.

☐ Die Kerze versucht die Aussage Jesu zu unterschreiben: „Ich bin das Licht der Welt" (Johannes 8), oder das Wort Johannes des Täufers „Er muß wachsen, ich muß abnehmen!" (Joh. 3, 30).

☐ Glaskugeln und Glitzerwerk wollen auf die wertvollen Geschenke der Weisen aus dem Morgenland hinweisen (Mattäus 2).

☐ Der Apfel ist die Frucht, die Adam und Eva vom Baum nahmen. Er erinnert uns also an die Schuld der Menschen (Genesis 3).

☐ Strohgebinde verschiedener Art erinnern an das Stroh, auf dem Jesus in der Krippe lag. Die Menschlichkeit Jesu ist darin zu sehen.

☐ Sterne deuten auf die Weisen aus dem Morgenland (Mattäus 2).

Der Christbaum ist heute weitverbreitet und zum Symbol der deutschen Weihnachten in aller Welt geworden. Das ist um so erstaunlicher, als man um 1800 den Baum nur in einigen „besseren" Häusern Deutschlands, Österreichs und der Schweiz fand. Sehr spät erst hielt er seinen Siegeszug in alle Weihnachtszimmer.

1.5.2 Der Adventskranz

Bei uns versteht man den Kranz als Siegeskranz und als Totenkranz. Einen Kranz in der Adventszeit in die Wohnzimmer zu hängen, ist ein sehr junger Brauch, der wohl erst seit dem 1. Weltkrieg bei uns heimisch geworden ist. Vermutlich stammt der Brauch aus der Jugendbewegung. Der Kranz wird erst dadurch zum Adventskranz, daß vier Kerzen (nicht fünf oder sechs) ihn schmücken. Die vier Kerzen erinnern an die vier Adventssonntage mit ihrer je eigenen Botschaft (siehe S. 58 ff.).

1.5.3 Die Krippe

Die Krippe mit Figuren aus der Geburtsgeschichte (Lukas 2 und Mattäus 2) kam bald nach der Einführung des Christfestes auf (4./5. Jahrhundert n. Chr.), in Deutschland soll allerdings erst um 1252 in Füssen/Allgäu eine solche Krippe aufgestellt worden sein. In gotischer Zeit stellte man lebensgroße Kleiderpuppen, später kleine Figürchen zu „Krippen" zusammen. Auf Altären und in den Vorhallen der Kirchen und Dome wurden sie gezeigt. Seit dem 16. Jahrhundert kommen aus Italien über Tirol phantasievolle Krippenaufbauten nach Deutschland, zur großen Freude der Kinder. Stall und Landschaft bekamen deutsche Züge: Bauerngehöfte oder Schlösser, Burgen oder Berghöhlen. Auf jeden Fall steht die Krippe bei uns und die Geschichte findet bei uns statt. Krippenbau und Figurenformen ist ein besonderes Aneignen der Geschichte von der Geburt Jesu. Als Material finden Rinde, Papier, Holz, Pappe, Ton, Knetmasse usw. Verwendung. Heute ist man dabei, dieses alte Brauchtum wieder aufzugreifen.

1.6 Spielen. Singen. Schenken

1.6.1 Krippenspiel

Das Aufstellen von Krippen brachte das Spielen der darin dargestellten Geschichte mit sich. Paradeisspiel, Krippenspiel und Dreikönigsspiel bildeten eine Trilogie. Das Spielen (nach textlichen Vorlagen oder improvisiert) half zur Identifizierung mit der Geschichte selbst. Man konnte sich mit einer Figur identifizieren und mußte sich auf diese Weise mit der Geschichte in besonderer Weise auseinandersetzen und beschäftigen.

Krippen und Krippenspiel brachten aber auch viele falsche Vorstellungen in die Weihnachtsgeschichte herein. Zutaten, die im Spiel sinnvoll sein mögen, gelten heute fast als biblisch: Stall, Ochs, Esel, die Namen der Weisen usw. Das Krippenspiel muß sich am Bibeltext orientieren.

Jede Zeit muß ihre Aktualisierung suchen. Heute ist beim Krippenspiel Vorsicht geboten. Nicht alles, was sich so nennt, ist Krippenspiel. Der Kitsch hat sehr überhandgenommen.
Spielen kommt dem Kind entgegen. Die Frage der Indentifikation ist zu stellen. Was ein Kind hört, geht oft verloren. Was ein Kind spielt (tut), bleibt haften. Darin liegt die Chance, aber auch die Gefahr des Spielens. Es bleibt die Frage, ob für Kindergartenkinder ein Krippenspiel möglich ist. Andererseits ist ein radikales Ablehnen sicher falsch. Wir können im Kindergarten unter Umständen ein gesundes Gegengewicht zu dem problematischen Spielgut schaffen, das auf die Kinder sicher im Lauf der Jahre zukommen wird.

1.6.2 Adventssingen

Früher gab es das „Quempassingen“, das Singen von Weihnachtsliedern auf der Straße (der Ausdruck „Quempassingen“ kommt von dem dabei gesungenen Lied aus dem 14. Jahrhundert, „Quem pastores laudavere“ = „Den die Hirten lobeten sehre“). Dieser alte Brauch hat sich da und dort noch in der Form des Adventssingens erhalten. Jugendgruppen, Kinder- und Kirchenchöre singen in Altersheimen und Krankenhäusern, aber auch bei einzelnen Alten und Kranken. Kindergartenkinder können einige Alte besuchen und die frohe Botschaft – das Licht Jesu – in die dunklen Häuser tragen. Dies ist für Kinder ein großes Erlebnis.

1.6.3 Schenken

Die Sitte des Schenkens hängt zusammen mit dem Geschenk Gottes an uns. Früher beschenkte man sich an „Nikolaus“ (heute noch üblich in Holland) oder in der Frühe des 25. Dezember. Heute deckt das Schenken oft alles zu. Wer Kinder vom Geschenkebekommen zum Geschenkemachen weiterführt, der hat einen „Erziehungserfolg“ errungen.

2 Methoden-, Medien- und Materialhinweise

Medien helfen vermitteln. Mit ihrer Hilfe sollen Kinder Einsichten in Vorgänge bekommen oder sich durch eigenes Tun Einsichten verschaffen. Das geht nicht ohne Anleitung. Der Erzieher hat hier große Verantwortung. Es geht nicht nur um eine Meinungsäußerung der Kinder (durch Wort, Bild oder Spiel), sondern um eine Auseinandersetzung mit der Meinung der Erzieher, die als Hilfe zu Leben und Glauben verstanden werden soll. „Was ich höre, vergesse ich; was ich sehe, behalte ich; was ich tue, verstehe ich". Worte allein helfen also nicht. In eigenes Tun (Malen und Spielen) umgesetzte Worte und Gedanken bleiben haften. Es geht also nicht nur darum, etwas Interessantes mit den Kindern zu machen. Es geht vielmehr darum, was man macht und wofür und wozu man etwas macht. Die rechte Verwendung der Medien und des Materials sind Teil der Erziehung, auch der christlichen Erziehung.

2.1 Möglichkeiten der eigenen Gestaltung

Für das eigene Tun der Kinder gibt es eine ganze Palette von Möglichkeiten. (Vergleiche zum folgenden: Wolfgang Longardt, Spielbuch Religion, Benziger 26109/ Kaufmann 0241.)

2.1.1 Spielformen

2.1.1.1 Stegreif-Rollenspiel
Ein Krippenspiel z. B. läßt sich als Stegreif-Rollenspiel gestalten. Man bespricht und malt die einzelnen Figuren der Geburtsgeschichte (oder auch anderer Geschichten) und versucht sich auszudenken, wie die Gestalten sich wohl verhalten und was sie wohl gesagt haben könnten. Besonders die Hirten eignen sich gut zur Identifikation und zur Darstellung.

2.1.1.2 Pantomime
Die Pantomime ist eine Sonderform des Rollenspiels. Sie ist leichter als dieses, wenn der Text durch die Erzieherin vorgegeben wird, schwerer, wenn der Inhalt erst erarbeitet werden muß, um ihn dann pantomimisch darzustellen. Pantomime ist an Weihnachten nur dann möglich, wenn sie auch sonst zur Kindergartenarbeit gehört – was sehr zu empfehlen ist.

2.1.1.3 Schattenspiel
Das Schattenspiel ist eine Sonderform des Rollenspiels; es kommen eine ganze Reihe von technischen Problemen dazu. Noch größere Kon-

zentration der Kinder und noch mehr Übung mit den Kindern sind nötig. Ein großes Leintuch wird vor eine Zimmerecke gespannt (von Fenster zu Fenster) und eine starke Lichtquelle dahinter aufgestellt. Die Kinder müssen sehr genaue Bewegungen, ganz nahe am Tuch, üben, damit die Konturen scharf sichtbar werden.

2.1.1.4 Musikalisches Spiel
Zu Wort und Mimik kommt die Musik, als Instrumentarium, als menschliche Singstimme, und der menschliche Körper. Einfache Instrumente (Triangel, Holzblocktrommel, Handpauken) schlagen den Rhythmus, Melodieinstrumente (Glockenspiele, Xylophone, Flöten usw.) spielen und begleiten die Melodie oder begleiten in einfachen Akkorden die Lieder. Einige Lieder, in sinnvollen Zusammenhang gebracht, können als kleines Singspiel oder kleine Kantate aufgeführt werden, zur eigenen und der Eltern Freude.

2.1.1.5 Puppenspiel
Kindern macht es viel Spaß, sich in die Rolle von Puppen zu versetzen. Schön ist es, wenn die Kinder ihre Puppen selber herstellen.

2.1.2 Bilder herstellen

2.1.2.1 Dias malen
Kinder sind ganz erstaunt, was aus kleinen Dias, an die Wand geworfen, entsteht. Kleine Dia-Glasscheiben werden bunt bemalt; auch dünnes Transparentpapier in Diagröße ist möglich; oder durch Kerzenruß geschwärzte Dia-Glasscheiben werden mit einem spitzen Gegenstand bearbeitet, Gestalten herausgekratzt usw. Wenn eine Geschichte in Einzelpersonen oder Einzelszenen zerlegt ist, kann so eine interessante Bildergeschichte entstehen, u. U. sogar die Weihnachtsgeschichte. Die Texte dazu erarbeiten die Kinder oder (und) die Eltern. Der Text oder beide Texte werden dann bei der Weihnachtsfeier vorgetragen. Jeder hat für die anderen etwas erarbeitet.

2.1.2.2 Wollfadenbilder
Verschiedenfarbige, angefeuchtete Wollfäden werden auf ein Flanelltuch geheftet; die Darstellung kann so leicht verändert werden. Man kann mit dieser Technik für ein altes bekanntes Thema neues Interesse wecken. So kann diese Art der Darstellung zur Vorbereitung einer anderen Medienart oder als Wiederholung einer Geschichte dienen. Das Wollfadenbild kann man natürlich auch dauerhaft machen, indem man die Wollfäden an das Tuch festklebt.

2.1.2.3 Transparente

Eine reizvolle Art, die Weihnachtsgeschichte zu gestalten, ist das Transparent. Das Besondere dabei ist, daß das Licht eine Rolle spielt. Das Licht erst bringt die Bilder zum Leuchten. Ein Transparent kann auf verschiedene Weise angefertigt werden:

☐ Kleben: Verschiedenfarbige Seidenpapiere werden in verschiedene kleine Formen (Vierecke, Dreiecke, Kreise usw.) zerschnitten und auf Transparentpapier geklebt, aufeinander, nebeneinander. So entstehen verschiedene Farbmischungen, dunklere und hellere Farbtönungen, aus denen sich die Figuren herausbilden.

☐ Malen: Einfacher ist das Malen. Man wird verschiedene Farben ausprobieren, um die geeigneten zu entdecken. Kleine Kindergruppen fertigen jeweils ihr Bild zu einem Thema an, das vorher abgesprochen wurde. Die Reihe der Transparente ergibt dann die Geschichte, zu der man erzählen oder singen oder spielen kann. Am interessantesten ist es, wenn das Transparent erst dann beleuchtet wird, wenn es in der Erzählung an der Reihe ist. Als Abschluß ist dann die ganze Reihe beleuchtet.

2.1.2.4 Malen

Wachs- oder Fingerfarben ermöglichen großflächiges Malen. Wenn an eine Verwendung selbstgemalter Bilder bei der Weihnachtsfeier gedacht ist, sollten sie alle das gleiche Format haben (quer oder hoch).

2.1.2.5 Stehkino

Bilder werden auf Transparentpapier gemalt oder als Schattenrisse aufgeklebt. Die einzelnen Bogen werden aneinandergeklebt zu einem langen Bildband, das dann über zwei Rollen abrollt. Zwischen den beiden Rollen ist ein großer Sichtraum gelassen, der einer großen Fernsehscheibe ähnelt. Dieser Sichtraum sollte so groß sein, daß auch Eltern aus größerer Entfernung die Bilder sehen können. Die technische Vorrichtung dazu bastelt ein Vater gerne für den Kindergarten.

2.1.3 Plastiken formen

Der Phantasie sind keine Grenzen gesetzt, aus den verschiedenen Materialien Figuren zu biblischen Geschichten, besonders zur Weihnachtsgeschichte, anzufertigen. Aus Ton, Knetmasse, aus Papier (Falten und Schneiden), Stroh, Folie, Holz, Rinde, Wurzeln usw. können Kinder Gestalten zaubern.

Das Basteln einer Krippe hilft wie das Rollenspiel zur Identifizierung der Kinder mit diesen Figuren und Gestalten der Weihnachtsgeschichte. Als große Krippe ist sie bei der Weihnachtsfeier zu verwenden. Wenn sie klein ist, kann man sie photographieren und sie als Dia bei der Weihnachtsfeier einsetzen.

2.2 Aktionen

„Aktion“ ist bei Kindergartenkindern wohl etwas hochgegriffen. Und doch ist es gut, wenn die Kinder beizeiten lernen, nicht nur an sich selber zu denken (so nötig das auch ist), und nicht nur selber beschenkt werden zu wollen. Wenn ihnen die Liebe Gottes in Jesus Christus so bedeutsam wird, daß sie auch die Menschen sehen und lieben lernen, die Jesus Christus geliebt hat und heute liebt, dann ist dies schon ein großer „Erfolg“.
Es gibt Aktionen, die die Kinder gerne mitmachen. Dazu bedarf es oft keiner Mühe.

2.2.1 Singen bei Alten und Kranken

Das kann vor der Weihnachtsfeier als Vorbereitung des Themas eingeplant werden. Dieses Singen ist aber auch sinnvoll als Fortsetzung der Advents- oder Weihnachtsfeier. So wird das Licht und die Freude in die Häuser und Herzen weitergetragen. Die Freude wird in die Stuben der Alten und Kranken getragen. Die Erzieherin muß sich aber bei den zu Besuchenden genau erkundigen, ob man und wann man kommen kann. Nicht jeder Kranke und jeder alte Mensch möchte sich von fremden Leuten besuchen lassen.

2.2.2 Licht und Schmuck bringen

Die Kinder basteln z. B. Sterne, hängen sie an Tannenzweige, stecken eine Kerze daran und tragen diese Gebinde zu den Kranken und Alten.

2.2.3 Spielzeug sammeln

Die Kinder sammeln Spielzeug aus ihren eigenen Beständen. Zur Weihnachtsfeier bringen sie dieses Spielzeug mit. Sie legen dies alles bei der Krippe ab. Damit wird deutlich, wer Geburtstag hat. Das Spielzeug kommt dann einem Kinderheim zugute oder wird bei einer Verlosung oder einem Bazar in Geld umgesetzt und kommt so einem karitativen Zweck (Kinderheim, Dritte Welt, hungernde Kinder usw.) zugute.

2.2.4 Kinder basteln für ihre Eltern

Nachdem die Kinder zur Zeit sehr viel geschenkt bekommen, sollten sie angehalten werden, auch ihren Eltern, und sei es eine Kleinigkeit, selber zu basteln. Anleitung dazu könnte die Erzieherin geben.

2.2.5 Kinder malen Bilder

Die Bilder werden bei der Weihnachtsfeier, vorher oder nachher, zugunsten eines Projekts verkauft.

2.2.6 Kinder-Kunstwerk-Ausstellung

Alles, was Kinder im Laufe des Herbstes gebastelt haben, wird ausgestellt. Der Eintritt und der Verkauf ist zugunsten eines Projekts, das mit den Eltern abgesprochen ist.

2.3 Möglichkeiten der Gestaltung mit Spieltexten und Audiovisuellen Medien

Um selber gestalten zu können, braucht man Vorlagen. Mancher ist darum dankbar, für Kinder und für Erwachsene (Elternarbeit) ausgearbeitetes Material vorzufinden.

2.3.1 Material für Kinder

2.3.1.1 Spiele und Szenen
Grundsätzlich ist das Hirtenspiel einem ganzen Krippenspiel vorzuziehen. Im Hirtenspiel steht die Botschaft des Engels im Vordergrund, die die zentrale Aussage der Geburtsgeschichte ist.

a) Kommt alle, kommt
Ein Adventsspiel von Annemarie Krapp, für Kinder zwischen 5 und 7 Jahren, 10 bis 15 Personen und mehr, 15 Minuten, Rhythmik, keine Bühne.
Der Text ist für Kinder geschrieben. Die Geschichte von Johannes dem Täufer, der Ruhe in der Wüste sucht und später tauft, wird dargestellt. Gut ist, daß der kindliche Drang zur Improvisation und zur Bewegung aufgenommen wird. Dabei sollte man aufpassen, daß die beiden Teile des Stückes – Situationsanalyse und Geschichte – nicht zu stark auseinanderfallen.
Der Inhalt ist: Es rattert, tutet, hämmert – die laute Welt. Dagegen steht Johannes, der von dem redet, der kommt.

b) Die Weihnachtsgeschichte
Ein Weihnachtsspiel von Annemarie Krapp, Krippenspiel für Kinder zwischen 5 und 9 Jahren, 7 Personen oder mehr (3 w., 4 m.), 15 Minuten, Menschenschattenspiel.
Der Text bietet die Weihnachtsgeschichte einmal anders dar. Hinter einem großen, weißen Tuch bewegen sich Personen, die stark angestrahlt werden. Ihre Schatten zeichnen sich auf dem Tisch ab. Alle notwendigen Requisiten werden auch als Schatten abgebildet. Diese Darstellungstechnik macht großen Spaß und hat ihre eigenen Reize. Eine ausführliche Beschreibung der Technik liegt dem Rollenheft bei.
Der Inhalt ist: Lukas 2, ausgeschmückt.

c) Zu Bethlehem geboren
Ein Weihnachtsspiel von Annemarie Krapp, Krippenspiel für Kinder zwischen 6 und 8 Jahren, 18 Personen (3 w., 15 m.), etwa 30 Minuten, keine Bühne.
Der Text ist schlicht, einfach, ohne besondere Anforderung. Der Reim wird mit der Zeit langweilig. Das Spiel entwickelt sich aus dem Halbkreis heraus. Die Kinder unterhalten sich zwischendurch über die Rollenverteilung, und dann geht der gereimte Text weiter. In dieser Zwischenimprovisation, die auch auf die Darstellung ausgedehnt werden kann, liegt der Reiz des Textes.
Der Inhalt ist die Weihnachtsgeschichte von der Volkszählung bis zu den Weisen aus dem Morgenland.

Die Rollenhefte der oben vorgestellten Spiele sind zu beziehen beim Heinrich Buchner Verlag, München.
Die Besprechungen stammen von der Beratungsstelle für Gestaltung von Gottesdiensten und anderen Gemeindeveranstaltungen, Frankfurt/M.

2.3.1.2 Leporello-Bilderbücher

Sie können als Weihnachtsgeschenk dienen, aber auch zur Besprechung der verschiedenen Geschichten in kleinen Gruppen und als Anregung für eigene Gestaltung. Im Zusammenhang mit der Thematik dieses Buches sei vor allem auf folgende Leporello-Bilderbücher (Format 13 × 19 cm) hingewiesen:

Christi Geburt (Christophorus 53 104/Kaufmann 9003)
Die Weisen aus dem Morgenland (Christophorus 53 102/Kaufmann 9002)
Die Flucht nach Ägypten (Christophorus 53 105/Kaufmann 9005)
Zu Bethlehem geboren (Christophorus 53 112/Kaufmann 9015)
Jesus stillt den Sturm (Christophorus 53 110/Kaufmann 9014)
Die Heilung des Blinden (Christophorus 53 114/Kaufmann 9019)
Zachäus (Christophorus 53 113/Kaufmann 9020)

2.3.1.3 Biblische Wandfriese für Kinder

Die Wandfriese sind so groß (Format 120 × 29 cm), daß sie mit einer ganzen Kindergartengruppe besprochen und bearbeitet werden können.

Christi Geburt (Christophorus 53 351/Kaufmann 8003)
Die Weisen aus dem Morgenland (Christophorus 53 353/Kaufmann 8005)
Einzug in Jerusalem (Christophorus 53 356/Kaufmann 8007)
Die Stillung des Sturmes (Christophorus 53 360/Kaufmann 8011)
Die Heilung des Blinden (Christophorus 53 361/Kaufmann 8012)
Zachäus (Christophorus 53 362/Kaufmann 8013)

2.3.1.4 Flanellbilder zur Bibel

Die Flanellbilder eignen sich vorzüglich zum Entfalten einer Geschichte. Sie reizen zum Variieren und Improvisieren und regen an, Bilder selber zu malen und dann auszuschneiden. Man kann sie dann so groß anfertigen, daß sie auch bei einer Weihnachtsfeier in größerem Kreis und Raum (z. B. Kirche) Verwendung finden können. Auf die folgenden Titel sei im Zusammenhang mit der Thematik dieses Buches besonders hingewiesen:

Jesus segnet die Kinder (Mappe 1)
Die Geburt Christi (Mappe 2; Doppelmappe)
Der Einzug in Jerusalem (Mappe 3)
Verkündigung an Maria, Verkündigung an Zacharias und Geburt des Johannes (Mappe 13)
Die Predigt des Johannes des Täufers (Mappe 14)
Die Taufe Jesu und Versuchung Jesu (Mappe 15)
Die Heilung des Gichtbrüchigen (Mappe 23)
Die Heilung des Blinden/Die Heilung der 10 Aussätzigen (Mappe 24)
Die Heilung des Gelähmten am Teich Bethesda (Mappe 41)
Grafische Gestaltung aller Mappen: Reinhard Hermann
Verlage: Christophorus/Kaufmann

2.3.1.5 Bilderbücher

In der Reihe „Was uns die Bibel erzählt" sind Bilderbücher erschienen mit Bildern von Kees de Kort, die von ganz schlichten Texten begleitet sind. Sie lassen sich ähnlich verwenden wie die Leporello-Bilderbücher (vgl. 2.2.1.2). Auf folgende Titel sei hier hingewiesen:

Jesus ist geboren
Zachäus
Der barmherzige Samariter
Jesus und der Sturm
Bartimäus
Jesus und der Gelähmte
Verlag: Württembergische Bibelanstalt, Stuttgart

2.3.1.6 Adventskalender

Verschiedene Adventskalender eignen sich gut für Gespräche und geben Impulse für Aktionen:

Unsere Stadt braucht viele Lichter (Kaufmann 0526)
Kinder sehen dich an (K 0525)
Ein Stern strahlt über Berg und Tal (K 0523), dazu als Begleitheft: Kalenderlieder zu Advent und Weihnachten (K 0522)
Die Reise nach Bethlehem (K 0520)

Folgende Adventskalender können als Zimmer- und Wandschmuck dienen; teilweise müssen sie erst gebastelt werden:

Adventkalender und Christbaumschmuck aus Metallfolie zum Selbermachen (Christophorus 62 801)
Buntes Adventshaus (Christophorus 53 660)
Adventskalender aus Goldfolie (Christophorus 53 674)
Der Weihnachtsstern (Kaufmann 0524)
Die Turmuhr (Kaufmann 0521)
Der Weg zur Krippe (Kaufmann 0517)
Wohl dem Lande – wohl der Stadt (Kaufmann 0518)
Poster-Adventskalender (Kaufmann 0527)

2.3.1.7 Zick-Zack-Büchlein

Als Erinnerung an die Weihnachtsgeschichte, bzw. an andere biblische Geschichten, in Verbindung mit anderen Medien, eignen sich die Zick-Zack-Büchlein (Format aufgefaltet 77 × 9,5 cm), z. B.:

Wir haben seinen Stern gesehen (Kaufmann 6007)
Es begab sich aber zu der Zeit (Kaufmann 6011 w)
Die Flucht nach Ägypten (Kaufmann 6013)
Die Geburt Christi (Kaufmann 6014 w)
Der Einzug in Jerusalem (Kaufmann 6042 b)
Zu Bethlehem geboren (Kaufmann 6060 b)
Zachäus (Kaufmann 6114 b)

2.3.1.8 Schallplatten

Schallplatten für Kindergartenkinder sind nicht zahlreich. In dem Schallplattenangebot „Kinderlieder zur Bibel" (20 Lieder aus dem Buch „111 Kinderlieder zur Bibel", herausgegeben von Gerd Watkinson) sind eine ganze Reihe von Liedern zu finden, die auch im Kindergarten Verwendung finden können, nicht als Ersatz, sondern als Bereicherung des eigenen Singens:

Was Freude heißt. 4 neue Lieder zum Kirchenjahr, SCV 75 142, 17 cm
Stern über Bethlehem. 4 neue Lieder zu Weihnachten, SCV 75 143, 17 cm
(Beide LP's sind auch zusammen mit den LP's „Singsang zum Aufstehen", „Dank für diese Ernte", „Die Spatzen kaufen niemals ein" in einem Schuber erhältlich. SCK 70 101)
Verlage: Christophorus/Kaufmann

Folgende „Amateur"-Schallplatten mit neuen Weihnachtsliedern sind erhältlich:

Christus ist geboren
Gott liebt die Welt
Öffnet die Türen
zu beziehen bei: Kurt Rommel, D-7 Stuttgart 50, Daiberweg 8

2.3.1.9 Diaserien

Meister Bertram, Weihnachtsgeschichte, 43 Dias (Burckhardthaus-Verlag U 158)
Handschriften der ottonischen Buchmalerei, 36 Dias (Burckhardthaus-Verlag U 101)
Richard Bellm (Hg.), dia-themen 3: Bilder zur Weihnachtszeit, 30 Dias und Texte (Burckhardthaus-Verlag/Christophorus BCD 60 266. In Auswahl geeignet)
Diaserien der Reihe „Was uns die Bibel erzählt" (Württembergische Bibelanstalt, Stuttgart), vgl. 2.3.1.5

2.3.2 Material für Eltern

Für die Elternarbeit, aber auch für Familienveranstaltungen und Gemeindeveranstaltungen sind u. a. folgende Medien und Materialien geeignet.

2.3.2.1 Schallplatten – Tonbänder

Zur Diskussion regen an:

Sigrid Berg, Schallplatte in: Medienpaket Weihnachten (Burckhardthaus-Verlag 4013/Christophorus 60 402)

Ulrich Fick, Bedenken gegen Bethlehem. Die Wartenden (LB-A 102/1)
Hans Kuhn, Es begab sich – begibt es sich noch? (CZGK-B 510/10)
Hans May, Ausgerechnet zu Weihnachten (CZ-C 25004)
Alle im Verlag: Junge Gemeinde, Stuttgart

Christel Storch, Es weihnachtet sehr (Christophorus SCGLV 73 811)

Zur Einstellung auf Kinder, deren Probleme und Auffassungsgabe können helfen:

Kurt Rommel, Christtag ohne Christbaum
Heiner Hägele, Mesak kann sich freuen
Verlag: Junge Gemeinde, Stuttgart

Zur Besinnung tragen bei:

Arnim Juhre (Hg.), Damals, als Jesus geboren war. Stimmen zur Weihnachtsgeschichte (Christophorus/Jugenddienst CGLV 73 785)
Ernst Lange, Gestalten der Weihnacht (als Tonband auszuleihen bei der Medienzentrale der Evang. Landeskirche in Württemberg, D-7 Stuttgart 1, Theodor-Heuss-Str. 23)
Nikolaj Ljesskow, Der Gast beim Bauern (Christophorus SCGLV 75 927)
Edzard Schaper, Der vierte König (Christophorus CK 70 302)

2.3.2.2 Diaserien

Richard Bellm (Hg.), dia-themen 3: Bilder zur Weihnachtszeit. 30 Dias mit Texten (Burckhardthaus/Christophorus BCD 60 266)
Gerhard Boos u. a., Mensch-Werdung. 24 Dias und Texte für Weihnachten (Burckhardthaus/Christophorus BCD 60 255)

Bartholomäus Zeitblom, Die Weihnachtsgeschichte bei Lukas, 12 Dias (U 130)
Rogier van der Weyden, Die Anbetung der Könige, 12 Dias (U 131)
Gérard David, Die Anbetung der Könige, 16 Dias (U 132)
Martin Schongauer, Die Anbetung der Hirten, 14 Dias (U 181)
Alle aus dem Bildwerk zur Bibel, Burckhardthaus-Verlag, vgl. auch 2.3.1.9

Ulrich Fick, Gott unter uns? Dias mit Bildern aus Äthiopien und Texte
Kurt Rommel, Erwartung. Dias mit Meditationen und Gebeten
ders., Freude, die keine Grenzen kennt. Dias und Texte
ders., Vier mal Advent. Dias mit Meditationen und Gebeten
Manfred Fischer, Ehre sei Gott in der Tiefe. Dias zu Lebenssituationen
Alle auszuleihen bei der Medienzentrale der Evang. Landeskirche in Württemberg, D-7 Stuttgart 1, Theodor-Heuss-Str. 23

2.3.2.3 Filme

Das Filmangebot für Weihnachten ist nicht groß. Empfehlenswert sind folgende Filme:

Krippenspiel. Schweiz 1962. 27 Min. sw
Eine Taubstummenklasse führt die Weihnachtsgeschichte des Lukas als Krippenspiel auf. Die ausdrucksstarken Gesten der stummen Darsteller sind mit Bambusflötenmusik unterlegt.

Carl Orff, Weihnachtsgeschichte. BRD 1969. 28 Min. sw
Kinder spielen mit Orffschem Instrumentarium die Weihnachtsgeschichte.

Drei Könige unter dem Kreuz. Jörg Zink. BRD 1963. 29 Min. sw
Meditation über das Weihnachtsbild von Rogier van der Weyden.

Weihnacht. BRD 1963. 10 Min. sw
Feuilleton. Ein kleiner Junge im Strudel des Weihnachtsgeschäfts.

Die Filme sind über Medienzentralen auszuleihen (Landesbildstellen, Landesfilmdienste, Evang. Medienzentralen, Kath. AV-Medienzentralen.) Bitte dort erkundigen.

2.4 Gebete

2.4.1 Advent

Lieber Herr und Gott, wir freuen uns, daß jetzt Advent ist. Wir denken daran, daß bald Weihnachten ist. Dann feiern wir Jesu Geburtstag. Wir freuen uns und wollen auch anderen Freude bereiten.

Es ist wieder Advent.
Wir zünden Kerzen an
und freuen uns.
Licht macht hell
und wärmt.
Licht macht
das Dunkel schön.
Du bist das Licht der Welt,
Jesus Christus.
Mach es hell und warm in der Welt.
Auch in unserer Familie. Auch in mir.

Detlev Block, Gut, daß du da bist. Gebete für Kinder, Verlage Ernst Kaufmann, Lahr/Benziger, Zürich und Köln, S. 66

2.4.2 Weihnachten

Herr, unser Gott! Es ist wieder Weihnachten. Wir freuen uns darüber, weil da alle Menschen so fröhlich sind. Jesus Christus hat Geburtstag. Lichter brennen, wir singen Lieder. Wir haben Geheimnisse. Wir basteln und wollen Freude machen. Wir freuen uns, weil Christus geboren ist. Wir danken dir dafür.

Herr, unser Gott! Wir danken dir dafür, daß du in Jesus Christus gekommen bist. Wir feiern deinen Geburtstag. Vergib uns, wenn wir bei unserem Fest den fast vergessen, der Geburtstag hat. Du hast uns lieb. Das erfahren wir von Jesus Christus. Ohne diese Liebe können wir nicht leben. Laß uns von dieser Liebe weitergeben.

Herr und Gott! „Siehe, ich verkündige euch große Freude!" hat dein Bote zu uns gesagt und hat verkündet, daß Jesus Christus geboren ist. Wir freuen uns, daß Christtag ist. Aber es gibt so viele Kinder, die können sich nicht freuen, weil sie Hunger haben, weil sie krank sind. Du hast uns so viel Freude geschenkt. Wie können wir unsere Freude mit diesen Kindern teilen? Sag es uns, Herr, wir wollen es tun.

Gott, du hast Jesus in diese Welt gegeben, der unser Bruder ist. So lieb hast du uns. Hilf uns, auch einander zu lieben.

Lieber Herr Jesus Christus. Du bist auf die Welt gekommen, um uns ganz nahe zu sein und uns zu helfen. Vergib uns, daß wir uns selten wirklich darüber freuen. Mach uns zu fröhlichen Menschen, die andere Menschen gerne fröhlich machen.

Lieber Herr Jesus,
heute denken wir
an deine Geburt in Bethlehem.
Seitdem du geboren bist,
wissen wir,
wie wichtig der Frieden ist.
Wir wollen anfangen,
deinen Willen zu tun.
Wie gut,
daß du durch deine Geburt
für alle auf dieser Erde da bist.
Darüber freue ich mich.

Detlev Block, a. a. O., S. 67

Großer guter Gott, heute feiern wir den Tag, da Jesus geboren wurde. Wir freuen uns. Er ist auf die Welt gekommen wie wir alle. Er hat uns versprochen, daß dein Reich kommt. Wir warten darauf. Komm bald. Komm ganz bald. Amen.

Marielene Leist, Gebetbuch für Kinder und ihre Eltern, Verlag Herder, Freiburg, Basel, Wien, S. 54

Lieber Herr Jesus Christus, du Kind in der Krippe und Herr der ganzen Welt. Wir denken miteinander an alle Menschen, die dich brauchen. Wir bitten dich für alle die vielen, die krank sind und allein, die Schmerzen haben oder Angst. Sie brauchen dich. Gib ihnen einen Menschen, der ihnen ein Licht bringt. Komm du selbst zu ihnen und tröste sie.

Jörg Zink, Dies Kind soll unverletzt sein, Kreuz-Verlag, Stuttgart/Berlin

Herr und Gott, wir freuen uns, daß Jesus Geburtstag hat. Denn Jesus ist auch dann bei uns, wenn wir ganz allein sind. Und wenn wir Angst haben, ist er auch bei uns. Es ist gut, daß Jesus da ist. Wir wollen an seinem Geburtstag fröhlich sein.

Lieber Gott! Du hast uns Jesus geschickt. Er hat die Kinder lieb. Er hilft den Kranken. Er nimmt die Angst weg. Er kommt zu denen, die allein sind. Das ist eine große Freude. Er hat Geburtstag. Wir danken dir.

Zu dir wir Kinder kommen,
du lieber Jesus Christ,
weil du uns selbst gerufen
und unser Heiland bist.
Wir sind ja deine Kinder
schon seit der heilgen Tauf,
drum nimm uns heut und immer
in deine Liebe auf.

Wir danken dir, Herr Jesus Christus, daß du alle Kinder und alle Menschen so lieb hast.

2.5 Advents- und Weihnachtslieder für Kinder

2.5.1 Zu den Texten

Lieder zur Advents- und Weihnachtszeit sind so wichtig wie das, was wir erzählen. Oft werden gut gemeinte Geschichten und wohlüberlegte, theologisch gut durchdachte Erzählungen zerschlagen durch Lieder, die das Gegenteil von dem aussagen, was wir meinen, vertreten zu können. Viele Fehlmeinungen und Fehlhaltungen im Blick auf Weihnachten rühren bei Erwachsenen her von Liedern, die sie in ihrer Kindheit gelernt haben. Darum muß im Zuge einer Neubesinnung über Weihnachten auch das Liedgut gesichtet und neu durchdacht werden. Noch einmal: Lieder dürfen das nicht zerstören, was wir in Wort und Spiel mühsam aufgebaut haben. Wenn wir sachlich und inhaltlich ein Lied nicht mehr vertreten können, dann dürfen wir es auch nicht mehr singen. Für Kinder ist das Falsche und Schlechte nicht gut genug. Die Advents- und Weihnachtslieder, die mit Kindern gesungen werden, sollten inhaltlich so stimmig sein, daß später keine Aussage mehr zurückgenommen werden muß. Auf Kinderliedern soll man weiterbauen können. Kinderlieder soll man später nicht als falsch abtun müssen.
Wenn irgend möglich sollte man die Verkleinerung des Jesusnamens vermeiden („Jesulein"). Auch die Gegenstände in der Weihnachtsgeschichte sollte man nicht mit einem -lein versehen. In älteren Liedern wurde dies leider durch den Reimzwang oft nicht vermieden.
Das Kommen Jesu sollte auch nicht verharmlost werden. Sein Kommen darf nicht beim Kindsein enden. Weihnachten mit Kindern verleitet dazu, beim Kind und beim Jesuskind stehen zu bleiben.

2.5.2 Zu den Melodien

Die Melodien bei Kinderliedern sind im allgemeinen einfach. Komplizierte Sprünge können Kinder nicht singen. Schwierige Tonfolgen singen sich Kinder sowieso zurecht. Also müssen Kindermelodien schlicht gehalten sein. Schlicht muß nicht schlecht bedeuten. Besser einfach und schlicht als kompliziert und schlecht.

2.5.2.1 Begleitung

Eine ganze Reihe von Melodien ist pentatonisch angelegt (d. h. an Klaviertasten aufgezeigt: nur die weißen Tasten werden gespielt). Man kann dann Glockenspiele und Xylophone so herrichten, daß z. B. nur die CDFGA-Stäbe aufliegen. Die Kinder können dann fröhlich drauflosspielen. Es tut dann immer irgendwie „richtig".
Mit den Schlaginstrumenten, Trommeln und Pauken können die Kinder den Rhythmus schlagen.

Das Spielen von Akkorden ist für Kindergartenkinder nicht ganz leicht. Einfache Melodien sind gelegentlich so aufgebaut, daß ein regelmäßiger Wechsel zwischen zwei oder drei Akkorden möglich ist. Dies können sich Kinder u. U. einprägen. Wenn Baß-Xylophone zur Verfügung sind, kann der Grundton auch genügen.

2.5.2.2 Lautmalerei
Die Instrumente sollten den Texten entsprechend ausgewählt werden. Z. B. wird Gehen und Reiten mit Holzstäben und Hohlblocktrommeln unterstrichen, Freude wird mit Glockenspielen ausgedrückt usw.

2.5.2.3 Bewegung
Alle Lieder sollte man sich daraufhin durchsehen, ob sie sich nicht zur szenischen Darstellung eignen oder ganz schlicht in Bewegung umgesetzt werden können. Man kann geradezu die Regel aufstellen: Was man nicht unbedingt im Sitzen oder Stehen singen muß, sollte man beim Gehen, Marschieren, Tanzen und Spielen singen. Die Bewegung muß das Meditieren nicht verhindern. Sie kann den Inhalt unterstreichen.

Hinweise auf Weihnachtsliederbücher mit Liedern für Kinder:
Herbert Beuerle (Hg.), Sing mit III. Weihnachtslieder (Burckhardthaus-Verlag, Gelnhausen)
Adolf Lohmann (Hg.) Weihnachts-Singbuch. I. und II. Teil (Christophorus 50 830/ 50 834), dazu Tonsätze. 2 Bände (Christophorus 50 832/50 835)
Kurt Rommel (Hg.), Uns wird erzählt von Jesus Christ (Christophorus 50 591/ Kaufmann 0182)
Gerd Watkinson (Hg.), Christujenna. Kinderlieder zu Advent und Weihnachten aus unserer Zeit (Christophous 50 571/Kaufmann 0254)

2.6 Hinweise auf Literatur

2.6.1 Erzählungen

Erzählungen zur Weihnachtsgeschichte und für die Weihnachtszeit gibt es viele. Nicht jede Erzählung, in der Schnee fällt und der Nikolaus auftritt, ist aber schon eine Weihnachtserzählung. Wir sollten bei den Erzählungen darauf achten, daß nicht das, was wir theologisch erkannt haben, wieder kaputt geschlagen wird. Es wird also darum gehen, daß Grundgedanken der Geburtsgeschichte Jesu, bzw. des Lebens Jesu überhaupt, zum Zug und zum Tragen kommen: Z. B. ins Dunkel fällt Licht; Menschen beginnen sich füreinander aufzuschließen; Liebe für Arme und Kranke und Hungernde; Menschen feiern ein Fest, in denen Jesus vorkommt. Oder andere Geschichten sind nötig, die Gestalten der Weihnachtsgeschichte erklären helfen, die also Hintergrundmaterial bilden: Z. B. Was sind Hirten, bzw. Schäfer? Wer ist Nikolaus?

Einige Geschichten, die aus religionspädagogischer Sicht empfohlen werden können, für Kindergartenkinder geeignet sind, sind zu finden in folgenden Veröffentlichungen:

Wolfgang Longardt (Hg.), Kindern erzählt. Geschichten zum Vorlesen und Spielen für Vier- bis Siebenjährige (Gütersloher Verlagshaus Gerd Mohn GTB 75)
Gertrud Mielitz, Sei uns willkommen schöner Stern (Kaufmann 0070)
Dietrich Steinwede/Sabine Ruprecht (Hg.), Vorlesebuch Religion, Band 1 und v. a. Band 2 (Verlage Kaufmann/Vandenhoeck/Benziger/TVZ)
Gerhard Timmer (Hg.), Mein Weihnachtsbuch. Geschichten zum Vorlesen für Vier- bis Siebenjährige (Gütersloher Verlagshaus Gerd Mohn)
Weihnachtsbuch für Kinder zum Lesen und Vorlesen (Wilhelm Goldmann Verlag, München GTB 2738)
Weihnachtsgeschichten für Kinder (Agentur des Rauhen Hauses, Hamburg)

Hingewiesen sei auch auf die Adventskalender mit Geschichten von Elfriede Becker: Unsere Stadt braucht viele Lichter; Kinder sehen dich an (Kaufmann, vgl. 2.3.1.6)

2.6.2 Literatur zur Gestaltung (eine Auswahl)

Basteln mit der Brunnenreihe (Christophorus): Heft 6: Strohsterne/Heft 18: Unsere Hauskrippe/ Heft 20: Weihnachtliches aus Goldpapier/Heft 26: Neue Strohsterne und Engel/Heft 27: Strohbälle und Sterne/Heft 37: Festliches Backwerk/ Heft 44: Adventskalender und Weihnachtsschmuck/Heft 45: Sterne, Blüten, Gräser/Heft 84: Bunte Kerzen selbst gegossen/Heft 85: Korkbüchlein
Sigrid Berg, Weihnachten. Materialien und Entwürfe (Verlage Calwer, Stuttgart/ Kösel, München)
Norbert G. Hermann, Basteln mit Kindern zu Weihnachten (Ensslin und Laiblin Verlag, Reutlingen)
ders., Singen mit Kindern zu Weihnachten (s. o.)
ders., Weihnachten mit Kindern (s. o.)
Gerd Linder, Krippe und Stern. Ein Werkbuch für die Advents- und Weihnachtszeit (Gütersloher Verlagshaus Gerd Mohn)
ders., Modernes Werkbuch für die Weihnachtszeit (s. o.)
Hans May, Religion im Kinderzimmer? (Verlag Diesterweg, Frankfurt/M)
ders., Weihnachten für unsere Kinder (Gütersloher Verlagshaus Gerd Mohn)
Kurt Rommel/Martin Schmeißer, Kinder- und Familiengottesdienst Advent. Weihnachten (Christophorus/Kaufmann)
Otto Schließke, Äpfel, Nuß und Mandelkern (Kreuz Verlag, Stuttgart/Berlin)
ders., Du lieber, heiliger, frömmer Christ (s. o.)

Material bringen auch jährlich die Zeitschriften: was + wie? Arbeitshilfen zur religiösen Erziehung der Vier- bis Siebenjährigen (Gütersloher Verlagshaus Gerd Mohn)
Welt des Kindes. Zeitschrift für Kleinkindpädagogik und außerschulische Erziehung (Kösel-Verlag, München)
In Sachen Spiel und Feier (Deutscher Theaterverlag, Weinheim)

2.6.3 Literatur zur theologischen und religionspädagogischen Grundlegung

Karl Heinrich Barthels/Dietrich Steinwede/Renate Ziegler, Werkbuch Biblische Geschichte für Kindergottesdienst und Schule, 3 Bände (Verlage Vandenhoeck & Ruprecht, Göttingen/J. Pfeiffer, München)
Felicitas Betz, Religiöse Elemente in der Vorschulerziehung (Verlage Jugenddienst, Wuppertal/J. Pfeiffer, München)
A. M. Cocagnac, Was sagt uns die Bibel? (Verlag Herder, Freiburg. Basel. Wien)
Dieter Emeis, Zielgruppe Eltern (Verlag Herder, Freiburg. Basel. Wien)
Gisela Hommel, Religionslose Erziehung in der christlichen Familie (J. Pfeiffer Verlag, München)
Hans Jellouschek/Wolfgang Wessinger, Mit Kindern glauben lernen (KBW-Verlag, Stuttgart)
Johanna Klink, Kind auf Erden. Eine kleine Theologie für Eltern (Patmos-Verlag, Düsseldorf)
Wolfgang Knörzer, Wir haben seinen Stern gesehen. Die Kindheitsgeschichte nach Lukas und Mattäus (KBW-Verlag, Stuttgart)
Hans May, Religion im Kinderzimmer? (Verlag Diesterweg, Frankfurt/M)
Jan Nieuwenhuis, Gläubige Erziehung – heute (Patmos-Verlag, Düsseldorf)
Dietrich Steinwede, Zu erzählen deine Herrlichkeit. Biblische Geschichten für Schule, Haus und Kindergottesdienst (Verlage Vandenhoeck & Ruprecht, Göttingen/J. Pfeiffer, München)
Rainer Tschirsch, Gott für Kinder (Gütersloher Verlagshaus Gerd Mohn)
Walter Wiese/Karl-Heinz Zierenberg/Wolfgang Longardt, Biblische Geschichten im Kindergarten- und Grundschulalter (Verlag Ernst Kaufmann, Lahr)

VI
Modelle · Entwürfe
Aufrisse · Einfälle

Die folgenden Modelle sind verschiedener Herkunft. Kein Modell kann all das, was an Weihnachten zu sagen nötig wäre, wiedergeben. Vollständigkeit, Ausgewogenheit, Absicherung nach allen Seiten sind unerfüllbare Wünsche. Wir können bei allem, was wir tun, nur Akzente setzen. Wir können bestimmte Aussagen und Anliegen betonen, weiterführen, Verbindungen aufzeigen.

Verschiedene Methoden, Medien und Materialien kommen zum Einsatz, verschiedene Themen und Texte dienen als „Aufhänger", verschiedene Ziele sollten erreicht werden, verschiedene Erzieher sind am Werk. Je nachdem werden Aktivität und Meditation vorherrschen, oder Kreativität und Memorieren sich abwechseln. Besinnung und Stille, Singen und Bewegung, Weihnachtsgeschichte und Geburtstag Jesu, Leben Jesu und Krippenspiele, Hirtenspiele und die Weisen aus dem Morgenland sind im Vordergrund.

Einzelne Stücke dieser Modelle können auch bei gemeindlichen Familiengottesdiensten eingesetzt werden, z. B. als Beitrag des Kindergartens zum Familiengottesdienst. Da könnten zum Beispiel am 1. Advent nach der Predigt die Kinder kommen, ein kurzes Gespräch führen, ein Bild zeigen, ein Lied singen. Denkbar ist auch, daß am Heiligen Abend ein Teil der Kindergartenkinder an der Gestaltung beteiligt wird. Die Kinder sind auf diese Weise aktiv in den sonst für sie u. U. langweiligen Gottesdienst einbezogen.

A MODELLE UND ENTWÜRFE

1 Einzug in Jerusalem

1. Thematik:
Advent; Text: Mattäus 21, 1–12

2. Vorausgesetzte Themen und Texte:
Jesus muß als Prediger und Helfer bekannt sein.

3. Termin und Raum:
Um den 1. Advent als kleine Feier im Kindergarten

4. Vorbereitung:
☐ mit Kindern: Refrain, evtl. mit Instrumenten
☐ mit Eltern: evtl. Refrain, besonders Oberstimme (siehe 7.)
☐ mit Pfarrer: –.–
☐ Zeitaufwand: 1 Woche

5. Methoden, Medien und Material:
Wandfries: Einzug in Jerusalem (Christophorus 53536/Kaufmann 8007)

6. Weiterführung:
Geburtstagsfest Jesu

7. Besondere Bemerkungen:
☐ Die aufklappbaren, farbigen Wandfriese sind in Form und Farbe so ausdrucksvoll, daß man sie an einem Tag mit der Kindergruppe nicht „ausschöpfen" kann. Es empfiehlt sich, sie für einige Tage oder eine ganze Woche zum Wandschmuck des Gruppenraumes zu machen.
☐ Eine Gestaltung dieses Wandfrieses mit Hilfe eines Liedes ist in W. Wiese, Biblische Geschichten, S. 181–185, zu finden.

8. Verfasser/Quelle:
Walter Wiese/Karl-Heinz Zierenberg/Wolfgang Longardt, Biblische Geschichten im Kindergarten- und Grundschulalter, Verlag Ernst Kaufmann.

Für die Arbeit mit dem Wandfries: Einzug in Jerusalem sollen hier unter dem Thema „Gelobt sei, der da kommt im Namen des Herrn" (Mattäus 21, 9) einige methodische Anregungen gegeben werden. Im Darbietungsvorschlag, der dem Wandfries beigegeben ist (siehe auch S. 28), wird empfohlen, den Wandfries zunächst so zusammengeklappt den Kindern zu zeigen, daß sie nur das allererste Bild, ganz links außen, sehen können. Es stellt einen Esel dar, der vor einem bäuerlichen Anwesen steht, sowie einige Jünger. Dazu, so wird vorgeschlagen, könne man den Beginn der Geschichte erzählen. Beim Schildern des Hineinreitens nach Jerusalem solle man dann den gesamten Fries aufklappen, so daß die Kinder ihn in allen sechs Teilen betrachten lernen.
Eine methodisch ergiebige Variante wäre es dagegen, den Kindern zunächst nur die mittleren Friesteile aufzuklappen: den reitenden Jesus und einige, die ihm zujubeln, die den Weg schmücken und ihre Gewänder so ausbreiten, daß Jesus darüberreiten kann.

Erst nachdem man diese mittleren Bilder mit Muße betrachtet hat und der Handlungsablauf geschildert ist, zeige man die äußeren Teile des Wandfrieses. Man lasse die Zahl der staunenden Männer zählen (12), die hinter Jesus herlaufen, und man betrachte dann auch auf dem äußersten rechten Friesteil die Priester und Schriftgelehrten, die sich abwenden und doch gleichzeitig „mit einem Auge" noch argwöhnisch hinschauen. Sie rufen nicht mit: „Gelobt sei, der da kommt". Ihre Lippen sind genauso verschlossen wie die der Jünger, die aus dem Staunen über diesen Einzug Jesu nicht herauskommen. Es lohnt sich, das alles nach und nach an den Außengruppen entdecken zu lassen. Wenn man bedenkt, daß Kinder ein Bild nicht nur „von außen" ansehen wollen, sondern es sich lebendig machen wollen, ja, unter Umständen sogar mitagieren wollen, dann empfiehlt es sich, methodisch noch einen Schritt weiterzugehen. Die einzelnen Gruppen könnte man von Kindern pantomimisch nachgestalten lassen, die Jubelnden, die Jünger und die argwöhnisch sich abwendenden Schriftgelehrten. Um Kinder vor dem Bild noch weiter tätig zu machen, kann gefragt werden: Was denken die staunenden Jünger? Warum ist die Freude der Leute so groß (usw.). Schließlich gibt es noch die Möglichkeit, das Bild in Töne umzusetzen, es gleichsam zum Klingen zu bringen. Entweder singt man nach beendeter Erzählung, oder man baut den nachfolgenden Kindervers refrainartig mehrmals in das Erzählen und in die Bildbetrachtung mit ein. Dann aber müßte der Refrain vorher schon etwas eingeführt sein. Wir empfehlen den Text: „Seht er kommt, wer nimmt ihn auf" von den Kindern singen zu lassen. Als Oberstimme könnten der Leiter und seine Helfer oder einige ältere Kinder der Gruppe „Hosianna, Davids Sohn!" singen. Einige Rhythmusinstrumente können die Einzugsmelodie noch unterstreichen.

2 Advent

1. Thematik:
Adventliche Feierstunde

2. Vorausgesetze Themen und Texte:
Adventskranz

3. Termin und Raum:
Adventszeit

4. Vorbereitung:
☐ mit Eltern: Lieder lernen; Vorfeier mit Eltern und Gemeinde ohne Kinder ist denkbar.
☐ mit Kindern: Lieder und Gebete lernen, bzw. neu formulieren; musizieren
☐ mit Pfarrer: Geschichte Lukas 1,26–28 absprechen; Ansprache?
☐ Zeitaufwand: ca. zwei Wochen

5. Methoden, Medien und Material:
Adventskranz

6. Weiterführung:
Die Geburtsgeschichte muß auf die Ankündigung folgen.

7. Besondere Bemerkungen:
☐ Licht und Schatten. In dieser Themeneinheit werden die Erfahrungen der Laternenzeit in der Weihnachtszeit wieder aufgenommen. Es besteht die Möglichkeit, Symbolgehalt z. B. Licht, Sterne usw. zu deuten und zu interpretieren.
☐ Die Worte, die die Kinder während der Feier sprechen, sollen im gemeinsamen Gespräch zwischen der Gruppenleiterin und den Kindern erarbeitet werden. Die im Vorschlag angeführten Beispiele dienen nur als Anregung. Selbstverständlich muß dazu allen Kindern die Aussage der Feier vertraut sein.

8. Verfasser/Quelle:
Eva Leutinger, erstmals veröffentlicht in: Katechetische Arbeitshilfen für Kindergärten 1–4, Badischer Kindergartenverband, Karlsruhe

---

Die Eltern singen, während die Kinder einziehen und sich setzen: „Macht hoch die Tür“ (Liedbeilage Nr. 2)

Die Kinder sitzen und beten:
„Zu dir wir Kinder kommen
du lieber Jesus Christ,
weil du uns selbst gerufen
und unser Heiland bist.
Wir sind ja deine Kinder
schon seit der heilgen Tauf,
drum nimm uns heut und immer
in deine Liebe auf. Amen.“

Kinder singen: „Wir sagen euch an den lieben Advent“, 1.–3. Str. (Liedbeilage Nr. 3), 3 Kinder zünden nacheinander 3 Kerzen am Adventskranz an.
Pfarrer oder Kindergärtnerin erzählt von der Ankündigung der Geburt Jesu, Lukas 1, 26–28 (siehe Erzählvorschläge S. 32ff.).

Während ein Kind die 4. Kerze des Adventskranzes anzündet, singen die Kinder:
„Wir sagen euch an den lieben Advent“, 4. Strophe (Liedbeilage Nr. 3).

Pfarrer oder Kindergärtnerin spricht:
„Herr Jesus Christus, bald feiern wir deinen Geburtstag: das Weihnachtsfest.
Du bist vor vielen Jahren auf die Welt gekommen.
Du willst immer bei uns sein.“
1. Kind:
„Wir können dich nicht sehen, aber du bist immer da.“
2. Kind:
„Wenn wir im Kindergarten spielen, bist du bei uns.“
3. Kind:
„Wenn wir mit Vater und Mutter am Tisch sitzen und essen, bist du bei uns.“
4. Kind:
„Wenn wir über die Straße springen, bist du da.“
5. Kind:
„Wenn wir im Bett liegen und schlafen – immer bist du bei uns.“

Zwischenmusik

Alle Kinder:
„Danke, Herr Jesus Christus, daß du alle Kinder und alle Menschen so lieb hast.“

Kinder singen:
„Lieber Herr Jesu Christ“, 1. u. 2. Str. (Liedbeilage Nr. 21).

Zwischenmusik

Pfarrer oder Kindergärtnerin spricht:
„Herr Jesus Christus, wir freuen uns jedes Jahr auf Weihnachten. Wir wissen: Du bist auf die Welt gekommen, weil du uns lieb hast.“
1. Kind:
„Wenn wir traurig sind, bist du bei uns.“
2. Kind:
„Wenn wir krank sind, bist du bei uns.“
3. Kind:
„Wenn wir Angst haben – immer bist du bei uns.“

Zwischenmusik

Alle Kinder:
„Danke, Herr Jesus Christus, daß du alle Kinder und alle Menschen so lieb hast.“

Kinder singen nochmals:
„Lieber Herr Jesu Christ“, 1. u. 2. Str. (Liedbeilage Nr. 21).

Zwischenmusik

Pfarrer oder Kindergärtnerin spricht:
„Herr Jesus Christus, du bist zu uns auf die Welt gekommen, weil du uns helfen willst. Wir danken dir dafür."
1. Kind:
„Wir danken dir, daß wir Weihnachten feiern dürfen."
2. Kind:
„Wir danken dir, daß wir spielen und lustig sein können."
3. Kind:
„Wir danken dir, daß wir gesund sind."
4. Kind:
„Wir danken dir, daß wir laufen und springen können."
5. Kind:
„Wir danken dir, daß wir genug zu essen haben."
Alle Kinder:
„Danke, Herr Jesus Christus, daß du alle Kinder und alle Menschen so lieb hast."

Lied der Kinder: z. B. „Jetzt ist die Zeit zum Freuen" (Liedbeilage Nr. 24).

Ansprache des Pfarrers an die Kinder
Gemeinsames Gebet und Schlußlied der Eltern und Kinder

---

3 In der Heimat Jesu

1. Thematik:
Die Heimat Jesu, Jesu Bild

2. Vorausgesetzte Themen und Texte:
Von Jesus müßten einige Geschichten bekannt sein.

3. Termin und Raum:
Advent im Kindergarten

4. Vorbereitung:
☐ mit Eltern: –.–
☐ mit Kindern: –.–
☐ mit Pfarrer: –.–
☐ Zeitaufwand: je nach Lieferzeit der Medienverleihstellen

5. Methoden, Medien und Material:
Dias von Israel, verschiedene Bilder von Jesus

6. Weiterführung:
Die Geburtsgeschichte im Rahmen der Weihnachtsfeier muß folgen.

7. Besondere Bemerkungen:
Dias und Bilder sind – falls im Pfarramt nicht vorhanden – über die Ton- und Bilddienste, Medienzentralen und Kreisbildstellen zu erhalten.

8. Verfasser/Quelle:
Unbekannt.

Der historische Jesus wird für Kinder verständlicher, wenn man vom Land erzählt, in dem er lebte. Für einige Kinder ist es eine große Überraschung, wenn sie feststellen: Der hat wirklich dort gelebt. Zunächst muß klar herausgestellt werden: Es gibt kein Bild (kein Foto) von Jesus. Auch die Häuser, Straßen, Orte, wo er gelebt hat, sind zumeist längst zerfallen oder zerstört. Zwar sieht man bei uns überall Bilder von Jesus als Kind, als Mann, unter Menschen, auf dem See, allein – und am Kreuz. Diese Bilder wurden gemalt, als Jesus längst nicht mehr in Palästina lebte. Durch das Bild wollen die Maler Jesus nicht abmalen, sondern etwas von ihm deutlich machen. Hier ist eine entsprechende Bildbetrachtung vonnöten – wenn möglich durch Bildvergleich. Wir beschreiben alles, was man sehen kann und fragen uns dann: Was wollte der Maler von Jesus aussagen? Wenn die Kinder auf diese Weise einsehen gelernt haben, daß es kein Bild von Jesus gibt (und erst wirklich erkannt haben, daß die figürlichen Darstellungen nicht Jesus oder Gott „sind"), kann man diese Erkenntnis auf die Krippendarstellungen übertragen.
Am eindringlichsten wird die Darstellung, wenn man sich eigener Dias von Palästina und Israel bedienen kann. Eventuell haben Eltern, Gemeindemitglieder oder Pfarrer den Vorderen Orient besucht und stellen Bilder zur Verfügung. Wenn sie dazu noch den Kindern erzählen würden, wie man heute dorthin kommt, was sie in Jerusalem oder am See oder in der Wüste erlebt haben, dann wird das Land, in dem Jesus lebte, für Kinder vorstellbar. Mit Hilfe einiger einprägsamer Bilder wird verdeutlicht: So sieht es heute dort aus. Einiges ist noch wie früher, anderes hat sich verändert. Im Anschluß an die Bildbetrachtungen über das Land, in dem Jesus lebte, ist eine Erzählung nach folgenden Stichwörtern möglich: In diesem Land und unter solchen Menschen hat Jesus gelebt. In diesem Land ist er auch geboren. Das ist lange her (lange vorbei). – Die Leute sagen, er sei in der Stadt Bethlehem geboren. Viele Menschen (Juden) glaubten, in Bethlehem müsse der geboren werden, den Gott schickt (der uns zeigt, wie Gott uns liebt). – Jesus hat eine Mutter wie jeder von uns. Maria. Ihr Mann war Josef. Er sorgte für Maria und Jesus, wie euer Vater für die Familie sorgt. (Familiäre Situationen und Erlebnisse der Kinder berücksichtigen.) Josef war Zimmermann (erklären). Mit Maria und Josef hat Jesus zu Hause gelebt, bis er erwachsen war. – Als erwachsener Mann ging er weg von seinem Elternhaus und wanderte durch das Land, blieb auch ab und zu eine Zeitlang in einigen Dörfern und Städten. Er hatte Freunde, die bei ihm blieben (eventuell das Wort „Jünger" einführen. Rückgriff auf frühere Erzählungen.). – Jesus lebte mit Menschen zusammen, wie wir sie auf den Bildern kennengelernt haben. Zu ihnen hat er gesprochen. – Alle haben erfahren, daß er gut zu den Menschen ist. Sie fragten ihn: Warum tust du das? Er sagte: Damit ihr Gott kennenlernt. Damit ihr Freunde Gottes werdet. Damit ihr euch Gott zuwen-

det. Da merkten die Menschen immer mehr, daß Gott diesen Jesus sehr liebte und daß Jesus Gott sehr liebte. (Eventuell Rückgriff auf frühere Aussagen und Erzählungen.) – Schon lange hatten die Leute auf einen solchen Menschen gewartet, der Gott und die Menschen so liebte wie keiner sonst. Sie glaubten und wußten, daß Gott ihnen einen solchen versprochen hatte. Immer mehr merkten sie, daß Jesus dieser Mensch ist. Immer mehr freuten sie sich, daß es diesen Jesus gibt. – Eigentlich müßten sich alle freuen, daß Jesus in Israel geboren wurde und dort gelebt hat. Alle Menschen auf der Welt, die Jesus kennen (die Christen), feiern in jedem Jahr am Weihnachtsfest seinen Geburtstag.

4 Das Licht scheint in der Finsternis

1. Thematik:
Licht und Schatten. Diese Adventsfeier will Kinder und Eltern an der Vorbereitung der Adventszeit im Kindergarten beteiligen.

2. Vorausgesetzte Themen und Texte:
Lichtquellen, Lichtstärke, Schatten. Verstehen, was Licht und Schatten sind.

3. Termin und Raum:
Advent im Kindergarten (u. U. in der Woche vor dem 1. Advent).

4. Vorbereitung:
☐ mit Eltern: vielleicht kann das Schattenspiel mit den Eltern vorbereitet werden.
☐ mit Kindern: den Raum schmücken; jedes Kind ist beteiligt; mit einzelnen Kindern Schattenspiel vorbereiten; musizieren, singen.
☐ mit Pfarrer: –.–
☐ Zeitaufwand: ca. 4 Wochen

5. Methoden, Medien und Material:
Kerze, Öllampe, Transparentbastelmaterial, Pergamentpapier, Wachsfarben, Karton; Schattenspielmaterial (Wand, Lichtquelle, Figuren); Adventskranz; Erzählung.

6. Weiterführung:
Die Thematik kann mit der Weihnachtsfeier „Es wird Licht“ (siehe S. 198 ff.) weitergeführt werden.

7. Besondere Bemerkungen:
Siehe „1. Vorbereitung“

8. Verfasser:
F. Rentschler, Tübingen

1. Vorbereitung

a) Lichtquellen

☐ Experimente: Kerze anzünden, Kerze untersuchen, Docht herausholen, Docht selbst herstellen; elektrisches Licht anzünden, Steckdose, Schalter

☐ Demonstration: Öllampe, Petroleumlampe

☐ Sammeln: Was gibt es für verschiedene Lichtquellen? Mitbringen, aus Katalogen ausschneiden, Plakate herstellen

☐ Werken: aus Abfallmaterial Lampen herstellen, Kerzen ziehen, Kerzengießen (mit Ausstechformen).

b) Lichtstärke

☐ Begriffe: hell – dunkel – dämmrig

☐ Wortschatz: Licht leuchtet, scheint, strahlt usw.

☐ Experimentieren mit Transparentpapier: Überschneidungen

☐ Werken: Fensterbild (Transparent) als Weihnachtsgeschenk für die Eltern; vierseitige Tischlaterne (Pergamentpapier mit Wachsfarben bemalen, bügeln und in Kartonrahmen kleben)

☐ Gespräche: hell und dunkel – Angst und Geborgenheit

☐ Geschichten: P. S. Buck, Wenn es dunkel wird, aus: Lückert, Ich sammle Wörter, Middelhauve-Verlag, Köln, S. 90
und U. Wölfel, Der Nachtvogel (siehe S. 164 f.).

c) Schatten

☐ Experiment: Licht wirft Schatten (Kerze, Taschenlampe), vgl. Graeb, Wissen schafft Freude

☐ Schattenspiele: Schatten fangen: mit Fingern und Händen Figuren erfinden; Namen erraten; Pantomimen (der ganze Körper ist sichtbar): verschiedene Bewegungen erfinden und erraten; kleine Handlungen spielen; Schattenspielfiguren aus Pappe herstellen und dann Szenen darstellen (Figuren, ausgeschnittene Kinderzeichnung).

Im Programm der folgenden Adventsfeier werden verschiedene Dinge aufgenommen und können den Eltern dabei auch erklärt werden: z. B. das Kerzenanzünden ist für die Kinder sehr wichtig und zum Teil schwierig (evtl. direkt erzählen).

2. Adventsfeier

Die Kinder schmücken den Raum, jedes Kind ist an irgendeiner Stelle beteiligt. Jedes Kind darf wählen, was es tun will. Am Vormittag der Adventsfeier wird mit den Kindern die Organisationsform des Nachmittags durchgesprochen: Wir wollen unseren Raum weihnachtlich gemeinsam schmücken; wir erinnern uns an unsere Weihnachtslieder aus dem Vorjahr.

Wir erzählen den Eltern, womit wir uns gerade im Kindergarten beschäftigen: Licht und Schatten, Schattenspiel. Die Kindergärtnerin fordert die Kinder von Fall zu Fall auf, wenn von ihnen eine Tätigkeit erwartet wird. Meistens merken die Kinder selbst aus dem Zusammenhang, daß sie z. B. ihre Kerze anzünden sollten usw. Nur das Schattenspiel wird mit ein paar Kindern vorbereitet (und u. U. den Kindern schon im Freispiel vorgeführt). Die Kinder sitzen im Kreis, die Eltern in einem zweiten Kreis dahinter.

Begrüßung der Eltern durch die Leiterin

Lied: „Freu dich Erd und Sternenzelt" – möglichst mit Instrumenten (Liedbeilage Nr. 15)

Im Kreis steht eine Bodenvase mit Zweigen, die Kinder bringen Sterne.

Lied der Kinder, z. B. „Wenn im Stall und an der Krippe" (Liedbeilage Nr. 14)

Schattenspiel der Kinder: „Babuschka und die Könige", aus: Lückert, Ich sammle Wörter, Middelhauve-Verlag, Köln, S. 111 ff.)
Die Kindergärtnerin erzählt die Geschichte, die Kinder führen die Figuren und sprechen die wörtliche Rede.

Lied der Kinder: „Die Weisen aus dem Morgenland" – möglichst mit Instrumenten – (Liedbeilage Nr. 13)

Adventskranz hereinbringen
Vier Kinder sprechen zu jeder Kerze einen Vers:
„Dies ist der erste Advent,
seht, die erste Kerze brennt."
Vier Kinder lassen sich die Kerze entzünden und bringen sie jeweils zum Kranz.
„Dies ist der zweite Advent,
seht, die zweite Kerze brennt."

Kerzentransparent aufstellen und Kerzen anzünden

Lied: „Uns wird erzählt von Jesus Christ" (Liedbeilage Nr. 5)

Weihnachtsweg herrichten:
Die Kindergärtnerin erklärt, daß dieser Sandweg mit Steinen, kleinen Bäumen, Tannenzapfen usw. der Weg nach Bethlehem sein soll und jeden Tag der Zug der evtl. von den Kindern gemachten Figuren ein Stück auf dem Weg vorrückt. Bis am 25. 12. Maria und Josef den Stall erreicht haben. Die Wegstrecke wird mit vier Kerzen in die vier Adventswochen aufgeteilt (eine Art Adventskalender).

Glockenspiel der Kinder

Der Adventskalender für die Kinder wird aufgehängt

Abschlußlied: „Freu dich Erd und Sternenzelt" (Liedbeilage Nr. 15)

5 Nikolaus ist ein guter Mann

1. Thematik:
Nikolausfeier

2. Vorausgesetzte Themen und Texte: –.–

3. Termin und Raum:
5. oder 6. Dezember im Kindergarten

4. Vorbereitung:
☐ mit Eltern: sie müssen am gleichen Strang ziehen; Gaben für den Nikolaussack einsammeln; Feier ohne Eltern
☐ mit Kindern: –.–
☐ mit Pfarrer: absprechen
☐ Zeitaufwand: –.–

5. Methoden, Medien und Material:
u. U. Verkleidung eines Kindes als Nikolaus

6. Weiterführung:
Weihnachtsfeier, in der Jesus selbst deutlich wird, muß folgen; evtl. auch Familienspiel; überlegen wem man eine Freude machen, wem man zeigen kann, daß Gott ihn lieb hat.

7. Besondere Bemerkungen:
Die Verkleidung des Kindes sollte im Rahmen der Nikolausfeier geschehen. Dadurch wird der Imitationscharakter deutlich und Angst wird verhindert. Was Nikolaus tat, sollen alle tun, nämlich Gutes tun.

8. Verfasser/Quelle:
Kurt Rommel
„Nikolaus als Familienspiel“, aus: R. Tschirsch, Gott für Kinder, Gütersloher Verlagshaus Gerd Mohn (leicht verändert)

1. Einleitung

Es ist nötig, die Nikolausgestalt von ihren negativen Seiten zu befreien. Die Meinungen über historische Wirklichkeit oder Legende gehen auseinander. Aber der historische und der legendäre Nikolaus (siehe S. 120f.: Bräuche) hat positive, gute, freundliche, kinderfreundliche Züge. Nikolaus als Kinderschreck, als Erziehungsmittel ist Unsinn.
Der Nikolaus kommt aus Griechenland, dem Land, aus dem u. U. Kinder im Kindergarten sind. So verbindet die Nikolausgestalt die Völker und baut Brücken.
Man kann mit den Kindern überlegen, ob man und wie man Nikolaus kommen lassen soll.

2. Nikolausfeier

Lied:
1. Laßt uns froh und munter sein
und uns heut im Herrn erfreu'n!
Lustig, lustig, tralleralala,
bald ist Niklausabend da.

2. Dann stell' ich den Teller auf,
Niklaus legt gewiß was drauf.
Lustig, lustig ...

3. Wenn ich schlaf, dann träume ich:
jetzt bringt Niklaus was für mich.
Lustig, lustig ...

4. Wenn ich aufgestanden bin,
lauf ich schnell zum Teller hin.
Lustig, lustig ...

5. Seht, da drüben in der Eck
einen großen Mann von Weck!
Lustig, lustig ...

6. Niklaus ist ein guter Mann,
dem man nicht g'nug danken kann.
Lustig, lustig ...

Text und Melodie: aus dem Hunsrück

Leiterin:
Alle Menschen brauchen die Liebe und Hilfe der anderen. Je älter man ist, je kleiner man ist, um so mehr braucht man Hilfe. Ein alter Mann kann fast nicht mehr gehen. Also muß man ihm helfen. Ein kleines Kind liegt noch im Wagen. Also muß man es füttern. Ein Kindergartenkind kann noch kein Geld verdienen. Also müssen die Eltern ihm Brot und Kleider kaufen. Alle Menschen brauchen Liebe und Hilfe der anderen. Dabei denkt man immer wieder an Leute, die früher einmal gelebt haben und vielen anderen, besonders den Kindern, geholfen haben. Das ist z. B. der Bischof Nikolaus. Der hat ganz besonders die Kinder lieb gehabt. Und so wie er müßten es eigentlich alle machen. Und er hat es so gemacht, weil er selber jemand sehr lieb hatte, nämlich Jesus. Weil er Jesus lieb hatte, darum liebte er auch andere Menschen. Damit wir das ja nicht vergessen, andere Menschen lieb zu haben, und daß wir das ja nicht vergessen, daß wir auch geliebt werden, darum spielen Große und Kleine immer gern Nikolaus. Das spielen wir jetzt auch.

Lied: „Niklaus ist ein guter Mann ..." („Laßt uns froh und munter sein", 6. Strophe).

Leiterin mit Kindern:
(Irgendein Kind darf Nikolaus spielen. Es wird vor den anderen Kindern angezogen und bekommt von der Leiterin einen Sack. Das Ganze kann mit anderen Kindern wiederholt werden.)
So. Jetzt singen wir nochmals das Lied.

Lied: „Niklaus ist ein guter Mann . . .“

Leiterin:
Der Sack, den Nikolaus bei sich hat, ist voll. Was drin ist, haben mir Eure Eltern gegeben. Eure Eltern haben Euch lieb. So wie Eure Eltern Euch lieb haben, habe ich Euch lieb. So wie Nikolaus Euch lieb hat, hat auch Euch Jesus lieb.

Austeilen der Gaben

Lied: „Niklaus ist ein guter Mann . . .“

3. Nikolaus als Familienspiel

Wo Nikolaus nicht einseitig gegen das Kind als himmlische Wunschlotterie und als moralischer Kinderschreck eingeführt wird, kann der Umgang mit ihm in der Familie ein spannendes und fröhliches Spiel in der Weihnachtszeit sein. Die Geschenke kommen von den Eltern, das ist allen klar. Aber es gehört zu den Spielregeln des Weihnachtsspiels, daß sie dabei den „Umweg“ über den Nikolaus benutzen. Und natürlich stammen die Süßigkeiten, die man am Morgen des 6. Dezembers in seinen Schuhen vor der Tür entdeckt, ebenfalls von den Eltern: Aber ihnen – wie vielen anderen Großen und Kleinen in diesen Tagen – macht es Spaß, in der Nacht den Nikolaus zu spielen und sich dabei nicht erwischen zu lassen. Übrigens – auch die Kleinen können Nikolaus spielen: Auch ihnen macht es großen Spaß.
In manchen Gegenden ist es Brauch, daß am 6. Dezember Kinder als Nikolaus verkleidet die Nachbarn besuchen, ihnen Weihnachtsverse aufsagen oder Lieder singen und dabei Süßigkeiten einsammeln. Nikolaus ist eine Figur aus der frommen Legende, so kann man den Kindern erzählen. Von ihm werden viele Geschichten erzählt, und es gibt viele Verse und Lieder über ihn. Aber wir erzählen nicht nur von ihm. Es macht uns auch Freude, diese Geschichten zu spielen. Wenn ihr in der Nacht zum Nikolaustag fest schlaft, dann spielen wir Nikolaus: Wir schleichen ganz leise über den Flur, damit ihr nicht aufwacht, und stecken euch Süßigkeiten in die Schuhe, die ihr vor die Tür gestellt habt. Und am nächsten Morgen sagen wir euch dann: Der Nikolaus war da, und freuen uns, daß ihr uns nicht entdeckt habt, wie wir in der Nacht Nikolaus spielten. So wird die Atmosphäre anders. Den Kindern wird nichts vorgemacht: Nikolaus ist ein schönes Spiel. Die Kinder

werden nicht in künstlicher Ungewißheit über das Schicksal ihrer Wünsche gehalten: Die Eltern, die das Nikolausspiel spielen, sind die wirklichen Adressaten der Kinderwünsche. Ihnen kann man sagen, was man möchte, warum und wie dringend man sich dieses oder jenes wünscht, womit man auch zum Ausgleich zufrieden wäre und worauf man unter Umständen gar verzichten, was man aufschieben könnte. – Es herrscht wohl Spannung und Aufregung, aber keine Angst dabei: Nikolaus ist keine moralische Drohfigur, die ihre Autorität aus der Ängstlichkeit der Kinder herleiten muß. Sie kann in diesem Spiel das sein, was sie von jeher war: eine freundliche Gestalt, die Kinder liebhaben und die so auch von den Kindern gemocht wird. Als Figur von Weihnachtsspielen, in deren Maske und Verkleidung Eltern wie Kinder schlüpfen können, ist sie gleichsam vom Himmel auf die Erde geholt, ihres Mythos entkleidet. Sie hat nur als Hinweis mit Himmel, Gott, Jesus, Glauben zu tun und kann nicht mehr durch eine unklare Konkurrenz die Kinder verwirren.

---

6 Jesus hat Geburtstag

1. Thematik
Geburtstagsfeier, Erinnerungen an Jesus

2. Vorausgesetzte Themen und Texte: –.–

3. Termin und Raum:
November/Dezember; im Kindergarten, Abschluß in der Kirche

4. Vorbereitung:
- ☐ mit Eltern: Lieder singen
- ☐ mit Kindern: singen, spielen
- ☐ mit Pfarrer: den ganzen Prozeß durchsprechen wegen der Weihnachtsfeier
- ☐ Zeitaufwand: ca. 8 Wochen

5. Methoden, Medien und Material:
Spiele

6. Weiterführung:
Aktion: Licht in die Stuben tragen, Besuche machen

7. Besondere Bemerkungen:
Aus diesem Vorschlag kann man auch nur Teile verwenden. Die Geschichten von Jesus können durch andere ersetzt werden.

8. Verfasser/Quelle:
Helga Becker und Helmut Kiewning, erstmals veröffentlicht in: was + wie?, 4/1973, Gütersloher Verlagshaus Gerd Mohn

---

1. Einführung

Wir feiern Weihnachten den Geburtstag Jesu von Nazareth, weil er uns etwas bedeutet. Wie ein Geburtstag jedes Jahr wieder gefeiert wird, begehen wir auch das Weihnachtsfest jedes Jahr. Das ist kein neuer Gedanke. Es soll hier aber einmal versucht werden, diesem Gedanken konsequent zu folgen.
Zu einem Geburtstag werden Gäste eingeladen. Singen, Spielen und Erzählen verbindet die Gäste miteinander. Erinnerungen werden ausgetauscht und damit gemeinsame Erfahrungen bestätigt. Wir schlagen vor, mit einem ersten Schritt den Kindern die verschiedenen Elemente eines Geburtstages bewußt zu machen. Dabei soll die Verschiedenartigkeit von Geburtstagen zum Ausdruck gebracht und deutlich werden, daß wir uns auch an den Geburtstag eines Menschen erinnern können, der bei der Feier nicht dabei ist. An dieser Stelle ist die Erinnerung an Jesus einzuführen. Nach dieser Vorbereitung kann dem Gedanken nachgegangen werden, wer sich an Jesus und warum er sich erinnert. Vorgeschlagen werden drei Begegnungen mit Jesus.
a) Jesus findet einen Freund und feiert mit ihm (Lukas 5, 27–32).
b) Jesus schickt den kritischen Nathanael nicht weg (Johannes 1, 43–49).
c) Jesus hilft einem einsamen und kranken Menschen (Johannes 5, 1–9).
Abschließend kann mit den einzelnen Bausteinen ein Familiengottesdienst oder eine Weihnachtsfeier der Kindergruppe vorbereitet werden.

2. Ausführung

1. Schritt: Verschiedene Geburtstagsfeiern

In den folgenden drei Arbeitseinheiten sollen dem Kind die wichtigsten Elemente einer Geburtstagsfeier spielend bewußt gemacht werden.

a) Wir feiern einen Kindergeburtstag.

☐ Zum Geburtstag laden wir Gäste ein.
(Damit alle anwesenden Kinder der Gruppe eine Gastrolle erhalten, sollte man eventuell 2 Geburtstagskinder wählen.)
Die Gäste freuen sich über die Einladung, bedanken sich. Sie begrüßen sich gegenseitig beim Geburtstagskind. Das Geburtstagskind hat einige kleine Leckereien für die Gäste vorbereitet und führt sie an den gedeckten Tisch.
☐ Dem Geburtstagskind wird ein Lied gesungen.
Sicherlich kennt die Gruppe ein Geburtstagslied, das für die Gruppe den Festcharakter verdeutlicht.
☐ Auf der Geburtstagsfeier spielen wir zusammen. 2–3 Spiele schaffen die gelockerte, fröhliche Atmosphäre für die Kinder. Jeder schöne Tag

geht zu Ende. Man denkt am Abend noch einmal an die vielen verschiedenen Gäste. Man erinnert sich an das Lied zum Geburtstag und an die Spiele, die allen großen Spaß gemacht haben.
Jedes Kind hat nur einmal im Jahr Geburtstag. Man freut sich immer wieder auf diesen Tag, weil man dann ein Jahr älter wird.

b) Wir feiern Mutters Geburtstag.

Nicht nur Kinder feiern ihren Geburtstag, sondern auch Erwachsene. Wir wollen den Geburtstag eines Erwachsenen feiern. Jedes Kind übernimmt die Rolle eines Erwachsenen – Vater, Mutter, Tante, Oma, Opa, Freundin oder Nachbarin, Arbeitskollegin. Die Mutter hat Geburtstag. Wie feiert sie ihn?
☐ Es werden Gäste eingeladen.
☐ Bei der Kaffeetafel wird Musik gehört.
☐ Gäste und Geburtstagskind erzählen sich, was sie bisher schon alles erlebt haben. (Hierzu muß man den Kindern wahrscheinlich einige konkrete Hinweise geben). Auch diese Geburtstagsfeier geht zu Ende. Die Gäste haben sich gefreut. Es war gemütlich. Man erinnert sich als Erwachsener gerne an alles Schöne, was man erlebt hat. Wir fragen die Kinder: Hat euch diese Geburtstagsfeier gefallen? Was war bei der Kindergeburtstagsfeier anders? Geburtstage von Kindern und Erwachsenen werden verschieden gefeiert.

c) Wir denken an den Geburtstag eines Menschen, der bei der Feier nicht dabei ist.

Im Gespräch sollten wir versuchen, den Kindern die Möglichkeit der Erinnerung an einen geliebten oder bekannten Menschen zu erklären. Den Geburtstag der toten Großmutter oder des toten Großvaters vergißt die Mutter meistens nicht. Vielleicht sagt sie morgens am Kaffeetisch: „Heute ist der 3. Juni. Oma hat Geburtstag. Wenn sie noch hier wäre, würden wir mit ihr feiern.“ Und dann erzählt die Mutter irgend etwas, was sie früher einmal mit der Großmutter erlebt hat. Vielleicht haben die Kinder die Großmutter auch gut gekannt und geliebt und wollen mehr von der Großmutter hören. „Kannst du noch mehr von ihr erzählen?“, könnte es heißen. (Man kann natürlich auch eine andere, den Kindern bekannte Person wählen.)
In jedem Jahr feiern fast alle Meschen den Geburtstag von Jesus. Jesus lebt heute nicht mehr so unter uns wie z. B. unsere Eltern es tun. Er ist aber sehr bekannt gewesen und ist von vielen Menschen geliebt worden. Um ihn nicht zu vergessen, haben die Menschen gesagt: Wir feiern jedes Jahr seinen Geburtstag. Der Geburtstag von Jesus wird zu Weihnachten gefeiert. An diesem Tag erinnert man sich an ihn oder die Menschen, die mit ihm zusammen gelebt haben.

Viele Menschen laden sich zu Weihnachten, dem Geburtstag von Jesus, sogar Gäste ein. Sie sind fröhlich zusammen und erzählen sich von dem Kind in der Krippe, das im Stall geboren worden ist. Das ist wohl die bekannteste Geschichte von Jesus. Aber Jesus ist auch erwachsen geworden. Darum wollen wir uns Geschichten von dem erwachsenen Jesus erzählen, und ihr könnt sie euren Eltern und Gästen weitererzählen.

2. Schritt: Erinnerungen an Jesus

a) Jesus findet einen Freund und feiert mit ihm (Lukas 5, 27–32).

Katechetische Möglichkeit:
☐ Erzählung im Familienkreis
☐ Lied: „Alle sollen hören, sehen, was durch Jesus ist geschehen".
Lied und Erzählung sollen verbunden werden.

Erzählung:
„Jesus hatte viele Freunde. 12 Männer waren seine engsten Freunde. Sie waren fast immer mit Jesus zusammen. Einen dieser Freunde hatte Jesus am Stadteingang kennengelernt. Er hieß Mattäus und war ein Zöllner. Jesus mußte an ihm vorbeigehen, als er in die Stadt wollte. Er sah ihn einen Augenblick an und sagte zu ihm: ‚Werde mein Freund.'
Mattäus war sehr erstaunt darüber. Auch er mochte Jesus gleich leiden. So wurden sie Freunde. Weil Mattäus sehr glücklich über die Freundschaft mit Jesus war, lud er ihn zu sich nach Hause ein. Sie feierten ihre Freundschaft. Es kamen aber auch noch Gäste. Mattäus hatte einige Freunde von seinen Zöllnern eingeladen. Jesus hatte einige Menschen von der Straße mit ins Haus gebracht, die sonst keiner eingeladen hätte. Diese Menschen freuten sich über die Einladung. Es kamen aber auch vornehme und angesehene Männer aus der Stadt zum Hause des Mattäus. Sie blieben an der Tür ganz entsetzt stehen. Sie sahen die anderen Männer. Einige waren nicht ganz sauber angezogen. Von anderen wurde nichts Gutes erzählt. Jesus saß mit Leuten zusammen, die den vornehmen Männern nicht gefielen. Das konnten sie nicht verstehen. Jesus ließ die vornehmen Männer ruhig an der Tür stehen. Er schickte keinen nach Hause. Wenn wir uns an Jesus erinnern, dann fällt uns ein, er war oft so ganz anders, als wir es sind. Aber er hatte wie wir Freunde und Feinde. Er kannte Menschen, die ihn nicht so gerne mochten und Menschen, die ihn gerne mochten. Aber zu keinem hat Jesus gesagt: ‚Ich will nichts mit dir zu tun haben', oder: ‚Ich lade dich nicht wieder ein'."

Text: H. Kiewning. Melodie: H. B. Gericke

b) Jesus schickt den kritischen Nathanael nicht weg (Johannes 1,43–49).

Katechetische Möglichkeit:

☐ Puppenspiel, von der Leiterin gespielt. Personen: Nathanael, Jesus, Philippus.
Um neutrale Puppen zu haben, spielen wir mit selbstangefertigten Wollpuppen. Man könnte auch Flanellbilder herstellen.
☐ Lied: „Alle sollen hören, sehen, was durch Jesus ist geschehen."

Refrain:
„Alle sollen hören, sehen,
was durch Jesus ist geschehen.
Wie er uns Freude gegeben hat
mit seinem Wort und seiner Tat."

2. Strophe:
„Komm, wir gehen zu Jesus schnell
sprach ein Freund zu Nathanael.

Doch der tat fremd, war anders gesonnen,
bis er Jesus zum Freund gewonnen."

Kurze Inhaltsangabe zum Spiel:
Nathanael und Philippus waren Freunde. Philippus erzählte dem Nathanael, er habe den Erlöser gefunden, auf den alle warteten, von dem sich die Menschen erzählten.Das wollte Nathanael nicht gleich glauben. Wenn der Erlöser gekommen wäre, hätte man das doch irgendwie gemerkt. Den mußte er erst sehen, bevor er dem Philippus glaubte. Philippus bringt Nathanael zu Jesus. Jesus sieht die beiden kommen und sagt: „O, da bringt der Philippus einen guten Mann mit." Nathanael sieht Jesus lang an und fragt: „Woher weißt du, daß ich ein guter Mensch bin?" Jesus anwortete: „Glaube mir, Nathanael, ich kenne dich." Nathanael ist erstaunt. Er merkt, Jesus ist ein besonderer Mann. Mit dem will er weiter zusammenbleiben. Nathanael wird ein Freund von Jesus, der alles erst einmal kritisch prüft.

c) Jesus hilft einem einsamen und kranken Menschen (Johannes 5,1–9).

Katechetische Möglichkeiten:
☐ Erzählung
☐ Lied: „Alle sollen hören, sehen, was durch Jesus ist geschehen."
☐ Bild aus dem Buch: „Jesus und der Gelähmte", Württembergische Bibelanstalt Stuttgart (das zehnte Bild).

Alle singen den Refrain: „Alle sollen hören, sehen"

Erzählung:
„Jesus ist vielen Menschen begegnet. Viele kamen und wollten ihn kennenlernen. Andere wollten hören, was er von Gott erzählt. Es kamen aber auch kranke Menschen zu ihm. Jesus tröstete sie. Viele Menschen, gesunde und kranke, wollten Jesus kennenlernen."

Alle singen den Refrain: „Alle sollen hören, sehen"

Das Bild wird betrachtet. Die Leiterin singt dazu die 3. Strophe:
„Jesus fand einmal einen Mann,
der sich nicht bewegen kann.
Traurig war er, er lebte alleine.
Jesus sagte ihm: ‚Steh auf die Beine!'"

Erzählung:
„Der Mann sieht Jesus mit großen Augen an. Vor Staunen hat er den Mund offenstehen. Er war ein sehr trauriger, einsamer Mann. 38 Jahre lag er in einem Krankenhaus. Jesus besuchte die Kranken dort. Bei gutem Wetter lagen die meisten Kranken draußen im Garten auf ihren Liegen. In diesem Garten gab es einen Teich. Manchmal bewegte sich das Wasser im Teich. Wenn die Kranken dann in den Teich stiegen, wurden

sie gesund. So warteten alle auf diesen Augenblick, denn jeder wollte gesund werden. Jesus ging von einem Kranken zum anderen. Dann stand er plötzlich vor einem traurigen Mann. 38 Jahre lag er schon hier. Er konnte sich kaum bewegen. Jesus hatte Mitleid mit ihm. Er fragte den Mann: ‚Willst du noch einmal gesund werden?' ‚Ja, schon', erwiderte der Kranke, ‚aber das wird wohl nichts mehr. Ich kenne keinen Menschen, der mir helfen würde, damit ich als erster in den Teich komme. Immer wenn sich das Wasser im Teich bewegt, wollen natürlich auch die anderen Kranken hinein. Dann herrscht jedesmal ein großes Gedränge. Ich komme nicht an den Teich heran, denn ich kann mich nur langsam bewegen. Ich bräuchte jemand, der mir hilft.' Jesus hörte sich diese traurige Geschichte an. Der Mann war krank und einsam, ohne Hilfe. Jesus sah, daß dieser Mann gar nicht mehr hoffte, daß ihm jemand helfen würde. Da hat Jesus ihm geholfen. Er hat ihn gesund gemacht. Ihr seht auf unserem Bild, wie erstaunt der Mann über diese Hilfe war. Da war also doch ein Mensch, der sich um ihn kümmerte, der ihn nicht allein ließ. Der Mann konnte es kaum glauben, daß er jetzt wieder seine Arme und Beine bewegen konnte."

Alle singen den Refrain, die Leiterin nochmals die 3. Strophe.

Erzählung:
„Ihr könnt euch vielleicht vorstellen, daß dieser Mann Jesus nie wieder vergessen hat. Er hat anderen Menschen erzählt, wie Jesus ihm geholfen hat."

Alle singen zum Abschluß den Refrain: „Alle sollen hören, sehen"

3. Schritt: Wir feiern den Geburtstag Jesu

Für den Gottesdienst oder die Weihnachtsfeier sind drei Einheiten denkbar, die jeweils durch ein Lied gestaltet werden können. Im Eingangsteil wird die Ursache des Zusammenseins angesprochen. Wir sind zusammengekommen, um gemeinsam den Geburtstag Jesu von Nazareth zu feiern. Für diesen Teil eignet sich das Lied: „Uns wird erzählt von Jesus Christ" (Liedbeilage Nr. 5). In einem Mittelteil können die Begegnungen mit Jesus geschildert werden. Dazu können die methodischen Mittel der Gruppenstunden eingesetzt werden. Das Lied: „Alle sollen hören, sehen" (siehe 2. Schritt) kann diesen Teil auflockern und begleiten. Ein Schluß-Teil kann die Bedeutung dieser Begegnungen für uns verdeutlichen. Wenn wir uns freuen, daß Jesus für uns da ist, werden wir andere Menschen einladen, mit uns diese Freude zu teilen. Wenn wir Hoffnung haben, können wir anderen Menschen Hoffnung bringen. Das Weitergeben des Empfangenen ist unser Geburtstagsgeschenk für das Geburtstagskind Jesus von Nazareth. Das Lied „Tragt in die Welt nun ein Licht" (Liedbeilage Nr. 25) bringt die empfangene Hoffnung und den Auftrag, diese Hoffnung weiterzugeben, zum Aus-

druck. Auf die Zusammensetzung der Teilnehmer abgestimmt, können die einzelnen Strophen durch Gebete, Meditationstexte oder Erklärungen vertieft werden.
Bei der Gestaltung sollte nicht vergessen werden, daß für die Kinder zu einer richtigen Geburtstagsfeier das Spiel gehört.

---

7 Das Jesus-Fest

1. Thematik:
Dunkel – Licht, blind – sehend, Lukas 2

2. Vorausgesetzte Themen und Texte:
Angst

3. Termin und Raum:
November/Dezember, Weihnachtsgottesdienst in der Kirche

4. Vorbereitung:
☐ mit Eltern: Elternabend: Geburtstag Jesu etc. (Themen siehe Kapitel „Elternarbeit" S. 87 ff.) Singen usw.
☐ mit Kindern: Singen
☐ mit Pfarrer: den ganzen Ablauf besprechen, einschließlich Gottesdienst, Mitarbeiter bei Elternabend
☐ Zeitaufwand: 6–8 Wochen

5. Methoden, Medien und Material:
Spiel

6. Weiterführung:
Anderen Menschen Licht bringen

7. Besondere Bemerkungen:
Dieses Modell ist so ausführlich, daß auch Teile davon zur Gestaltung und Vorbereitung einer Weihnachtsfeier ausreichen.

8. Verfasser/Quelle:
Hermine König, erstmals veröffentlicht in: Welt des Kindes 6/1974, Kösel Verlag, München

---

1. Einführung

Religionspädagogische Zielvorstellungen:
Die Kinder sollen
☐ ihre Erfahrungen von Dunkelheit und Licht, Angst und Geborgenheit durchspielen und ausdrücken
☐ von Jesus hören, der dem blinden Bartimäus das Licht und dadurch „neues Leben" schenkt
☐ die „Weihnachtsgeschichte" kennenlernen
☐ erkennen, daß Jesu Geburt ein solcher Grund der Freude für die Menschen ist, daß sie in Erinnerung und Hoffnung immer wieder fröhlich und dankbar feiern dürfen.

2. Ausführung

1. Schritt: Dunkelheit und Angst

Ziele:
- ☐ Die Kinder sollen ihre Erfahrungen von Dunkelheit ausdrücken
- ☐ Die Kinder sollen erkennen,
  - – daß Dunkelheit und Alleinsein Angst auslösen können
  - – daß andere ähnliche oder gleiche Ängste haben
  - – daß Angst nicht einfach auszulöschen ist
  - – wie man Angst aushalten kann
  - – wie man Angst überwinden kann.

a) Erfahrungsbereich Dunkelheit:

Die winterliche Dämmerstunde am Morgen gibt naturgemäß Gelegenheit, die Kinder Dunkelheit in einer breiten Wahrnehmungsskala erleben zu lassen: Stillewerden ... lauschen ... Geräusche wahrnehmen ... den Raum als bergende Hülle empfinden ... sich wohl fühlen ... aber auch sich verloren fühlen ... frieren ... das andere Kind neben sich als tröstliche Nähe empfinden ... das Bedürfnis spüren, zusammenzurücken usw.
Je nach Situation Ausdrucksmöglichkeiten dieser Erfahrungen suchen: in Mimik, Gestik, Bewegungsfiguren, im Suchen von Klangreihen, rhythmischem Zeichnen, in Berührungen und Worten. Erleben, wie Kerzenlicht die Dunkelheit erhellt, die ausstrahlende Geborgenheit empfinden, die Wärme spüren, den Raum beobachten, die Gesichter der anderen Kinder neu sehen, das Licht des Adventskranzes betrachten (der immer größeren Schein verbreitet, bis er eingeht in das strahlende Licht am Weihnachtsbaum, der mitten im dunklen Winter neues Frühjahrslicht verspricht und hoffen läßt).

b) Texterschließung: Der Nachtvogel

Textvortrag:
Es wird vorgeschlagen, die Erzählung nicht vorzulesen, sondern in Sinnabschnitten zu erzählen (siehe Pausenzeichen/im Text). Die Pausen aktivieren das Kind und ermöglichen ihm spontane Äußerungen zu der Handlung. Dadurch wird es in die Erzählung miteinbezogen. Es kann sein eigenes Erleben einbringen (Identifikation) und seine Vorschläge zur Konfliktlösung machen. Es kann seine eigenen phantasievollen Deutungen bringen, und es lernt, sich in die Situation eines anderen hineinzuversetzen.

„Ein Junge hatte immer große Angst, wenn er nachts allein in der Wohnung sein mußte. Seine Eltern gingen oft am Abend fort. Dann konnte der Junge vor Angst nicht einschlafen. / Er hörte etwas rauschen, und das war, als ob jemand im Zimmer atmete. Er hörte ein Rascheln und ein Knacken, und das war, als ob sich etwas unter seinem Bett bewegte. Aber viel schlimmer war der Nachtvogel. / Der Junge sah ihn immer ganz still draußen auf der Fensterbank sitzen, und wenn unten ein Auto vorüberfuhr, schlug der Vogel mit den Flügeln, und der Junge sah den riesigen Schatten von den Flügeln an der Zimmerdecke. / Der Junge erzählte seinen Eltern von der Angst. Aber sie sagten nur: Stell dich doch nicht an! Du bildest dir das alles nur ein. / Und sie gingen immer wieder am Abend fort, weil sie den Vogel nicht sehen konnten, weil sie das alles nicht glaubten. Einmal war der Junge wieder allein, und es schellte an der Wohnungstür. / Der Junge wurde steif vor Angst. Wieder schellte es. Es schellte und schellte. Dann war es still, lange Zeit war es ganz still. / Dann kratzte etwas an der Hauswand. Das war der Vogel! Jetzt kletterte er mit seinen Krallen an der Mauer hoch. Jetzt war er an der Fensterbank. Und jetzt schlug er mit seinem Schnabel an die Scheibe! Einmal, zweimal, immer wieder, immer lauter, und gleich würde das Glas zerbrechen, gleich würde der Vogel ins Zimmer springen! / Der Junge packte die Blumenvase vom Tisch neben dem Bett. Er schleuderte sie zum Fenster. Das Glas zersplitterte. Wind fuhr ins Zimmer, daß der Vorhang hoch an die Wand schlug, und der Vogel war fort. / Auf der Straße unten hörte der Junge seine Eltern rufen. Er rannte auf den Flur, er fand im Dunkeln sofort den Lichtschalter und den Knopf vom Türöffner. Er riß die Wohnungstür auf und lief den Eltern entgegen. Er lachte, so froh war er, daß sie da waren. / Aber sie schimpften. Ihre schönen Ausgehkleider waren naß vom Blumenwasser. ‚Was soll denn das wieder heißen?' fragte der Vater. ‚Jetzt ist die Scheibe kaputt!' ‚Und mein Mantel! Sieh dir das an!' rief die Mutter. ‚Der Nachtvogel war am Fenster', sagte der Junge. ‚Der Nachtvogel hat mit seinem Schnabel ans Fenster gepickt.' ‚Unsinn!' sagte der Vater. ‚Wir hatten den Schlüssel vergessen, und du hast das Schellen nicht gehört. Darum haben wir mit einer Stange vom Bauplatz an dein Fenster geklopft.' ‚Es war der Nachtvogel, wirklich!' sagte der Junge. ‚Der Nachtvogel war es!' Aber die Eltern verstanden das nicht. / Sie gingen immer wieder am Abend fort und ließen den Jungen allein. Er hatte immer noch Angst, er hörte immer noch das Rauschen und Rascheln und Knacken. Aber das war nicht so schlimm. / Denn der Nachtvogel kam nie mehr wieder, den hatte er vertrieben. Er selbst hatte ihn vertrieben, er ganz allein."

Ursula Wölfel, Die grauen und die grünen Felder, Anrich Verlag, Mülheim a. d. Ruhr

Anschließendes Gespräch:
Thema: „Als Ihr einmal solche Angst hattet, da habt Ihr bestimmt auch versucht, den ‚Angstvogel' zu vertreiben."
... allein auf der Straße ... beim Verlaufen ... in der Dunkelheit, abends allein im Bett ... usw.

Konfliktlösungen suchen: jemanden ansprechen, Licht anzünden ... Puppe und Teddybär mit ins Bett nehmen ... die Mutter rufen ... zu den Geschwistern oder Eltern ins Bett kriechen ... (Warum? ... die Nähe des anderen suchen) ... beten ... usw.
Wichtig ist die Erfahrung: Ein großer Teil der dunklen Angst kann bewältigt werden, besonders durch die Hoffnung auf Geborgenheit und Hilfe. Versuchen, ein Gebet zu formulieren (damit die Erlebnisse auf die Liebe Gottes hin ausgesprochen werden können. Dazu bedarf es für das Kind des Zeugnisses durch den Erzieher). Es können auch den Kindern Gebete vorgesprochen werden wie: „Lieber Gott, die Nacht ist dunkel und groß. Die Mutter schläft. Ich bin allein. Hörst du mich, Gott, wenn ich rufe?“

Bildnerisches Gestalten:
Verschiedene technische Möglichkeiten bieten sich an, den „Nachtvogel“ zu gestalten, Malen auf großer Pappe, Papierreißen, gemeinsame Bildkollage.

2. Schritt: Blindsein und sehend werden

Ziele:
☐ Die Kinder sollen
– vom Leid des Blindseins hören
– erkennen, daß Blinde trotzdem das Leben bejahen
– daß blinde Menschen unser Leben bereichern können und wir das ihrige
☐ Die Kinder sollen
– hören, wie Jesus Licht in das Leben des blinden Bartimäus bringt
– das Tun Jesu als seinen Zuspruch an die Menschen kennenlernen.

a) Erfahrungsbereich Blindsein

Die Kinder sollen an sich selbst erfahren, wie anders es ist, wenn man nicht sehen kann: sich mit verbundenen Augen orientieren ... Geräusche wahrnehmen ... durch den Raum gehen, die Türen suchen ... das Fenster öffnen ... zu anderen Kindern hinfinden ... essen und trinken ... warm und kalt empfinden usw. Die Eindrücke verbalisieren: nichts sehen können, nichts finden können ... Unsicherheit und Hilflosigkeit empfinden ... sich mehr auf das Tasten, Schmecken, Riechen verlassen müssen usw. ... Über Probleme blinder Menschen sprechen: was sie alles nicht sehen, nicht erleben, nicht tun können, was sie dafür besser können. Je nach Situation der Gruppe wäre es gut, Kontakt mit blinden Menschen aufzunehmen. Gespräch der Kinder mit einem blinden Menschen im Kindergarten; mögliche Schwerpunkte: warum er das Leben schön finden kann (er ist nicht allein ... er hat Hilfe ...) seine besonderen Fähigkeiten (tasten, spüren, riechen, schmecken, stille sein, nach innen hören) ... wie er arbeiten kann, wie er sich orientieren kann, wie er lesen kann, Blindenschrift zeigen ... was er sich von anderen Menschen erhofft (Hilfe in gefährlicher Situation, Gesellschaft usw.). Die Kinder fördern, Initiativen zu entwickeln, von Blinden zu lernen z. B. die Stille, nach Möglichkeit meditative Übungen anschließen. Solche Aktionen müssen gut vorbereitet und mit den Blinden genau abgesprochen werden, was der Erzieher erwartet.

b) Texterschließung: Jesus heilt den blinden Bartimäus

Einführung (durch den Erzieher):
Als Jesus lebte, ist er immer wieder zu seinen Mitmenschen gegangen, um mit ihnen zu sprechen, mit ihnen Feste zu feiern, um bei ihnen zu sein, wenn sie traurig waren, um ihnen zu helfen. Viele kamen auch von selbst zu ihm. Manche waren neugierig, manche wollten hören, was er ihnen von Gott erzählte. Manche waren krank, verachtet und ausgestoßen. Sie hofften, daß Jesus ihnen helfen würde.

Textvortrag:
„Jesus geht nach Jerusalem. Er geht durch Jericho. Viele Menschen laufen ihm nach. Da sitzt da einer am Wege. Das ist Bartimäus, der Sohn des Timäus, der bettelt da, der ist blind. Der wartet auf Jesus. Der möchte sehen. Es ist ein Jammer mit ihm. / Und Jesus kommt. Das hört Bartimäus. Da ruft er laut: Erbarme dich. / Doch die Leute, die kommen, die schelten ihn: Still, du Bettler, sei still. Er aber schreit noch viel lauter als vorher: Jesus, erbarme dich. / Und Jesus hört ihn. Jesus bleibt stehen und sagt: Ruft ihn doch her. Da rufen sie ihn: Steh auf. Komm her und tröste dich. Er ruft dich. / Da wirft der Bettler den Mantel weg, springt auf und tappt daher. / Und Jesus fragt: Was willst du von mir? Da sagt er: Ich möchte sehen. Lieber Herr, ich möchte sehen. / Und Jesus sagt: Du kannst es. – Du glaubst es doch. Gehe hin, Bartimäus. Du bist gerettet: / Da kann er sehen. – Da sieht er Jesus. Da sieht er Gott. Da geht er mit Jesus und bleibt bei ihm."

Nach Markus 10, 46–52. Dietrich Steinwede, Zu erzählen deine Herrlichkeit, Verlage Vandenhoeck & Ruprecht, Göttingen/J. Pfeiffer, München, S. 66–68. (Der Text erreicht die Kinder unmittelbar, wenn er in dieser Form nacherzählt wird.) Von der Aussageabsicht des Textes her ist die Erzählweise für die Kinder zu gestalten. Es hat sich in der praktischen Arbeit bewährt, den Kindern nach der ersten Erzählung die Möglichkeit zu geben, sich den Text „innerlich zu vergegenwärtigen": Die Kinder schließen die Augen, nachdem sie eine äußere Haltung eingenommen haben, die ihnen ein inneres Hören ermöglicht. Diese Bereitschaft zur Stille muß von der Erzieherin vorbereitet werden. Nun spricht die Kindergärtnerin fortlaufend einige Textstellen, nach denen sie eine Pause einlegt (vgl. vorgeschlagene Pausenzeichen). Wichtig ist zu beachten, wieviel man den Kindern zumuten kann.

Darstellung in Spiel und Lied:
Die Kinder bilden einen Kreis. „Das szenische Spiel will das Kind in die Bewegung der biblischen Sprache hineinnehmen. Es spielt und wird gespielt. So ereignet sich intensives Verstehen. Die Akteure identifizieren sich mit der biblischen Gestalt und partizipieren an deren Erfahrungen mit sich, mit der Welt, mit Gott." Damit die ganze Gruppe der Kinder einbezogen wird, empfiehlt sich das Kreisspiel, wodurch auch der Aktionsraum intimer wird. Die biblische Perikope kann gleichzeitig interpretierend gespielt werden, indem einzelne Szenen von immer wieder anderen Kindern dargestellt, variiert und ergänzt werden. Eine zusammenfassende Deutung bietet das Lied von Wolfgang Longardt „Tragt in die Welt nun ein Licht" (Liedbeilage Nr. 25). Es drückt die Dankbarkeit für die Gabe des Lichts kindgemäß aus und den Wunsch Jesu an die Menschen, diese Hoffnung auf Hilfe weiterzusagen. Die Strophen können von den Kindern noch ergänzt werden.

Gestalten eines gemeinsamen Bildfrieses:
Möglich ist z. B. ein Transparent am Fenster oder eine Klebearbeit aus textilen Resten auf Kartonunterlage. Gerade das bildnerische Nachgestalten ermöglicht dem Kind, seine ganz persönlichen Empfindungen und Deutungen auszusagen: Meditation im Bild.

3. Schritt: Uns leuchtet ein helles Licht

Ziel:
– Die Kinder sollen erfahren,
– daß mit Jesus Licht in unsere Welt gekommen ist
– daß wir aus dieser großen Freude heraus seine Geburt feiern.

a) Erschließung der Weihnachtsgeschichte nach Lukas

Einführung:
☐ Gruppengespräch zum Thema „Wie es bei einem Geburtstagsfest zugeht": einladen ... Festessen vorbereiten ... Tisch schmücken ... Blumen – Lichter ... Geschenke basteln und aussuchen ... fröhliche Spiele überlegen und spielen ... erzählen und singen ... usw.
☐ Weihnachten ist auch ein solches Geburtstagsfest – Jesu Geburtstagsfest. Seinen genauen Geburtstag kennen wir gar nicht. Sein Geburtstagsfest ist von seinen Freunden auch nicht immer gefeiert worden. Die allerersten Christen haben noch nichts davon erzählt, wie Jesus geboren ist. Erst viele Jahre später haben Leute gefragt: Wie ist das eigentlich gewesen? Maria war seine Mutter, das wissen wir. Aber von seiner Geburt wissen wir nicht viel. Das muß doch etwas Besonderes gewesen sein. Soviel ist geschehen durch Jesus in der Welt. Durch ihn ist es hell geworden in der Welt. Weil er gut war. Weil er

Gutes getan hat. Hat man das bei seiner Geburt nicht schon gemerkt? Immer wieder dachten sie darüber nach. Eines Tages kamen einige Christen zu einem Mann, der hieß Lukas. Lukas liebte Jesus, und Lukas war ein Erzähler. Lukas hatte Jesus nie gesehen. Es war schon viele Jahre her all das mit Jesus. Aber er hatte die Jesusgeschichten gehört von den anderen Freunden, die Jesus noch gekannt hatten. Und Lukas der Erzähler schrieb das alles von Jesus auf. Er wollte den Leuten klarmachen, daß Jesus von Gott gekommen ist und die Menschen sehr liebt. Lukas hat nachgedacht. Und dann las er in den alten Schriftrollen. Dort stand, wo der Heiland geboren werden sollte: In Bethlehem. Und da hat Lukas den Christen, den Freunden von Jesus eine Geschichte von der Geburt Jesu aufgeschrieben. Dies ist die Geschichte: (Der Einführungstext enthält Formulierungen von D. Steinwede. Es wird der Versuch gemacht, schon Vorschulkindern eine Ahnung von der Entstehung der Weihnachtsgeschichte zu vermitteln). Es ist gut, den Kindern Gelegenheit zu geben sich zu äußern und eventuelle Fragen zu stellen, bevor ihnen die eigentliche Weihnachtsgeschichte erzählt wird.

Textdarbietung der Weihnachtsgeschichte nach Lukas:
(Siehe Erzählbeispiele S. 40 ff., v. a. S. 45–46)

Anschließendes Gespräch mit den Kindern:
Nur einige wenige Textstellen sollten für die Kinder bedeutsam werden: Das Kind ist von Gott, der Retter für die Welt, der Heiland. Er soll Jesus heißen, d. h. Gott will euch helfen! Alle sollen auf ihn hören. Allen wird er helfen. Und das wird nie aufhören – da waren Hirten – arme Leute, von den anderen verstoßen. In ihnen wird es hell. Sie hören die Botschaft von Gott. Freut euch! Euch ist der Heiland geboren, der Retter für alle Menschen. Alle sollen ja zu ihm sagen. Es soll gut werden auf der Erde, wo die Menschen dies Geschenk Gottes annehmen. Freut euch!

Liederarbeitung:
„Uns wird erzählt von Jesus Christ" (Liedbeilage Nr. 5)

b) Vorbereitung auf Weihnachten

Durch den Vergleich mit erlebten Geburtstagsfesten kann mit den Kindern konkret überlegt werden, wie Weihnachten – das Geburtsfest Jesu – vorzubereiten und zu feiern ist. Dabei sollten die Eltern mitmachen dürfen.
Gespräch: Kinder/Erzieher/Eltern über Geburtstagsfeste und Geburtstag Jesu.

c) Weihnachtsgottesdienst

Da er sich aus der jeweiligen Arbeit der letzten Wochen ergibt, sind nur die Elemente vorauszuplanen. Für die Kinder ist es am besten, wenn möglichst viel spontan gestaltet werden kann: Bilder, die die Kinder malten, können den Raum schmücken oder auch von den Kindern interpretierend benutzt werden. Lieder z. B. „Uns wird erzählt" und „Tragt in die Welt nun ein Licht". Licht, das, von einer Kerze ausgehend, mehr und mehr den ganzen Raum erhellt. Gespräch über Jesus, der es hell macht in unserem Leben. Meditative Musik, Gebete, möglichst kurze, frei gesprochene Texte durch einen Erwachsenen, worauf die Kinder z. B. mit einem Kehrvers singend antworten können wie „Gott hat euch lieb, groß und klein, seht auf des Lichtes Schein" (vgl. auch Kapitel „Gebete" S. 136 ff.).

8 Was wir an Jesus haben

1. Thematik:
Geburtstagsfest

2. Vorausgesetzte Themen und Texte:
verschiedene Geschichten und Gleichnisse aus dem Leben Jesu

3. Termin und Raum:
Weihnachten in der Kirche

4. Vorbereitung:
- ☐ mit Eltern: Elternabend, Lieder lernen
- ☐ mit Kindern: Geburtstagslieder Jesu lernen
- ☐ mit Pfarrer absprechen
- ☐ Zeitaufwand: 6–12 Wochen

5. Methoden, Medien und Material:
Wolfgang Longardt, Spielbuch Religion (zit. Longardt. Benziger 26 109/Kaufmann 0 241). Biblischer Wandfries: Einzug in Jerusalem (Christophorus 53 356/Kaufmann 8 007), Musikinstrumente

6. Weiterführung:
Die ausführliche Weihnachtsgeschichte könnte dann um Epiphanie (6. Januar) erzählt werden. Durch die Schwerpunktverschiebung entsteht eine neue Sicht.

7. Besondere Bemerkungen:
Die Weihnachtsfeier ist Ergebnis der biblischen Arbeit des ganzen Herbstes. Die verschiedenen Geschichten werden an Weihnachten mit den entsprechenden Liedern und Bildern dargeboten.

8. Verfasser:
Kurt Rommel

1. Vorfeier mit Eltern

Einführung in die Thematik:
Weihnachten ist nicht erst, wenn ein schönes Krippenspiel geboten wird.

Singen mit den Eltern: „Jesus hat Geburtstag“ (Liedbeilage Nr. 18)

2. Mit Eltern und Kindern

a) Kinder kommen und alle singen:
„Jesus hat Geburtstag“

b) Begrüßung und Frage:
Wir feiern Jesu Geburtstag.
Wer ist Jesus?
Das können wir nicht sagen, wenn wir ein kleines Kind zeigen, sondern wenn wir erzählen und darstellen, was Jesus gesagt und getan hat. Darum erzählen wir einige (eine) Geschichte(n) aus dem Leben Jesu. (Unter den folgenden Beispielen ist auszuwählen. Sie können auch durch andere ersetzt werden.)

Er hat Geburtstag:
☐ Kindersegnung (Markus 10,13–16)
Lied: „Jesus hat die Kinder lieb“ (Liedbeilage Nr. 32)
Vielleicht anhand eines Flanellbilds „Jesus segnet die Kinder“ (z. B. Flanellbilder zur Bibel, 1. Mappe, Christophorus/Kaufmann)
☐ Sturmstillung (Markus 4,35–41)
Lied: „Die Jünger fahren mit dem Herrn“ (Liedbeilage Nr. 29); oder s. Longardt, Nr. 66
Wellen und Wind reizen zum mobilen und akustischen Gestalten der Geschichte.
☐ Die zehn Aussätzigen (Lukas 17,11–19)
Lied: „Jesus machte zehn von der Lepra los“ (Wir singen vom Frieden, Kaufmann); oder s. Longardt Nr. 23
Auch das Ausstoßen oder Ausgestoßensein verstehen Kinder und können es darum auch in Szene oder Spiel umsetzen.
☐ Der Gichtkranke (Markus 2,1–12)
Lied: „Ein Mann ist schwer von Gicht gequält“ (Liedbeilage Nr. 31)
Kehrvers muß sich durchziehen und Eltern anstecken:
„Zu Jesus mußt du eilen!
Nur Jesus kann dich heilen!“
Diese Geschichte kann man pantomimisch darstellen (auf das Dach steigen, auf dem Bett liegen, das Bett aufnehmen und gehen).
☐ Zachäus (Lukas 19,1–10)
Lied: „Zachäus ist ein Mann am Zoll“ (Liedbeilage Nr. 30)
Dieses Lied ist geeignet zu pantomimischer Darstellung. Daß man beim

Singen nicht auf den Plätzen bleiben muß, dürfte bei Kindern klarsein.
☐ Jesu Einzug in Jerusalem (Mattäus 21, 1–10)
Lied: „Jesus zieht in Jerusalem ein" (111 Kinderlieder zur Bibel Nr. 79) mit Wandfries: Einzug in Jerusalem; vgl. auch Longardt, Nr. 28
Die Gestaltung wird verschieden aussehen, ob das Lied oder das Bild im Vordergrund steht.
☐ Ostern (Osterberichte)
Lied: „Hört ihr's läuten" (111 Kinderlieder zur Bibel Nr. 83); vgl. auch Longardt, Nr. 38
Dieses Lied kann man in Gruppen singen, an verschiedenen Stellen in der Kirche (dazu ist Ortswechsel nötig).
Ein Osterlied an Weihnachten! „Der Herr ist erstanden" und „Der Herr ist geboren" sind nicht weit auseinander. Die Freude ist überwundene Furcht, an Ostern und an Weihnachten.

Alle singen:
„Wir feiern heut ein Jesufest" (Liedbeilage Nr. 16) oder „Jesus, der die Menschen liebte" (Liedbeilage Nr. 17).

Kurze Erzählung der Geburtstagsgeschichte:
Lukas 2, 1–20, vielleicht auch nur Lukas 2, 7–20 (siehe Erzählbeispiele S. 40 ff.)

Lied: „Als Jesus auf der Erd erschien" (Liedbeilage Nr. 4)

Schlußwort des Pfarrers:
... Das haben wir an Jesus

Gebet (siehe Vorschläge S. 136 ff.)

Schlußlied

9 Gang zur Krippe

1. Thematik:
Schuld, Soziales Fehlverhalten, Umlernen, Neues Handeln

2. Vorausgesetzte Themen und Texte:
Gelegentliches Reflektieren von Schwierigkeiten und Streit im Kindergarten

3. Termin und Raum:
Weihnachten in Kindergarten oder Kirche

4. Vorbereitung:
☐ mit Eltern: Die Thematik muß bei einem Elternabend besprochen werden. Einzelne Eltern finden sich vielleicht bereit, bei der Durchführung mitzuwirken
☐ mit Kindern: Die Problemfindung im Kindergartenalltag. Singen
☐ mit Pfarrer: Er kann bei der Gestaltung helfen
☐ Zeitaufwand: 3–4 Wochen

5. Methoden, Medien und Material:
Krippe (ohne Personen), Kerzen als Geschenk

6. Weiterführung:
Freudenfest im Kindergarten. Alle Kinder bekommen eine Kerze nach Hause mit.

7. Besondere Bemerkungen:
Die Krippe kann u. U. nur durch ein Licht dargestellt sein. Für die Kinder ist es aber leichter, wenn die Krippe tatsächlich dasteht.

8. Verfasser:
Kurt Rommel (im Zusammenhang mit einer Regional-Kindergärtnerinnentagung in Tieringen bei Balingen)

1. Vorbereitung

a) Das Problem „Schuld" wird mit den Kindern besprochen, ohne den Begriff zu nennen.
Im Gespräch mit den Kindern wird herausgearbeitet: Was macht Schwierigkeiten, was ist nicht recht? Wo müssen wir uns ändern?
An Beispielen wird deutlich gemacht: Gastarbeiterkinder, behinderte, schmutzige, langsame Kinder werden abgelehnt. Egoismus beim Spiel, Schwindeln und Aufschneiden und Zerstörungswut stören die Gruppe und verhindern gemeinsames Tun. Darunter leiden einzelne Kinder. In der Gruppe können sich die Kinder gegenseitig helfen, solche Fehler sehen und vermeiden zu lernen.
b) Im Rahmen eines Elternabends muß das Problem besprochen werden. Die Ergebnisse der Kindergespräche werden durchgegangen. Die Eltern nehmen selber Stellung und sagen ihre eigenen Schwierigkeiten im Zusammenleben mit anderen. Ideal wäre, wenn sich einige Eltern bereit fänden, die Gespräche der Eltern zusammenzufassen und sie mit Hilfe des Pfarrers und der Erzieherin so zu formulieren, daß sie bei der Weihnachtsfeier vorgetragen werden können.

Das Eingeständnis der eigenen Schuld vor den Kindern kann auf die Kinder einen großen Eindruck machen. Hier ist allerdings Vorsicht vor allzu primitivem Moralismus geboten.

2. Durchführung

Beginn mit Begrüßung, Lied und kurze Einführung in die vorausgegangenen Gespräche mit Kindern und Eltern.

Lied: z. B. „Wir bringen die Botschaft" (Liedbeilage Nr. 20).

Zug der Krippe:
Von allen Seiten kommen die Kinder aus der dunklen Kirche zu dem einen Licht.

Kinder sagen ihre Schwierigkeiten:
Formulierungen, die mit der Erzieherin zusammen gefunden wurden; es sprechen immer einige Kinder miteinander; einige Eltern ergänzen die Aussagen.

Lukas 2, 10–14 wird von einigen Kindern oder von der Erzieherin erzählt.

Lied: z. B. „Kommt, ihr Hirten" (Liedbeilage Nr. 9).

Kinder sagen, was sie tun wollen:
Formulierungen, die bei den Gesprächen entstanden: „Das wollen wir tun!" Es sprechen auch hier einige Kinder miteinander (jeweils die entsprechenden Texte). Die Eltern ergänzen die Aussagen. Alle Sprecher entzünden nach ihren Aussagen an der Krippe ihre Kerze. Die Kinder und Eltern (Sprecher) bleiben vorne mit ihren brennenden Kerzen stehen, bis alle gesprochen haben.

Lied: „Freu dich Erd und Sternenzelt" (Liedbeilage Nr. 15).

Zug von der Krippe:
Dann ziehen alle langsam mit den brennenden Kerzen durch die Kirche (Eltern schützen die Lichter) an ihre Plätze.

Lied: „Wir tragen das Licht in die Stuben" (Liedbeilage Nr. 26).

Kurzes Wort des Pfarrers oder der Erzieherin:
„Tragt das Licht in die Stuben!"

Gebet (siehe Vorschläge S. 136 ff.).

Geschenk:
Alle Kinder bekommen eine Kerze mit nach Hause, um das Licht in alle Häuser zu tragen.

10 Jesus ist geboren

1. Thematik:
Lukas 2 und Mattäus 2

2. Vorausgesetzte Themen und Texte:
Das Leben Jesu; u. U. auch Lukas 2 und Mattäus 2

3. Termin und Raum:
Weihnachten in der Kirche

4. Vorbereitung:
☐ mit Eltern: Lieder einüben
☐ mit Kindern: Singen, Geburtsgeschichte besprechen
☐ mit Pfarrer: Ablauf besprechen
☐ Zeitaufwand: 4 Wochen

5. Methoden, Medien und Material:
Die Tonbildreihe „Jesus ist geboren“ (bei kirchlichen Verleihstellen), Tonbandgerät (wenn man nicht das Sprechen dem Tonband vorzieht!), Projektionswand

6. Weiterführung:
Was bedeutet nun das Kommen Jesu für die Menschen?

7. Besondere Bemerkungen:
Die Vorbereitung auf die Weihnachtsfeier geschieht im Gestalten und Erzählen der beiden Berichte (Mattäus 2 und Lukas 2). Die Bilder sind den Kindern noch nicht bekannt. Im Verlauf der Feier wird beim Zeigen der Bilder die Geschichte wiederholt oder mit den Kindern neu erarbeitet.

8. Verfasser/Quelle:
Hermann Niederbremer und Gerd Möllmann, aus: Weihnachten im Kindergarten, Selbstverlag des Verfassers, D-499 Lübbecke, Pfarrstraße 15

1. Vorbemerkungen

a) Die Tonbildserie „Jesus ist geboren“ entstammt der Reihe „Bibelunterweisung für Kinder“. Sie besteht aus 12 Farbdias, einem besprochenen Band und dem dazugehörigen Textheft. Die Vorführzeit der Originalfassung beträgt 12 Minuten.
Die Tonbildreihe vermittelt die Weihnachtsgeschichte in einfachen, aber sehr ausdrucksvoll gestalteten Bildern. Der Text zeigt jedoch erhebliche Mängel. Die ansprechenden Farben und die klaren Konturen der Bilder sind geeignet, Kinder anzusprechen und zu fesseln. Die bildliche Darstellung läßt der kindlichen Phantasie genügend Raum (das kann dadurch noch weiter gefördert werden, daß man nur einzelne Dias auswählt und vorführt; siehe unten bei „Variationsmöglichkeiten“). Erwähnenswert ist schließlich noch die zurückhaltende Darstellung des „Über-

natürlichen" – die Bilder verzichten weitgehend auf die üblichen Klischees. Der biblische Bezug dieser Dia-Tonreihe ist einerseits die lukanische Weihnachtsgeschichte (Lukas 2, 1–20), die in den Dias 1–8 wiederkehrt, zum anderen der Bericht über den Besuch der Weisen aus dem Morgenland (Mattäus 2, 1–12).

b) Ergänzungstext:
Außer den beiden genannten Texten kommt aus der biblischen Überlieferung nur noch die Geschichte Lukas 1, 26–28 (Ankündigung der Geburt Jesu durch den Engel Gabriel) in Betracht. Die inhaltliche Vorbereitung der Weihnachtsfeier kann sich daher auf diese Texte konzentrieren.

c) Technische Voraussetzungen:
Zur Vorführung der Tonbildreihe werden folgende Geräte benötigt:
Diaprojektor (beliebiger Ausführung)
Leinwand (oder eine entsprechende Projektionsfläche)
Tonband (1 Spur pro Bandseite; Laufgeschwindigkeit 9,5; das Tonband kann fehlen, wenn der Text „live" gesprochen wird)
Der Raum muß im großen und ganzen verdunkelt sein. Allerdings erlaubt es die farbliche Gestalt der Dias, schwache Beleuchtung (Transparente) zu belassen.

d) Variationsmöglichkeiten:
☐ Verzicht auf das Tonband – Text wird „live" gesprochen
☐ Auswahl eines anderen Textes als des beigefügten, passend zu den Bildern (z. B. Luther-Text – aber besser nicht! – oder die Texte von D. Steinwede, Zu erzählen deine Herrlichkeit, Verlage Vandenhoeck & Ruprecht, Göttingen/J. Pfeiffer, München, S. 11 ff. bzw. S. 16–18 – sehr gut! – oder aus den Erzählvorschlägen dieses Buches (siehe S. 40 ff.)
☐ Beschränkung auf die lukanische Weihnachtsgeschichte (Dia 1–8), also Auslassung der Weisen-Geschichte
☐ Begrenzte Auswahl aus den Dias (z. B. 1, 2, 3, 7, 8, also ohne Engelszenen; andere Zusammenstellung ist möglich). In diesem Fall müßten die Zwischentexte länger werden als bei der Originalfassung.

2. Entwurf der Weihnachtsfeier

Die Weihnachtsgeschichte sollte während der Adventszeit schon erarbeitet werden, da es genügt, die Dias neu hinzuzunehmen.

Begrüßung durch die Kindergartenleiterin

Anzünden der Kerzen und Aufstellen der Transparente

Lied: z. B. „Wir bringen die Botschaft" (Liedbeilage Nr. 20)

Ankündigung der Weihnachtsgeschichte

1. Teil:
Dia 1+2
Lied: z. B. „Als Jesus auf der Erd erschien“, 1. Str. (Liedbeilage Nr. 4)

2. Teil:
Dia 3–6
Lied: z. B. „Als Jesus auf der Erd erschien“, 2. Str.

3. Teil:
Dia 7+8
Lied: z. B. „Als Jesus auf der Erd erschien“, 3.–5. Str.

4. Teil:
Dia 9
Lied: z. B. „Die Weisen aus dem Morgenland“, 1.+2. Str. (Liedbeilage Nr. 13)

5. Teil:
Dia 10–12
Lied: z. B. „Die Weisen aus dem Morgenland“, 3.+4. Str.
(Ggf. kann hier eine kleine „Aktion“ erfolgen: Die Kinder bauen die Krippenfiguren auf.)

Schlußwort des Pfarrers oder der Kindergartenleiterin

Lied: „Freu dich, Erd und Sternenzelt“ (Liedbeilage Nr. 15)

Einige Hinweise:
☐ Anstelle eines Liedes kann ein anderer (musikalischer) Beitrag eingesetzt werden. Ebenso können die vorgeschlagenen Lieder durch andere ersetzt werden.
☐ Die Kinder können in dieser Gestaltung der Weihnachtsfeier bei ihren Eltern sitzen.
☐ Es empfiehlt sich nicht, die Kerzen des Weihnachtsbaumes anzuzünden.
☐ Die Geschenke müßten den Kindern getrennt überreicht werden.
☐ Die Bildreihe kann jährlich wiederholt werden.

11 Weihnachtliches Kreisspiel

1. Thematik:
nach Lukas 2

2. Vorausgesetzte Themen und Texte:
David ist ein großer König

3. Termin und Raum:
Weihnachtszeit im Kindergarten, Gemeindesaal oder Kirche, wenn Platz ist.

4. Vorbereitung:
☐ mit Eltern: –.–
☐ mit Kindern: Lieder singen, Kinder müssen mit Instrumenten umgehen können
☐ mit Pfarrer: –.–
☐ Zeitaufwand: ca. 1 Woche

5. Methoden, Medien und Material:
Kreisspiel

6. Weiterführung:
Jesus als der Herr von heute und morgen muß später erzählt werden.

7. Besondere Bemerkungen:
Statt eines Weihnachtsspieles, bei dem feste Rollen eingeübt werden und das dann den „stolzen Eltern" vorgeführt wird, empfehlen wir hier eine in der Praxis erprobte schlichte Kreisform des Spieles. Sie verlangt wenig Aufwand und wenig Vorbereitung. Einige kurze Anweisungen an die Kinder genügen. Die Leiter und Helfer spielen selber mit und nehmen die Kinder in das Geschehen mit hinein. Man muß keine Rollen verteilen. Man läßt Raum zum spontanen Spielen und zum Wiederholen dieser kleinen Dialog-Sätze.
Zur inhaltlichen Vorbereitung ist außer einem kurzen, schlichten Einführen in die Weihnachtsgeschichte nur noch der Hinweis an die Kinder notwendig, daß David ein großer König gewesen ist. Ihm hat Gott der Herr versprochen, daß aus seiner Familie der Heiland kommen soll. Aus seiner Familie soll der kommen, auf den alle warten, der die Menschen von aller Schuld frei macht, der der Erlöser sein wird.
Für unser Kreisspiel ist es nicht nötig, daß der Raum besonders hergerichtet wird. Die Kinder können auf Stühlen sitzen; besser aber, man steht im Kreis. Auch die kleinen Instrumentalisten stehen im Kreis, ebenso wie die mitspielenden Helfer und Leiter. Man trägt keine Kostüme.

8. Verfasser/Quelle:
Wolfgang Longardt, erstmals veröffentlicht in: was + wie?, 3/4 1972, Gütersloher Verlagshaus Gerd Mohn. Die Idee zu diesem weihnachtlichen Kreisspiel ist entnommen dem Buch: Herwig Hafa/Lore Neumann, Wenn eure Kinder fragen, Verlag Ernst Kaufmann, Lahr

Möglicher Ablauf

1. Teil

a) Zu Beginn singen wir mit den Kindern „Macht hoch die Tür" (Liedbeilage Nr. 2), aber nur die erste Strophe. Dann tritt eine Leiterin etwas in den Kreis hinein und liest Lukas 2, Vers 1–5. Sie tritt wieder zurück – und nun soll ein kleiner Junge in die Mitte des Kreises gehen, seine Hände wie einen Schalltrichter an den Mund legen und in die vier Ecken des Raumes rufen:

„Der Kaiser Augustus bestimmt!
Der Kaiser Augustus bestimmt:
Geht alle dahin, wo ihr geboren seid!
Geht alle dahin, wo ihr geboren seid!
Jeder soll gezählt werden in seiner Heimatstadt!
Jeder soll gezählt werden in seiner Heimatstadt!"

Dann geht er wieder an seinen Platz im Kreis. (Diese Meldung kann natürlich auch von zwei Kindern wechselweise ausgerufen werden.)

b) Musikalische Möglichkeiten:
Vor dem Ausruf Trommeln, Pauken und Zimbeln schlagen lassen, wie zur Ankündigung von etwas sehr Wichtigem. Nach jedem Satz ein erneuter Pauken- und Zimbelschlag, ebenso am Ende des Ausrufes.

2. Teil

a) Nach der Ankündigung dessen, was der Kaiser befiehlt, rufen sich nun alle Kinder im Kreis gegenseitig zu:

„Habt ihr das gehört?
Habt ihr das gehört?
Wir sollen in unsere Heimatstadt gehen!
Wir sollen in unsere Heimatstadt gehen!
Der Kaiser will uns zählen lassen!
Der Kaiser will uns zählen lassen!"

„Wo bist du her?"
„Ich muß nach Jericho."

„Wo bist du her?"
„Ich muß nach Emmaus."

„Wo bist du her, Maria?"
„Wir müssen nach Bethlehem."
„Nach Bethlehem? Das ist ja König Davids Heimatstadt!"
„Ja, Joseph ist aus Davids Familie."

Alle flüstern sich zu:
„Sie müssen nach Bethlehem!
Sie sind aus Davids Familie!"

Und einige flüstern leise:
„Und sie bekommt ein Kind.
Das ist dann auch aus Davids Familie."

„Wir müssen gehen! Jeder in seine Heimat!
Wir müssen losgehen, dürfen keine Zeit versäumen!
Wir müssen losgehen und die Reise antreten."

b) Musikalische Gestaltungsmöglichkeiten:
Am Ende der letzten Sätze beginnt Schrittmusik. Kinder, die ein Tambourin in der Hand haben, imitieren dort Schritte.
Kinder, die Klanghölzer in der Hand haben, schlagen dort einen Schrittrhythmus. Andere beginnen auf der Stelle zu laufen. Die Schritte aber werden leiser und leiser, so als ob alle schließlich gegangen sind.

3. Teil

a) Wiederum tritt eine Leiterin in den Kreis und liest jetzt Lukas 2, die Verse 6 und 7. Danach gehen ein Junge und ein Mädchen zusammen im Kreis herum, bleiben bald hier und bald dort stehen und bitten:

„Wir möchten bei euch übernachten."
Einmal fragt das Maria, einmal fragt das Joseph:
„Wir möchten bei euch übernachten."

Es braucht nicht vorher festgelegt werden, bei welchem Kind (an welcher Herbergstür) sie stehenbleiben und zuerst fragen. Die Kinder werden gespannt darauf achten, wer diesmal gefragt wird, so wie man bei Kreisspielen und Abschlagen auch wartet, wann man an der Reihe ist. Die Antwort heißt immer gleich:

„Wir haben keinen Raum."
„Wir haben keinen Platz."
Gerade wenn diese Antwort immer wiederholt wird und sie immer gleich bleibt, wirkt das in der Monotonie, wirkt das in der Eindeutigkeit der Absage.

b: Musikalische Gestaltungsmöglichkeiten:
Die Schritte von Maria und Josef können wieder auf Trommeln oder Hölzern dargestellt werden. Wenn sie stehenbleiben vor einer Haustür, halten wir auch inne mit der Schrittmusik. Es ist eine gute Konzentrationsübung, wenn die Musikantenkinder im Kreis wirklich auf die Füße der beiden Maria- und Joseph-Spieler achten, sie gleichsam versuchen zu „synchronisieren".

Das Anklopfen an einer Tür kann auch auf einem Instrument dargestellt werden. Ebenso ist es möglich, daß an jeder Tür von innen erst aufgeschlossen wird. Dazu kann ein Schlüsselbund auf einem Tamburin bewegt werden. Dann erst öffnet sich die Tür, der kleine Dialog beginnt.

4. Teil

a) Sind die Kinder zwei- oder dreimal im Kreis herumgegangen und haben bald diesen, bald jenen angesprochen, dann treten sie auf ihren Platz im Kreis zurück, und die Leiterin liest Lukas 2, Vers 8–14, vor.
Für die Darstellungen im letzten Teil unseres kleinen Kreisspieles sind vier Kinder nötig, die als Hirten im Kreis herumlaufen:

„Wir sind Hirten. Wir sind arme Leute, um die sich sonst keiner kümmert.
Wir kennen nur unsere Arbeit.
Wir kennen nur das Schafehüten.
Wir sind Hirten. Wir sind arme Leute.
Aber zu uns sind Gottes Boten gekommen,
Gottes Boten, ja, Gottes Boten waren bei uns.
Mitten in der Nacht sind sie gekommen.
Und jetzt laufen wir los.
Wir wollen sehen, was geschehen ist.
Kommt alle mit! Kommt alle mit!
Blast dem Kind ein Lied!
Blast ihm ein Lied!
Freut euch mit uns über das Kind in Bethlehem!

Wir sind Hirten! Wir haben nicht viel!
Wir sind arme Leute. Wir haben nur unsere Schafe.
Aber wir können Musik machen!
Wir spielen auf den Glocken unserer Tiere!
Und wir spielen auf unseren Hirtenflöten!
Kommt mit uns mit! Freut euch! Kommt mit!“

b) Musikalische Gestaltungsmöglichkeiten:
Auch hier ist es möglich, Schrittmusiken zu unterlegen, dann aber sollten Glocken erklingen, so wie man sie Tieren um den Hals bindet. Sind keine Glocken vom Orffschen Instrumentarium zur Verfügung, so tun es auch einige Gläser, die man mit einem Teelöffel anschlägt. Um eine Flötenmusik auch schon bei Kindern im Vorschulalter zu erreichen, bringt die Leiterin einige Blockflötenköpfe mit; vielleicht zwei Köpfe von Sopran-Blockflöten und zwei Köpfe von Alt-Blockflöten. Wenn man sie abwechselnd bläst auf den Rhythmus:

„Freut euch mit! / Kommt doch mit!
Freut euch mit! / Kommt doch mit!“
entsteht schon zwischen Alt-Blockflötenkopf und Sopran-Blockflötenkopf eine Zweiton-Melodie. Dann können die Kinder einen Augenblick schweigen mit ihren Blockflötenköpfen, und die Leiterin spielt eine kleine, kurze drei- oder viertönige Flötenweise, wie eine Hirtenmusik, und die Kinder beginnen wieder mit ihren Flötenköpfen im Zusammenhang von zwei Tönen zu blasen.
Nachdem die Hirten eine Weile im Kreis herumgezogen sind, öffnet sich schließlich der Kreis. Hirten, Kreiskinder und Musikanten ziehen in einer langen Kette durch den Raum. Die Musik aber wird leiser. Man geht weiter und weiter – bis nach Bethlehem.

Hier sollte als „Abgesang“ eine den Kindern geläufige Weihnachtsweise benutzt werden, man lasse sie zunächst leise singen und dann summen. Es empfiehlt sich dafür:
☐ „Es ist für uns eine Zeit angekommen . . .“
(zu diesem Lied können die Kinder leicht im Raum herumlaufen, denn es ist in geradem Takt geschrieben).
☐ „Nun singet und seid froh . . .“
(zu diesem Lied, das in ungeradem Metrum geschrieben ist, können die Kinder einen kleinen Reigen tanzen).
Wer aber ein besonders schlichtes Lied sucht, das für Vorschulkinder auch von der Sprache her gut geeignet ist, der sei auf ein europäisches Hirtenlied verwiesen:

2. Ihr Musikanten / und ihr Trabanten / stellet euch ein!
Den Baß tut streichen, / Flöten laßt pfeifen,
kommt all' hierher / und kommt keiner heut' leer!

Text: Wolfgang Longardt. Melodie: Volksweise aus dem Balkan

12 Lichterkrippe

1. Thematik:
Geburtsgeschichte im Zusammenhang des Lebens Jesu

2. Vorausgesetzte Themen und Texte: –.–

3. Termin und Raum:
Weihnachtszeit, in der Kirche

4. Vorbereitung:
☐ mit Eltern: Texte gestalten und Lieder proben
☐ mit Kindern: Transparente gestalten und singen; verschiedene Gruppen hören und gestalten verschiedene Geschichten, die sie den andern anhand der Bilder erzählen.
☐ mit Pfarrer: vielleicht übernimmt er einen Teil der Katechese
☐ Zeitaufwand: 4–5 Wochen

5. Methoden, Medien und Material:
„Stuttgarter Lichterkrippe", Verlag Junge Gemeinde, Stuttgart, oder eigene Transparente

6. Weiterführung:
Die aufgebaute Lichterkrippe bleibt im Kindergarten (oder in der Kirche) bis 6. Januar stehen.

7. Besondere Bemerkungen:
Die 18 Transparente der „Stuttgarter Lichterkrippe" können durch selbstgefertigte Transparente (Eltern, Kinder, Erzieherin) ersetzt oder ergänzt werden. Es ist auch denkbar, daß die einzelnen Gruppen der Lichterkrippe zu verschiedenen Zeiten eingesetzt werden: I im Kindergarten, II als Gottesdienst in der Kirche, III mit II verbunden, oder als Weiterführung im Kindergarten. Der Platz für die Transparente muß vorbereitet sein: übereinandergestellte, gestaffelte Obstkisten etc., mit Tuch oder Papier überdeckt.
Art der Auf- und Zusammenstellung: Da jedes Transparent einzeln lieferbar ist, kann die Krippe ganz nach Belieben aufgebaut werden: z. B. schon in den Adventswochen einige Figuren, dann kleinere Gruppen und zum Christfest die ganze Krippe. Am wirkungsvollsten ist ein stufenförmiger Aufbau, der mit Hilfe von verschieden großen, mit einem Tuch überdeckten Kartons erreicht werden kann.
Beleuchtung: Mit Kerzen in etwa 12 cm Abstand hinter den einzelnen Transparenten, oder elektrisch (lassen Sie sich von Ihrem Elektrohändler beraten).
Verwendung: Die Figuren, die immer neu und individuell gruppiert werden können – nicht nur in der Weihnachtszeit, sondern das ganze Jahr hindurch – werden besonders gern zusammengestellt als lichterhelle Krippe unter dem Christbaum in Wohnzimmern und Kirchen – als bunte Mitte einer Adventsecke in Kindergärten und Schulen – als festlicher Schmuck in Sälen und Zimmern von Gemeindezentren und Krankenhäusern – als Veranschaulichung und zur Feiergestaltung beim Erzählen der Advents- und Weihnachtsgeschichten in Kinderkirche und Jugendkreisen.

8. Verfasser:
Kurt Rommel

1. Einführung

a) Im folgenden werden Stichworte, Anregungen gegeben. Die endgültige Gestaltung sollte mit den Eltern oder mit den Kindern geschehen. Auswahl und Zusammenstellung der Bilder können variieren, je nach Texten und Themen, die in der Vorweihnachtszeit behandelt wurden, je nach der Zeit, die zur Verfügung steht, je nach Einstellung der Eltern, je nach Auffassungsmöglichkeit und Alter der Kinder. Die Transparente werden mit dem Erzählen aufgestellt oder beleuchtet.

b) Der abgeschlossene Aufbau der Krippe (Vorschlag):

<table>
<tr><td>I.</td><td>11
Adam</td><td>13
Mose</td><td colspan="3">14
Paulus</td><td>16
Johannes
d. Täufer</td><td>12
Johannes
d. Seher</td></tr>
<tr><td>II.</td><td>2
Jesaja</td><td>4
Gabriel</td><td colspan="3">1
Krippe
(Maria, Josef, Ochs,
Esel und Kind)</td><td>15
Michael</td><td>3
Lukas</td></tr>
<tr><td>III.</td><td>17
Alte</td><td>7
2 Weise</td><td>8
1 Weiser</td><td>9
Kinder</td><td>18
Schwarze</td><td>6
Hirten</td><td>5
Hirten</td></tr>
</table>

c) Reihenfolge des Aufbaus:
I. 11. 12. 13. 16. 14., dann Lied.
II. 2. 3. 4. und 15. 1., dann Lied.
III. 5. und 6. 7. und 8. 9. und 17. 18., dann Lied.

2. Ausführung

I. Bilderreihe

Transparent 11: Adam
Warum feiern wir Weihnachten? Jesus hat Geburtstag. Gott hat uns seinen Sohn geschickt, weil er uns alle lieb hat. Viele Menschen verstehen das nicht, daß Gott es gut mit uns meint. Die trauen Gott nicht. Ganz am Anfang der Bibel wird von einem Mann und einer Frau erzählt, die Gott nicht getraut haben: Adam und Eva (Namenstag 24. Dezember; Apfel, die Frucht im Garten Eden, die die beiden vom Baum nehmen, weil sie so sein wollten wie Gott). Adam heißt – Erde oder Mensch. Gott liebt uns, obwohl wir es auch oft so machen wie Adam und Eva, und Gott nicht vertrauen.

Transparent 12: Johannes, der Seher
Es gibt Menschen, die sehen mehr als wir, die wissen mehr als wir. Das sind Propheten oder Voraussager. Diese Menschen sehen und hoffen, daß viele Menschen wieder Gott vertrauen. Einer von ihnen ist Johannes, der Seher.

Transparent 13: Mose
Wir wissen, daß Jesus im Land Israel geboren ist, dort gelebt hat und dort gestorben ist. Wie kam das Volk in dieses Land? Durch einen Mann, der ganz Gott vertraute. Er gehorchte Gott und führte sein Volk aus ägyptischer Gefangenschaft in die Freiheit in das Land, in dem die Juden heute wieder wohnen, nach Israel. Dieser Mann hieß Mose.

Transparent 16: Johannes, der Täufer
Bevor Jesus seinen Dienst antrat, wurde er eingesetzt. Jesus wollte nicht einfach mit Predigen und Helfen anfangen. Er wollte getauft werden. Zum Taufen brauchte man Wasser. Da war der große Jordan-Fluß. Und man brauchte einen Täufer: Das war Johannes, der Täufer. (3. Adventssonntag: Johannessonntag). Der rief den Leuten zu: Tut Buße, kehrt um, kommt zu Gott, vertraut ihm. Er liebt euch!

Transparent 14: Paulus
Als Jesus gestorben und auferstanden war, hatte er viele Boten, die ihn überall bekannt machten. Einer der wichtigsten Boten war Paulus. Er erzählte seiner Gemeinde viel von Jesus, obwohl er ihn selber nicht gesehen hatte. Er sagte: „Als die Zeit erfüllt war, sandte Gott seinen Sohn, von einer Frau geboren und unter das Gesetz getan . . .“

Lied: z. B. „Wir bringen die Botschaft“ (Liedbeilage Nr. 20).

II. Bilderreihe

Transparent 2: Jesaja
Bevor Jesus geboren wurde, hatten schon viele Menschen auf einen König gewartet, der endlich Frieden bringen würde. Immer wieder wurde ein König geboren. Und immer wieder brachte er keinen Frieden. Jesaja war ein Prophet, der auch auf diesen König wartete. Der sagte damals schon Worte, die ganz zu Jesus passen: „Uns ist ein Kind geboren, ein Sohn ist uns gegeben, und die Herrschaft ruht auf seiner Schulter. Und er heißt Wunder-Rat, Gott-Held, Ewig-Vater, Friedefürst.

Transparent 3: Lukas
Und Lukas war es nun, der uns, nachdem Jesus dann geboren war, einen Bericht schrieb, obwohl er bei der Geburt nicht dabei war. Lukas will Jesus bekannt machen und allen lieb machen. Fast alles, was wir an Weihnachten erzählen, wissen wir von Lukas.

Transparente 4: Gabriel, und 15: Michael
Lukas war ein Bote. Boten braucht Gott immer, die seine Botschaft weitersagen und seine Befehle ausführen. In der Bibel ist von solchen Boten oft die Rede. Man hat ihnen Namen gegeben und Flügel.
Gabriel und Michael, große Männer sind es, die als Gottesboten durch die Flügel gekennzeichnet sind. Aber Gottes Boten müssen nicht immer Engel mit Flügeln sein. Wie sie aussehen, ist nicht wichtig. Was sie sagen, ist wichtig: „Fürchtet euch nicht . . ."
Transparent 1: Krippe
Nun kommt das Bild, um das alle Bilder angeordnet sind, die Krippe mit Maria und Josef, mit Jesus. Der Heiland ist geboren. Die Zeichen sind Windeln und Krippe. Und Ochs und Esel, die bei Lukas nicht stehen, sagen uns: Die Tiere haben zu ihrem Herrn Vertrauen, aber viele Menschen nicht. Ihr Menschen nehmt Ochs und Esel als Beispiel und Vorbild. Kehrt heim, der Herr liebt euch! Jesus ist geboren! Der Heiland.

Lied: z. B. „Uns wird erzählt von Jesus Christ" (Liedbeilage Nr. 5).

III. Bilderreihe

Transparente 5 und 6: Hirten
Nun kamen Menschen zur Krippe. Menschen kamen zu Jesus. Die Hirten waren die ersten, von denen wir es wissen. Schäfer waren es, denen man nichts Gutes zutraute. Arm waren sie und verstoßen, verachtet waren sie und ausgelacht hat man sie. Die Hirten haben es verstanden: Gottes Liebe gilt allen Menschen. Ganz unten, bei den Armen beginnt Gottes Liebe.
Transparente 7 und 8: Die Weisen
Aber nicht nur Arme und Verachtete kamen zu Jesus. Auch Reiche und Geachtete kamen zu Jesus. Einfache Leute und kluge Leute besuchten Jesus. So kamen auch die Weisen aus dem Morgenland und brachten ihre Schätze: Gold, Weihrauch und Myrrhen.
Transparente 9: Kinder, und 17: Alte
Nun können wir uns den Zug derer, die zu Jesus kamen, vorstellen: Hirten und Weise. Aber es kamen im Laufe der Jahre noch viel mehr Menschen zu Jesus: Alle Generationen, Alte und Junge, Eltern, Großeltern und Kinder. Wir Alten, wir Kinder kommen ja auch heute zu Jesus und feiern seinen Geburtstag.
Transparent 18: Schwarze
Der Zug zur Krippe wird noch länger. Auch schwarze Menschen, Afrikaner, kommen zu Jesus. Alle Hautfarben und Rassen glauben an Jesus. Die Botschaft ging in alle Welt: „Ich verkündige euch große Freude, die allem Volk wiederfahren wird . . ." Allem Volk, allerlei Volk. Alle Welt jubelt, daß Jesus geboren wurde.

Lied: z. B. „Als Jesus auf der Erd erschien" (Liedbeilage Nr. 4).

13 Wie Gott die Welt liebte

1. Thematik:
Lukas 2

2. Vorausgesetzte Themen und Texte:
Problem Angst. Das Leben Jesu

3. Termin und Raum:
Weihnachten in Kindergarten oder Kirche

4. Vorbereitung:
☐ mit Eltern: Lieder lernen; vielleicht findet sich jemand, der die Geschichte erzählt.
☐ mit Kindern: evtl. eigene Flanellbilder oder andere Krippenfiguren basteln
☐ mit Pfarrer: Absprache wegen Weihnachtsfeier
☐ Zeitaufwand: 4–5 Wochen

5. Methoden, Medien und Material:
Flanellwand, Flanellbilder zur Bibel, Mappe Nr. 2: Die Geburt Christi (Christophorus/Kaufmann), oder Transparente z. B. „Stuttgarter Lichterkrippe" (Verlag Junge Gemeinde, Stuttgart; siehe Modell 13)

6. Weiterführung:
evtl. zurückgestellte Bilder im Kindergarten nachholen

7. Besondere Bemerkungen:
☐ Die Kinder können ihre Texte singen oder sprechen. Wenn die Texte gesprochen werden, dann sollten andere Lieder eingeschoben werden z. B. „Augustus, Cyrenius" (Liedbeilage Nr. 6), „Als Jesus auf der Erd erschien" (Nr. 4), „Uns wird erzählt" (Nr. 5).
☐ Die Melodieabschnitte des Liedes „Wir singen und sagen" sind pentatonisch eingerichtet, so daß sie leicht mit Orffschen Instrumenten begleitet werden können.
☐ Die einzelnen Bilder sollten im Kindergarten besprochen werden. Denkbar ist auch, daß die einzelnen Bilder auf verschiedene Kindergruppen aufgeteilt werden. Das Gesamtbild sehen alle Kinder erst bei der Weihnachtsfeier.
☐ Kürzungsmöglichkeit: Bilder 6 und 8 oder Bilder 8–10 wegfallen lassen.

8. Verfasser:
Kurt Rommel

Alle singen (Melodie A, siehe S. 197):
„Wir singen und sagen in Bild und in Ton,
wie Gott die Welt liebte und sandte den Sohn."

1. Teil

Ein Kind sagt (und bringt ein Bild „Engel"):
„Ich bringe den Engel, den Boten Gottes."

Ein Kind fragt (singt evtl. nach Melodie B):
„Was sagte der Bote, den Gott zu uns schickte?
Das möchte ich wissen! Berichte uns doch!"

Erzieherin (oder ein Vater oder eine Mutter):
„Es war Nacht.
Es war bei Bethlehem.
Dort waren Wiesen.
Auf den Wiesen schliefen Schafherden.
Die Hirten waren dabei.
Plötzlich wurde es taghell.
Mitten in der Nacht.
Die Hirten erschraken.
Eine ganz lichte Gestalt stand vor ihnen.
Ein Engel.
Ein Bote Gottes.
Der sagte ihnen wundersame Dinge.
Die Hirten hörten ganz genau zu.
Sie vergaßen, wie der Bote aussah.
Sie staunten und hörten,
und hörten und staunten:

Habt keine Angst! –
und wie sie Angst hatten.
Fürchtet euch nicht! –
und wie sie sich fürchteten.
Seht her! Hört her!
Ich weiß von einer großen Freude.
Ich sage sie euch.
Die ganze Welt soll sie noch hören:
Für euch ist der Heiland geboren,
der Retter,
heute!
Er ist der Herr,
der Christus.
In der Stadt Davids.
Und ihr bekommt ein Zeichen:
Das Kind ist in Windeln gewickelt.
Es liegt in einem Futtertrog,
in einer Krippe."

Kinder und Eltern singen (nach Melodie A):
„Die Nacht wird zum Tage, das Dunkel zum Licht.
So ist es, wenn Gott uns die Liebe verspricht."
Refrain (nach Melodie C):
„Der Herr ist geboren! Halleluja!
Der Herr ist geboren! Gott ist jetzt da!"

2. Teil

Ein Kind sagt (und bringt ein Bild „Krippe, Kind, Maria und Josef"):
„Ich bringe das, von dem der Bote erzählt hat:
Die Krippe, das Kind, dazu die Eltern Maria und Josef."

Ein Kind fragt (singt evtl. nach Melodie B):
„Was war da, als dieses Kind damals zur Welt kam?
Das möchte ich wissen! Berichte uns doch!"

Erzieherin (oder ein Vater oder eine Mutter):
„Damals herrschte der Kaiser Augustus.
Er war der mächtigste Mann der Welt.
Er brauchte viel Geld.
Er rief eine Steuer aus.
Jedermann mußte sich in Steuerlisten eintragen lassen.
Jedermann an seinem Geburtsort.
Auch Maria und Josef.
So mußten sie von Nazareth in Galiläa
nach Bethlehem in Judäa reisen.

Bethlehem war die Stadt Davids.
Von dort stammte der alte König David.
David war der Urahn des Josef.
In Galiläa und Juda paßte Cyrenius auf,
daß alle Menschen taten,
was der Kaiser Augustus befahl.
Nun bekam Maria bald ein Kind.
Ob es noch reicht bis Bethlehem?
Maria und Josef kamen in Bethlehem an.
Sie gingen in eine Herberge.
Dort wurde das Kind geboren.
Maria wickelte das Kind in Windeln.
Sie legte es in einen Futtertrog,
in eine Krippe.
Sonst war kein Platz in der Herberge.
Wir wissen vom Boten Gottes,
wer das Kind ist:
Der Retter,
der Heiland für die Welt."

Kinder und Eltern singen (nach Melodie A):
„So lieb hat uns Gott, er schickt Jesus, den Sohn.
Wir haben das Leben und die Liebe davon."
Refrain (nach Melodie C):
„Der Herr ist geboren! Halleluja!
Der Herr ist geboren! Gott ist jetzt da!"

3. Teil

Ein Kind sagt (und bringt ein Bild „Stall"):
„Ich bringe den Stall."

Ein Kind fragt (singt evtl. nach Melodie B):
„Was soll das bedeuten, daß Jesus im Stall lag?
Das möchte ich wissen! Berichte uns doch!"

Erzieherin (oder ein Vater oder eine Mutter):
„Von einem Stall finden wir nichts in Gottes Buch.
Aber: Wo steht eine Krippe?
Eine Krippe ist ein Futtertrog.
Und ein Futtertrog steht in einem Stall.
Und wenn ein Mensch in einem Stall geboren wird,
dann ist er arm.
Und die Eltern sind auch arm.
So arm wird Jesus,
weil uns Gott so lieb hat."

Kinder und Eltern singen (nach Melodie A):
„Dies alles ist Gottes besondere Tat,
damit wir begreifen, wie lieb er uns hat."
Refrain (nach Melodie C):
„Der Herr ist geboren! Halleluja!
Der Herr ist geboren! Gott ist jetzt da!"

4. Teil

Ein Kind sagt (und bringt ein Bild „Ochs und Esel"):
„Ich bringe Ochs und Esel."

Ein Kind fragt (singt etvl. nach Melodie B):
„Was soll denn der Ochs und der Esel bedeuten?
Das möchte ich wissen! Berichte uns doch!"

Erzieherin (oder ein Vater oder eine Mutter):
„Nun: Die Krippe stand in einem Stall.
Und im Stall sind Tiere.
Das haben die Maler gemeint.
Sie haben oft Ochs und Esel,
oder Esel und Rind gemalt.
Und warum?
Weil Ochsen und Esel ganz kluge Tiere sind.
Die wissen, wer für sie sorgt,
wer sie liebt,
wem sie gehören.
Die wissen ganz genau, wo ihr Stall ist.
Die wissen ganz genau, wem sie gehorchen sollen.
Die Menschen wissen es oft nicht.
Die vergessen den Herrn, der sie versorgt.
Die vergessen den Herrn, der sie lieb hat.
Die vergessen den Herrn, dem sie gehören.
Ochs und Esel sind klüger als viele Menschen.
Sie kennen die Stimme ihres Herrn.
Und wir Menschen oft nicht.
Darum stehen Ochs und Esel beim Kind in der Krippe."

Kinder und Eltern singen (nach Melodie A):
„Die Tiere versteh'n ihren Herrn, und wir nicht.
Sie kennen die Stimme. Wir fliehen sein Licht."
Refrain (nach Melodie C):
„Der Herr ist geboren! Halleluja!
Der Herr ist geboren! Gott ist jetzt da!"

5. Teil

Ein Kind sagt (und bringt ein Bild „Hirten und Schafe"):
„Ich bringe die Hirten und die Schafe."

Ein Kind fragt (singt evtl. nach Melodie B):
„Wer sind diese Hirten auf Bethlehems Fluren?
Das möchte ich wissen! Berichte uns doch!"

Erzieherin (oder ein Vater oder eine Mutter):
„Die Hirten.
Sie waren bei den Schafen auf den Wiesen.
Sie hörten als erste die Nachricht:
Christus ist geboren!
Sie waren neugierig.
Sie wollten wissen, ob das auch wahr ist.
Sie sagten zueinander:
Wir gehen jetzt nach Bethlehem.
Sofort, mitten in der Nacht.
Die Schafe lassen wir allein.
Wir wollen sehen, was geschehen ist.
Wir wollen sehen, was uns Gott geschenkt hat.
Wir wollen den Herrn sehen.
Und sie eilten.
Sie fanden Maria und Josef.
Sie fanden das Kind in der Krippe.

Kinder und Eltern singen (nach Melodie A):
„Sie kommen zu Jesus und sind dort zu Haus'.
Denn Jesus wirft niemand ins Dunkel hinaus."
Refrain (nach Melodie C):
„Der Herr ist geboren! Halleluja!
Der Herr ist geboren! Gott ist jetzt da!"

6. Teil

Ein Kind sagt (und bringt ein Bild „Die Weisen aus dem Morgenland"):
„Ich bringe die Weisen aus dem Morgenland."

Ein Kind fragt (singt evtl. nach Melodie B):
„Was heißt das, daß Männer von so weit her kommen?
Das möchte ich wissen! Berichte uns doch!"

Erzieherin (oder ein Vater oder eine Mutter):
„Nicht nur Hirten kamen zu Jesus.
Auch weise Männer kamen.
Kluge Männer. Sterndeuter.

Von weit her.
Am Himmel sahen sie zwei Sterne.
Die waren ganz nahe beisammen.
Sie sahen aus wie ein ganz großer Stern.
Dieser große Stern zeigte den Weg nach Jerusalem.
Dort war der König Herodes.
Den fragten sie:
,Wo ist der neugeborene König der Juden?'
Der König erschrak.
Er hatte Angst vor einem neuen König.
Er holte die Schriftgelehrten.
Die suchten und fanden in der Bibel:
Der neue König ist in Bethlehem geboren!
Herodes wollte Jesus töten.
Den Weisen aber sagte er:
Der neue König ist in Bethlehem geboren.
Geht hin und betet an.
Kommt wieder zu mir und erzählt mir.
Dann will ich auch anbeten.
Die Weisen hörten das Bibelwort.
Sie waren hocherfreut.
Sie zogen nach Bethlehem.
Sie fanden Maria und Josef.
Sie fanden das Kind in der Krippe.
Sie schenkten Gold, Weihrauch und Myrrhen.
Ganz wertvolle Geschenke.
Ein Bote Gottes warnte sie:
Geht nicht zu Herodes;
der will das Kind töten.
Sie zogen auf einem anderen Weg in ihre Heimat."

Kinder und Eltern singen (nach Melodie A):
„Kein Weg ist zu weit und kein Leben zu schön,
als daß es nicht lohnte, zu Jesus zu gehn."
Refrain (nach Melodie C):
„Der Herr ist geboren. Halleluja!
Der Herr ist geboren! Gott ist jetzt da!"

7. Teil

Ein Kind sagt (und bringt ein Bild „Stern"):
„Ich bringe den Stern, der auch uns den Weg zur Krippe weist."

Ein Kind fragt (singt evtl. nach Melodie B):
„Was sollen wir Kinder dem Jesuskind bringen?
Das möchte ich wissen! Berichte uns doch!"

Erzieherin (oder ein Vater oder eine Mutter):
„Auch ihr Kinder könnt dem Kind etwas bringen.
Dieses Kind hat heute Geburtstag.
Geburtstagskinder bekommen Geschenke.
Jesus war ganz arm.
Alle armen Kinder haben heute Geburtstag.
Alle hungernden Kinder haben heute Geburtstag.
Jesus freut sich über alles,
was arme und hungernde Kinder bekommen."

Kinder und Eltern singen (nach Melodie A):
„Wir helfen den Hungernden, teilen das Brot.
Wir lindern als Kinder des Vaters viel Not."
Refrain (nach Melodie C):
„Der Herr ist geboren! Halleluja!
Der Herr ist geboren! Gott ist jetzt da!"

8. Teil

Ein Kind sagt (und nimmt das Bild „Die Weisen" wieder weg):
„Ich nehme die Weisen wieder weg. Sie sind jetzt nicht mehr an der Krippe. Sie sind unterwegs und erzählen."

Ein Kind fragt (singt evtl. nach Melodie B):
„Ob's Leute auch hörten, was sie so erzählten?
Das möchte ich wissen! Berichte uns doch!"

Erzieherin (oder ein Vater oder eine Mutter):
„Die Weisen blieben nicht bei der Krippe.
Sie zogen heim in ihre Länder.
Und sie erzählten.
Sie hatten viel gehört und gesehen.
Sie erzählten von Jesus,
vom Herrn der Welt,
vom Herrn, der Schwarze und Weiße liebt,
der die Menschen in Afrika und Asien,
die Menschen in Amerika und Europa liebt.
In alle Länder ging die Botschaft.
Und noch heute wird in allen Ländern erzählt:
Jesus ist geboren!"

Kinder und Eltern singen (nach Melodie A):
„Nach Osten und Westen, nach Süden und Nord
verbreiten die Boten das göttliche Wort."
Refrain (nach Melodie C):
„Der Herr ist geboren! Halleluja!
Der Herr ist geboren! Gott ist jetzt da!"

9. Teil

Ein Kind sagt (und nimmt das Bild „Hirten“ weg):
„Ich nehme die Hirten weg. Sie sind jetzt nicht mehr an der Krippe. Sie sind unterwegs und erzählen.“

Ein Kind fragt (singt evtl. nach Melodie B):
„Wie heißt dieses Wort, das sie glauben und rufen?
Das möchte ich wissen! Berichte uns doch!“

Erzieherin (oder ein Vater oder eine Mutter):
„Die Hirten blieben nicht bei der Krippe.
Sie mußten wieder zu ihren Herden.
Aber sie blieben auch nicht bei den Herden.
Sie wollten erzählen,
erzählen, erzählen.
Sie breiteten das Wort aus,
das ihnen die Gottesboten sagten:
‚Jesus ist geboren!‘
Sie konnten es nicht für sich behalten.
Und viele hörten dieses Wort.
Und viele konnten es nicht glauben.
Sie schüttelten ihre Köpfe.
Sie verwunderten sich über die Hirten:
Ob man diesen Hirten glauben konnte?
Soll das wahr sein:
Jesus ist geboren?“

Kinder und Eltern singen (nach Melodie A):
„Es war nicht vergeblich. Das Warten fand Lohn.
Gott schickte zu allen, zu allen den Sohn.“
Refrain (nach Melodie C):
„Der Herr ist geboren! Halleluja!
Der Herr ist geboren! Gott ist jetzt da!“

10. Teil

Ein Kind sagt:
„Die Hirten sind fort. Wir folgen den Hirten. Noch heute sind die Hirten unterwegs und erzählen vom Herrn der Welt.“

Ein Kind fragt (singt evtl. nach Melodie B):
„Wer ist denn der Herr, den die Hirten verkünden?
Das möchte ich wissen! Berichte uns doch!“

Erzieherin (oder ein Vater oder eine Mutter):
„Es ist der Herr Jesus.

Er wurde in der Krippe geboren.
Er blieb kein kleines Kind.
Er wurde groß.
Er liebte die Armen, Kranken, Schwachen, Kinder.
Da wurden viele Menschen böse.
Sie schlugen ihn ans Kreuz.
Dort starb er.
Der Weg Jesu ging von der Krippe bis zum Kreuz.
Diesen Herrn verkünden die Hirten heute immer noch.
Und heute sind viele Erwachsene solche Hirten.
Und viele Kinder erzählen auch weiter.
Dann sind sie auch Hirten.
Wir erzählen weiter, weil Jesus vom Tod auferstand.
Er lebt heute.
Er ist heute unser Herr."

Kinder und Eltern singen (nach Melodie A):
„Er dachte an andere, sogar noch im Tod.
Und dann wurde Ostern. So lieb hat uns Gott."
Refrain (nach Melodie C):
„Der Herr ist geboren! Halleluja!
Der Herr ist geboren! Gott ist jetzt da!"

11. Teil

Ein Kind sagt:
„Bei dem einen Engel waren viele Engel. Die sangen ein Lied. Ihr Lied geht durch die ganze Welt."

Ein Kind fragt (singt evtl. nach Melodie B):
„Wie heißt denn das Lied dieser vieltausend Engel?
Das möchte ich wissen! Berichte uns doch!"

Erzieherin (oder ein Vater oder eine Mutter):
„Dieses Lied heißt: Ehre seit Gott in der Höhe,
und Friede auf Erden,
und den Menschen ein Wohlgefallen."

Kinder und Eltern singen (nach Melodie A):
„Die Ehre dem Herren und Friede auf Erd'
dem Volke, dem Gottes Gefallen gehört."
Refrain (nach Melodie C):
„Der Herr ist geboren! Halleluja!
Der Herr ist geboren! Gott ist jetzt da!"

Alle singen (nach Melodie A):
„Wir sangen und sagten in Bild und in Ton,
wie Gott die Welt liebte und sandte den Sohn."

A

B

C
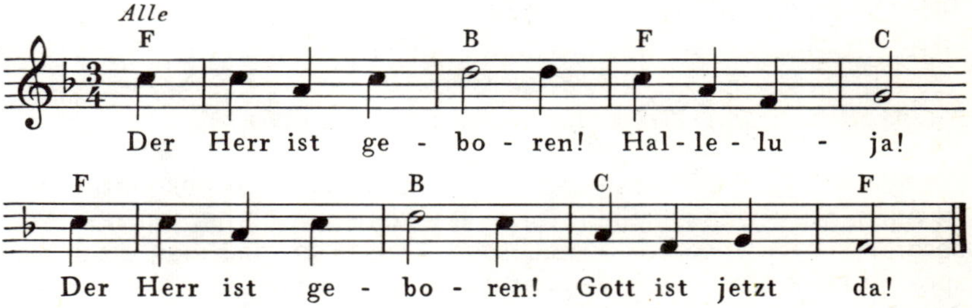

evtl. auch pentatonische Begleitung (CDFGA)
Text und Melodie: Kurt Rommel 1970
Eigentum des Burckhardthaus-Verlages, Gelnhausen/Berlin

14 Es wird Licht

1. Thematik:
Dunkelheit – Licht, Weihnachtsgeschichte

2. Vorausgesetzte Themen und Texte:
Kerzenmeditation; was ist Dunkel, dunkle Welt? Lukas 2, wenn die Geschichte gespielt wird.

3. Termin und Raum:
Weihnachten in Kindergarten oder Kirche

4. Vorbereitung:
- ☐ mit Eltern: Singen
- ☐ mit Kindern: Singen, Figuren gestalten, Spielen
- ☐ mit Pfarrer: Ablauf besprechen
- ☐ Zeitaufwand: 4–5 Wochen

5. Methoden, Medien und Material:
Kerzen, Figuren, Transparent, Christbaum

6. Weiterführung:
Aufarbeiten, was das heißt: das Licht weitergeben

7. Besondere Bemerkungen:
Jeder Besucher erhält vor Beginn der Feier eine Kerze. Der Christbaum kann von Anfang an schon da sein. Die Kerzen werden im Lauf der Feier entzündet. Die Eltern treten zu Beginn in den von nur einer Kerze erleuchteten Raum. Findet die Feier im Kindergarten statt, sitzen die Kinder im inneren, die Eltern im äußeren Kreis. Die Geschenke sollten außerhalb der Feier verteilt werden. Krippe und Transparent (von Kindern gestaltet) sollten unter dem Baum stehen.

8. Verfasser/Quelle:
Hermann Niderbremer, aus: Weihnachten im Kindergarten, Selbstverlag des Verfassers, D-499 Lübbecke, Pfarrstraße 15

Kurze Begrüßung durch die Kindergartenleiterin

Lied: z. B. „Freu' dich Erd' und Sternenzelt" (Liedbeilage Nr. 15).

1. Gesprächsgang: Wir leben in einer dunklen Welt

Entfaltung: Wir feiern Weihnachten in einer Welt, die gekennzeichnet ist durch viele Dunkelheiten. Diese Dunkelheiten gilt es mit den Kindergruppen im Gespräch aufzuspüren. Es ist klar, daß man diese Gespräche nicht erst in der Weihnachtsfeier zum ersten Mal führen kann. Der Grundgedanke dieses Teils der Weihnachtsfeier „Wir leben in einer dunklen Welt" ist an einigen Beispielen in der Feier selbst lediglich im Gespräch mit den Kindern anhand einer Geschichte aus dem Leben der Kinder oder anhand einiger vor der Krippe stehender und von den

Kindern vorher angefertigter Transparente zu wiedeholen und zu entfalten. Dieses Gespräch geschieht in dem dunklen und nur von der brennenden Kerze in der Krippe erhellten Raum. Die Leiterin der Weihnachtsfeier muß vorher von den Gruppenleiterinnen unterrichtet werden. Die Dauer des Gesprächs sollte fünf Minuten nicht überschreiten. Eine andere Möglichkeit der Entfaltung dieses Abschnittes wären gezielte Rollenspiele, die jeweils vom Leiter der Weihnachtsfeier thesenhaft zusammengefaßt würden.

Lied: z. B. „Jesus, der die Menschen liebte" (Liedbeilage Nr. 17)

2. Gesprächsgang: Konzentration auf das brennende Licht

Entfaltung: Erst wenn einige dunkle Punkte genannt oder gezeigt sind, sollte man sich der Betrachtung des Lichtes in der Krippe zuwenden. Die Hinführung auf das Licht könnte durch die Frage geschehen: „Warum brennt denn in unserer Krippe das Licht?"
Durch den Hinweis auf die Krippe haben wir die Beziehung zu dem Geschehen, durch das Licht zur Deutung der Weihnachtsgeschichte hergestellt. Nach einigen Antworten der Kinder sollte dann noch einmal die Weihnachtsgeschichte wiederholt werden, abschnittsweise, am besten im ersten Teil bis zur Geburt; dieser Teil müßte mit der Deutung des einen brennenden Lichtes in der Krippe enden.

Lied: z. B. „Die Hirten hielten auf dem Feld" (Liedbeilage Nr. 10)

3. Gesprächsgang: Gott macht es hell in der Welt

Der Gesamtabschnitt könnte 10 bis 15 Minuten dauern.

a) Erzählung der Weihnachtsgeschichte bis zur Erwähnung der Hirten
b) Darstellung der Verkündigung an die Hirten

Für die Gestaltung dieses Teils der Verkündigung an die Hirten sollte man einige Kinder die Geschichte spielen lassen. Das setzt voraus, daß die Weihnachtsgeschichte vorher erzählt und damit den Kindern bekannt ist: Man läßt eine Gruppe der Kinder (ohne Verkleidung) die Boten spielen, die ihr Licht an der Krippe entzünden, nun mit dem brennenden Licht vor die anderen Kinder treten und ihnen die Botschaft von der Freude über das Kommen Jesu in die Welt in Form eines Lichtes zusingen. Man hüte sich aber davor, Einzelkinder aus der Gruppe hervorzuheben. Die Verkündigung ist eine Aufgabe der ganzen Gruppe. Sie ist dann am besten gelungen, wenn im Nachspielen der Erzählung der Verkündigung an die Hirten auch Kinder, die sonst nicht ohne Aufforderung mitspielen, zum Spielen der Situation angeregt und befreit und als solche von der Gruppe freudig angenommen werden.

In der Gesamtdarstellung der Szene wird es durch die Mehrzahl der brennenden Kerzen heller im Raum. Dieser Teil endet mit dem Lobgesang auf die Geburt des Kindes.
Praktisch könnte man das etwa so aufführen:
☐ Eine Gruppe von Kindern entzündet ihre Kerze am Licht der Krippe.
☐ Eine andere Gruppe singt „Was soll das bedeuten?“
☐ Die „Engelgruppe“ verkündet in Form des Liedes „Vom Himmel hoch, da komm ich her“ (Liedbeilage Nr. 7) die Botschaft vom Kommen Jesu in die Welt an die Kinder.
☐ Die Engelgruppe gibt ihr Licht an einige Kinder weiter.
☐ Kurze Erzählung des Lobgesanges der Engel, in den die Kinder einstimmen. Lied der Kinder „Ihr Hirten, ihr Hirten“ (Liedbeilage Nr. 11) oder „Wißt ihr noch, wie es geschehen“ oder „Als ich bei meinen Schafen lag“ oder „Unser Heiland ist geboren oder „Lobt Gott, ihr Christen“, oder andere Lieder.

c) Erzählung und Darstellung der Anbetung an der Krippe

Die Kinder kommen nach vorn und entzünden ihr Licht am Licht in der Krippe und singen an der Krippe.

Lied: z. B. „Wir bringen die Botschaft“ (Liedbeilage Nr. 20)

4. Gesprächsgang: Gott macht es hell durch uns

Entfaltung: Im 4. Teil der Erzählung geht es um die Tatsache, daß die Hirten die Geschichte weitererzählen. Das geschieht symbolisch in der Weihnachtsfeier durch die Weitergabe des Lichtes. Die Menschen, die die Botschaft der Freude gehört haben, geben diese Botschaft freudig an andere weiter. Das kann weiter so geschehen, daß man mit den Kindern überlegt, wie wir das tun können. Ein Hinweis auf die unbeleuchteten Transparente wird einige Kinder bewegen, ihr Licht hinter die Transparente zu stellen, so daß diese durchsichtig werden. Andere werden ihr Licht an die Eltern weitergeben oder mit ihrem Licht die Kerzen in den Händen der Eltern anzünden. Zum Schluß strahlt der ganze Raum im hellen Licht, und jeder ist zum Lichtträger geworden Es ist sinnvoll, daß die Kinder mit den brennenden Lichtern den Kindergarten verlassen.
Lied: z. B. „Tragt in die Welt nun ein Licht“ (Liedbeilage Nr. 25)

Es folgt das Schlußwort durch den Pfarrer oder die Kindergartenleiterin. Dieses Wort sollte an die Eltern gerichtet sein.
Grundgedanken: Wenn Jesus in einem Menschen geboren wird, kann dieser mit seinen Nachbarn nicht länger im Unfrieden und Streit leben. Gott macht uns zu Friedensboten und -stiftern und freut sich

über die Menschen, die Frieden haben, halten und schaffen. Gott selbst hat damit angefangen, mit uns in Frieden zu leben. Das ist das Ergebnis der Weihnacht heute.

Gebet: (siehe Vorschläge S. 136 ff.)

Lied: „O du fröhliche . . ." (Liedbeilage Nr. 22)

15 Wir sind die Boten

1. Thematik:
Die Krippe, die Gestalten der Weihnachtsgeschichte sind heute nicht mehr da. Die Geburtsgeschichte ist Vergangenheit. Was tun?

2. Vorausgesetzte Themen und Texte:
Lukas 2

3. Termin und Raum:
Weihnachten in Kindergarten oder Kirche.

4. Vorbereitung:
☐ mit Eltern: Lied „Wir suchen mit Eifer" (Liedbeilage Nr. 8), lernen, Problem der Unsichtbarkeit Gottes besprechen
☐ mit Kindern: Lied erlernen, Krippe gestalten
☐ mit Pfarrer: Die Thematik vorbereiten und ihn auf jeden Fall beim Elternabend einbeziehen
☐ Zeitaufwand: 4 Wochen

5. Methoden, Medien und Material:
Bewegungsspiel; Krippe

6. Weiterführung:
Es muß irgendeine „Aktion" folgen, in der deutlich gemacht wird, daß die vergangene Geschichte Gegenwart ist in dem, was wir heute glauben und tun.

7. Besondere Bemerkungen:
☐ Für die Kinder ist es interessant, das Krippenbild auf- und abzubauen. Das Aufbauen geschieht mit dem Lied: „Augustus, Cyrenius" (Liedbeilage Nr. 6) oder „Als Jesus auf der Erd erschien" (Nr. 4), oder mit der Erzählung von Lukas 2. Das Abbauen soll mit dem Lied „Wir suchen mit Eifer" (Nr. 8) erfolgen.
☐ Beim Aufbau: Die einzelnen Figuren (Personen aus der Geburtsgeschichte) bauen sich zu einem Krippenbild auf.
☐ Beim Abbau: Die Kinder ziehen im Kreis umher. Währenddessen verschwindet jeweils die Figur, die sie suchen. Es soll deutlich werden: Weihnachten geschieht für uns und an uns, aber nicht ohne uns.
Die Melodie des Liedes ist einfach. Die gleichbleibenden Viertelnoten drücken das Suchen aus.

8. Verfasser/Quelle:
Kurt Rommel (in veränderter Form zuerst veröffentlicht in: Evangelische Kinderkirche, 1972/4, Verlag Junge Gemeinde, Stuttgart)

1. Gestaltung des Liedes „Wir suchen mit Eifer“

Sprecher (Erzieherin, ein Vater oder eine Mutter):
Wir wissen: Jesus ist vor vielen Jahren geboren. Das ist schon lange her. Das hat man uns schon erzählt: Die Eltern, die Kindergärtnerin, der Pfarrer. Und die Krippe hier, die vor uns steht, hat der Schreiner . . . . . (Name) gemacht. Und die Windeln, die in der Krippe liegen, hat . . . . . (Name) gebracht. Und die Hirten hier kennen wir alle mit Namen . . . . ., ..., ..., ... (Namen). Und die Engel? Die kennen wir doch auch: . . . . ., ..., ..., ... (Namen).
Was machen wir nur? So fragen wir alle, ihr Kinder und wir Erwachsene. Wir suchen miteinander nach einer Antwort. Wir suchen miteinander nach der Wirklichkeit dieser Geschichte, und wir machen uns auf den Weg.

(Einige der nicht zum Krippenspiel gehörenden Kinder ziehen jeweils bei den einleitenden Worten und den Liedstrophen durch den Raum. Sie bleiben beim Kehrvers stehen und singen ihn mit allen Anwesenden. Das gilt für alle Strophen!)

Sprecher:
Sie suchen den Stall und finden ihn nicht. Sie suchen Ochs und Esel. Und sie finden keinen Ochsen und keinen Esel. Sie finden kein Heu und kein Stroh. Wissen wir, ob es Bethlehems Stall überhaupt gab? Ob der Geburtsplatz ein Stall war? In der Bibel steht nichts davon. Suchen sie deshalb vergeblich? Wenn sie nun nichts finden, kann es dann nicht Christtag werden?

Lied: „Wir suchen mit Eifer“, 1. Str. (Liedbeilage Nr. 8)
(Maria und Josef gehen weg)

Sprecher:
Sie suchen weiter, ob sie nicht doch etwas finden können. Es kann doch nicht wahr sein, daß man nur hören und nichts sehen kann! Jesus muß man doch noch finden können, seine Eltern, Maria und Josef. Der Stall kann ja fehlen, aber Jesus selber darf nicht fehlen!

Lied: „Wir suchen mit Eifer“, 2. Str.
(Krippe mit Windeln werden weggetragen)

Sprecher:
Bei uns soll sein Licht leuchten, wenn wir glauben? Sehen wir etwas? Ich sehe nichts. Oder ist das ein Licht, das wir auf den Gesichtern strahlen sehen, wenn sich Menschen freuen? Das kann ja sein.
Aber können wir wenigstens die Krippe mit den Windeln finden? Das wären dann doch ein paar Anzeichen dafür, daß alles stimmt, was man uns erzählt hat, daß alles wahr ist, was damals geschehen sein soll.

Lied: „Wir suchen mit Eifer“, 3. u. 4. Str.
(Hirten gehen weg)

Sprecher:
Die armen Leute also sind die Krippe, in die Jesus gelegt wird. Die Armen überall in der Welt, bei uns in der Nachbarschaft und die Armen in Afrika und in Asien. Wo Menschen arm sind, ist Jesus zu finden. Und wo Menschen glauben, ebenfalls. Unser Glaube ist wie eine Windel, in die Jesus hineingepackt ist. Ohne Glauben ist Jesus also nicht da. Da müssen wir schon um den rechten Glauben bitten.
Wenn Windeln und Krippe weg sind, sind dann vielleicht die Hirten da? Die waren doch Augenzeugen Jesu, waren Betrachter des Kindes. Die sind damals wieder fortgezogen und haben sich in Sicherheit gebracht. Die müßten doch irgendwo aufzufinden sein. Die Hirten, diese armen Hirten, können nicht so weit fort sein!

Lied: „Wir suchen mit Eifer“, 5. Str.
(Die Engel gehen weg)

Sprecher:
Wir? Wir sagen es weiter? Wir selbst sind Bekenner? Wir sollen es weitersagen? Das können doch die Engel machen. Engel sind ewig. Diese leuchtenden Gestalten können nicht sterben. Die Engel, das sind die Boten Gottes; die müssen die Botschaft weitersagen!

Lied: „Wir suchen mit Eifer“, 6. Str.

Sprecher:
Die Engel sind auch weg. Und sie sind doch da. Engel sind Boten. Und wir sind die Boten.
Gott braucht uns, damit Christtag bei uns wird, bei uns und in unseren Häusern. Wenn wir nicht sagen, daß Jesus geboren ist, erfährt es niemand. Wenn wir niemand Freude machen, gibt es keine Freude. Wenn wir nicht Hunger stillen, dann hungern die Hungernden weiter. Jesus sagt einmal: Ihr seid das Salz der Erde! Ihr seid das Licht der Welt! Ich sende euch!

Lied: „Wir suchen mit Eifer“, nochmals 6. Str.

2. Aufriß einer Feier

Begrüßungswort
Lied: „Augustus Cyrenius“ (Liedbeilage Nr. 6)
Lukas 2, 1–5. *Lied:* „Uns wird erzählt“ (Liedbeilage Nr. 5)
Einleitung zum neuen Lied: Lukas 2, 6–16
Lied: „Wir suchen mit Eifer“ mit Darstellung
Eventuell kurze Ansprache des Pfarrers. Gebet – Vaterunser
Lied: „Als Jesus auf der Erd erschien“ (Liedbeilage Nr. 4) oder „Als Jesus auf die Erde kam“ (Liedbeilage Nr. 27).

16 Wir schmücken den Christbaum

1. Thematik:
Weihnachtsbräuche, Kennenlernen der Christbaumsymbole

2. Vorausgesetzte Themen und Texte:
1. Mose 2 und 3, Lukas 2, Mattäus 2, Johannes 8 als Grundtexte für die Baumsymbole.

3. Termin und Raum:
Weihnachten in Kindergarten oder Kirche.

4. Vorbereitung:
□ Mit Eltern: Lieder singen, Weihnachtssymbole gründlich durchsprechen (siehe dazu S. 122 ff.)
□ mit Kindern: Lieder lernen, die verschiedenen Symbole herstellen oder besorgen (Sterne, Strohgebinde, Engel, Kerzen, Krippefiguren usw.), Glaskugeln und Äpfel besorgen
□ mit Pfarrer: evtl. absprechen
□ Zeitaufwand: je nachdem 8–10 Wochen

5. Methoden, Medien und Material:
Lieder, Baum, Material für Sterne, Krippenfiguren, Krippe, Äpfel, Kerzen, Glaskugeln.

6. Weiterführung: Als Andenken darf sich jedes Kind ein Stück vom Baumschmuck mit nach Hause nehmen: Zweig, Kerze, Apfel, Strohstern usw. Oder: absprechen, welcher Einsame den Baum als Geschenk bekommt; dann überbringen mit Singen

7. Besondere Bemerkungen:
a) Im Kindergarten werden die Symbole besprochen:
□ 1. Mose 2: Baum des Lebens/Tannenbaum (Ewigkeit)
□ 1. Mose 3: Apfel, Baumfrucht/Adam und Eva (Schuld)
□ Lukas 2: Stroh in der Krippe (Armut)
□ Mattäus 2: Stern (Führung Gottes), Geschenke/Glaskugeln (Glanz)
□ Johannes 8: Licht/Kerzen (Jesus Christus)
Dies alles braucht viel Zeit. Auf diese Weise aber bekommt der Baum seine Funktion: Er ist Träger des ganzen Schmucks.
b) Verschiedene Gestaltungsmöglichkeiten:
Auf jeden Fall schmücken die Kinder den Baum, der von Anfang an ohne Schmuck dasteht.
□ Die Kinder erklären selbst, was sie tun und was sie bringen (mit selber formulierten Texten) und das Lied vom Christbaumschmücken dient jeweils als Abschluß eines Teils, als Zusammenfassung der Kinder (Strophen) und der Eltern (Kehrvers).
□ Es ist auch denkbar, daß das Lied vom Christbaumschmücken gesprochen wird, dafür werden aber die angegebenen Zwischenlieder gesungen.
□ Anstelle der Erklärung der Kinder kann auch die Erklärung durch die Erzieherin stehen.

8. Verfasser:
Kurt Rommel

Einige Kinder bringen Glaskugeln und hängen sie an den Baum.
Ein Kind erklärt, was es bringt und tut.
Einige Kinder singen die 6. Str.:
„Wir hängen die Kugeln aus Glas an die Äst',
weil Weise dem Kinde einst schenkten das Best'."
Alle singen den Kehrvers.

Einige Kinder bauen eine Krippe unter dem Baum auf.
Ein Kind erklärt, was es bringt und tut / oder verschiedene Kinder erklären ihre Figuren und erzählen damit die Geburtsgeschichte Jesu.
Einige Kinder singen die 7. Str.:
„Wir stellen die Krippe gern unter den Baum
und rufen: Für Jesus ist jetzt bei uns Raum."
Alle singen den Kehrvers.

Einige Kinder stecken einen Engel an den Baum, genau über die Krippe.
Ein Kind erklärt, was es bringt und tut.
Einige Kinder singen die 8. Str.:
„Ein Engel ruft über dem Stall und dem Feld:
‚Der Herr ist geboren, der Herr aller Welt!'"
Alle singen den Kehrvers.

Lied: z. B. „Als Jesus auf der Erd' erschien" (Liedbeilage Nr. 4)

Schlußwort des Pfarrers oder der Kindergartenleiterin.

Gebet (siehe Vorschläge S. 136 ff.)

„Baumplündern" oder miteinander absprechen, wer den Baum bekommen soll (z. B. ein einsamer Mensch in der Gemeinde).

17 Von den Weisen aus dem Morgenland

1. Thematik:
Epiphanias – Erscheinungsfest – „Dreikönig“

2. Vorausgesetzte Themen und Texte:
Lukas 2 sollte bekannt sein.

3. Termin und Raum:
Weihnachten oder Epiphaniaszeit in Kindergarten oder Kirche

4. Vorbereitung:
- ☐ mit Eltern: wenn Eltern dabei sind, Lieder lernen
- ☐ mit Kindern: Singen und evtl. Texte lernen
- ☐ mit Pfarrer: –.–
- ☐ Zeitaufwand: ca. 3 Wochen

5. Methoden, Medien und Material:
Spiel aus dem Halbkreis

6. Weiterführung:
Die Geschichte wird aufgenommen, in dem man überlegt, wem man was schenken, wem man wie eine Freude machen könnte.

7. Besondere Bemerkungen: Das kleine Spiel lehnt sich eng an den Text des Mattäus-Evangeliums an. Es wurde in dieser schlichten Form bereits in vielen Kindergärten gespielt. Dabei verträgt es keinerlei Ausstattung wie manch alte Dreikönigsspiele. Es sollte nur aus dem Halbkreis heraus gestaltet werden, wobei ein Erwachsener die verbindenden Texte spricht. Die Liedtexte können von den Kindern auch gesprochen werden.

8. Verfasser/Quelle:
Hanna und Rolf Hanisch, Kleines Dreikönigsspiel, aus: Wisper-Knisper-Tannenzweig, Heft 9 der Reihe „Das Kinderjahr“, Deutscher Theaterverlag, Weinheim

---

Der Sprecher liest Mattäus 2, 1:
„Da Jesus geboren war zu Bethlehem
im jüdischen Land,
zur Zeit des Königs Herodes,
siehe, da kamen die Weisen vom Morgenland
gen Jerusalem.“

Die drei Weisen kommen gegangen und singen:

Melodie: Nach einem alten Weihnachtslied aus Glatz

Der erste Weise zeigt:
„Da ist der Stern!"

Der Sprecher:
„Und als sie nach Jerusalem kamen,
fragten sie den König Herodes."

Die drei Weisen singen ein Kind aus dem Halbkreis als Herodes an:

Der Sprecher liest Mattäus 2, 3—5a:
„Da das der König Herodes hörte,
erschrak er und mit ihm das ganze Jerusalem.
Und er ließ versammeln alle Hohepriester
und Schriftgelehrten unter dem Volk
und erforschte von ihnen,
wo Christus sollte geboren werden.
Und sie sagten ihm:"

Die Schriftgelehrten singen:

Die drei Weisen ziehen weiter am Halbkreis entlang und singen:
„Wir kommen aus dem Morgenland,
die Weisen werden wir genannt.
Wir sahen einen hellen Stern.
Wir suchen mitsammen einen großen Herrn."

Der Sprecher liest Mattäus 2, 11:
„Und sie gingen in das Haus
und fanden das Kindlein mit Maria, seiner Mutter."
(Der Halbkreis teilt sich etwas, Maria tritt mit wiegendem Arm hervor.)
„Und sie fielen nieder und beteten es an.
Sie taten ihre Schätze auf und schenkten ihm
Gold, Weihrauch und Myrrhe."

Die drei Weisen knien und singen:

Der Sprecher liest Mattäus 2, 12:
„Und Gott befahl ihnen im Traum,
daß sie sich nicht sollten wieder
zu Herodes lenken,
weil Herodes das Kindlein töten wollte.
Und sie zogen auf einem anderen Weg
wieder in ihr Land."

Die drei Weisen ziehen und singen:

B AUFRISSE UND EINFÄLLE

1 Johannes der Täufer

Besuch ist angesagt.
Der Bote (Johannes der Täufer) sagt Jesu Kommen an.
Johannes ist der Vorläufer des Königs.
Nun gilt es den Weg zu bereiten.

Wie ist es denn, wenn Besuch kommt?
Vorbereitungen, Saubermachen, Aufräumen, Freude und frohe Erwartung.
Man stellt sich auf den Besuch ein. Man möchte ihm Freude machen.
Man fragt sich, was ihm wohl Freude macht?

Wie ist es denn, wenn Jesus kommt?
Er will uns Freude machen.
Er ist verständnisvoll.
Er liebt uns.
Er möchte haben, daß wir alles in Ordnung bringen, unser Leben, unser Zusammenleben, unser Tun und Denken.

Wie bereiten wir uns auf den Besuch Jesu vor?
Wie reagieren wir auf die Ankündigung des Johannes?

Als dann Jesus kam, taufte Johannes Jesus im Jordan.

2 Augustus, Cyrenius

1. Thematik:
Die Weihnachtsgeschichte mit dem Lied „Augustus, Cyrenius" (Liedbeilage Nr. 6)

2. Vorausgesetzte Themen und Texte:
Das Leben Jesu.

3. Termin und Raum:
Weihnachten in der Kirche.

4. Vorbereitung:
- ☐ mit Eltern: das Lied, auf jeden Fall den Kehrvers
- ☐ mit Kindern: das Lied lernen und die Weihnachtsgeschichte gestalten in Spiel und Bild.
- ☐ mit Pfarrer: Absprache
- ☐ Zeitaufwand: 4 Wochen

5. Methoden, Medien und Material:
Lied „Augustus, Cyrenius"; Spiel- und Bastelmaterial

6. Weiterführung:
Was heißt „Brüder sein" heute? Irgendeine Aktion sollte geplant werden.

7. Besondere Bemerkungen:
Das Lied versucht die „Bedeutsamkeit" der Geburtsgeschichte Jesu herauszustellen, die Botschaft, den Inhalt, den Sinn. Darum liegt das Gewicht auf dem Kehrvers, der die Antwort auf jede Strophe ist.

3 Die Weihnachtspyramide (Kreisspiel)

1. Thematik:
Konsequenzen aus Weihnachten

2. Vorausgesetzte Themen und Texte:
Lukas 2; Alte und Kranke

3. Termin und Raum:
Weihnachten im Gemeindesaal oder Kindergarten (wenn genügend Platz vorhanden ist)

4. Vorbereitung:
☐ mit Eltern: Den Alten, den Vater, die Mutter sollten Eltern darstellen. Sie können u. U. auch eigene Worte formulieren.
☐ mit Kindern: Die vier Problemkreise: Alter, Krankheit, Vater, Mutter sollten besprochen werden.
☐ mit Pfarrer: –.–
☐ Zeitaufwand: 4–5 Wochen

5. Methoden, Medien und Material:
Ein Spiel aus dem Kreis

6. Weiterführung:
Einen Besuch im Altenklub machen mit einer kleinen Aufführung oder einem Lied, oder im Altenheim oder bei Alten zu Hause Besuche machen.
Nach kranken und behinderten Kindern sehen, einen Besuch machen. Überlegen, wie man Mutter und Vater helfen kann.

7. Besondere Bemerkungen:
Die Aufführung dieses Spiels ist nur bei Kauf von 9 Rollenbüchern und 1 Liedblatt möglich.

8. Verfasser/Verlag:
Annemarie Krapp, Die Weihnachtspyramide, Schulreihe 362, Deutscher Theaterverlag, Weinheim

4 Des laßt uns fröhlich sein

1. Thematik:
Weihnachten

2. Vorausgesetzte Themen und Texte:
Das Leben Jesu; u. U. Adventsfeier zusammen mit Eltern

3. Termin und Raum:
Weihnachten im Kindergarten

4. Vorbereitung:
☐ mit Eltern: keine (Feier ohne Eltern)
☐ mit Kindern: Lieder lernen
☐ mit Pfarrer: keine
☐ Zeitaufwand: Zeit zum Lieder lernen

5. Methoden, Medien und Material:
Diaserie „Jesus ist geboren", Württembergische Bibelanstalt, Stuttgart

6. Weiterführung:
Familiengottesdienst in der Gemeinde

7. Besondere Bemerkungen:
Diese Feier ist ohne Eltern gedacht. Sie ist aber ohne weiteres im größeren Kreis von Eltern und Gemeinde möglich.

8. Verfasser:
Baumann/Fendrich, Oberndorf

1. Teil

Lied: „Ihr Kinderlein kommet", 1. Str.
Die Weihnachtsgeschichte wird anhand der Dias erzählt.
Dazu singen die Kinder (möglichst mit Instrumenten), z. B.: „Was soll das bedeuten", „Vom Himmel hoch, da komm ich her" (Liedbeilage Nr. 7), „Als ich bei meinen Schafen wacht", „Ihr Hirten, ihr Hirten", (Liedbeilage Nr. 11), „Ihr Kinderlein kommet", 2. und 3. Str.

2. Teil

Lied: „Leuchte, leuchte kleiner Stern"
Gespräch mit den Kindern: Warum feiern wir Weihnachten?
Lied: „Uns wird erzählt von Jesus Christ" (Liedbeilage Nr. 5)
Krippe anschauen
Gaben verteilen
Dankgebet als Abschluß
Lied: „Vom Himmel hoch", 7. und 8. Str. (Liedbeilage Nr. 7)

5 Uns wird erzählt von Jesus Christ

1. Thematik:
Die Botschaft Jesu wird uns erzählt in dem Lied „Uns wird erzählt von Jesus Christ" (Liedbeilage Nr. 5)

2. Vorausgesetzte Themen und Texte:
Im Zuge der Vorbereitung müssen verschiedene Texte aus dem Leben Jesu bekannt werden.

3. Termin und Raum:
Advent oder Weihnachten in Kindergarten oder Kirche

4. Vorbereitung:
- ☐ mit Eltern: Singen
- ☐ mit Kindern: Lied „Uns wird erzählt von Jesus Christ" lernen, evtl. leichte Begleitung dazu; Szenen erarbeiten aus dem Alltag und biblische Szenen (im Kontrast zueinander)
- ☐ mit Pfarrer: Ablauf absprechen
- ☐ Zeitaufwand: 4 Wochen

5. Methoden, Medien und Material:
Lied „Uns wird erzählt von Jesus Christ" (Liedbeilage Nr. 5)
Gestaltung der einzelnen Strophen. Die Kinder dürfen wählen, ob sie Wollfadenbilder, Transparente oder Stehkino machen wollen.

6. Weiterführung:
Die Kinder überlegen, wie sie und wo sie vor oder nach Weihnachten Freude machen können.

7. Besondere Bemerkungen:
Das Lied ist entstanden, um deutlich zu machen, daß die biblische Geschichte, auch die von der Geburt Jesu, uns erzählt worden ist. Die Geburt Jesu wird uns erzählt. Der Glaube kommt aus dem Hören auf die Erzählung (Römerbrief 10). Die Strophen bringen die reflektierte Erzählung, der Kehrvers nimmt die Erzählung als Lob auf.

Kinder singen „Uns wird erzählt von Jesus Christ" (Liedbeilage Nr. 5):
1. „Uns wird erzählt von Jesus Christ,
daß er als Mensch geboren ist."
Alle singen den Kehrvers:
„Christ ist geboren! Christ ist geboren!
Darüber freun wir uns!"

Zwei Szenen:
- ☐ Kinder werden geboren und werden getauft.
- ☐ Die Taufe Jesu „gleich wie ein anderer Mensch" (siehe Mattäus 3, 13–17, Markus 1, 9–11, Lukas 3, 21–22).

Kinder singen:
2. „Uns wird erzählt von Jesus Christ,
daß er ganz arm geworden ist."
Alle singen den Kehrvers.

Zwei Szenen:
- ☐ Hungernde Kinder.
- ☐ Die Speisung der 5000 (siehe Markus 6,30–44, Mattäus 14,13–21, Lukas 9, 10–17, Johannes 6, 1–15).

Kinder singen:
3. „Uns wird erzählt von Jesus Christ,
daß er uns Bruder worden ist."
Alle singen den Kehrvers.

Zwei Szenen:
☐ Eltern mit zwei Jungen (Brüder).
☐ Jesus beruft den achäus und macht ihn zum Bruder (siehe Lukas 19, 1–10).

Kinder singen:
4. „Uns wird erzählt von Jesus Christ,
daß er die Tür zum Vater ist."
Alle singen den Kehrvers.

Zwei Szenen:
☐ Verschlossene Tür.
☐ Psalm 24, 7: „Macht die Tore weit und die Türen in der Welt hoch, daß der König der Ehren einziehe."

Kinder singen:
5. „Uns wird erzählt von Jesus Christ,
daß er die Liebe Gottes ist."
Alle singen den Kehrvers.

Zwei Szenen :
☐ Zwei Kinder umarmen sich.
☐ Jesus sucht das verlorene Schaf (siehe Matthäus 18, 12–14, Lukas 15, 7).

Anmerkung:
Diese verschiedenen Teile können als Andachtsreihe dienen. Bei jeder Andacht, bzw. in jeder Woche, wird ein Thema dargestellt. Bei der Weihnachtsfeier können die Reihe oder nur Teile daraus wiederholt werden.

6 Auf dem Weg nach Bethlehem

Zu allen Zeiten war und ist der Wunsch vorhanden, einmal nach Bethlehem zu gehen. In den Kindern pflanzen sich die Wünsche der Eltern fort. Was steckt hinter diesem Wunsch? Warum nach Bethlehem?

1. Wer geht nach Bethlehem?

Die Hirten, die Weisen, Frauen, Männer, Kinder . . . Im Gespräch kann man dann erarbeiten, warum wohl die Menschen nach Bethlehem wollen.

Die Hirten: Sie wollen Jesus sehen, den Herrn, den Christus, den Heiland, den Befreier, den, der sie anerkennt.
Die Weisen: Sie wollen den König der Juden sehen, einen auf ihrer gehobenen Stufe.
Die Männer: Sie wollen einen entdecken, der ihnen Kraft gibt für den Alltag.
Die Frauen: Sie brauchen einen, der sie stützt und schützt und anerkennt.

Die Kinder: Sie brauchen einen, der sie liebt.

2. Und was finden sie dort?

Ein Kind, wie andere, einen Menschen, wie andere, in einer Krippe, wie damals viele andere. An nichts als Heiland, Herr und König zu erkennen. Zu erkennen nur an den Zeichen Windeln und Krippe. Und diese Zeichen sind typisch für alle Kinder damals.

3. Was finden sie alle heute?

Wir können Jesus auch heute nicht sehen als den Herrn und Heiland. Wir können glauben. Und erleben Menschen, die uns in Liebe die Gegenwart Gottes bezeugen. Der unsichtbare Gott ist „sichtbar“ geworden.

7 Vom Esel, der nicht warten wollte (Spielszene)

Verfasser/Quelle:
Fritz Rohrer, in: Beratungsstelle für Gestaltung (Hg.), Gesammeltes aus Gottesdiensten, Burckhardthaus-Verlag, Gelnhausen

Personen:
Maria
Joseph
Das Kind
Das Eselvorderteil
Das Eselhinterteil
Fünf Bäume oder mehr
Ein Kapellmeister
Fünf Musiker oder mehr
Drei Soldaten oder mehr

Gespielt werden kann überall da, wo Platz ist.

Fünf Bäume kommen. Stellen sich auf, wie Eiche, Tanne, Pappeln usw. – Der Esel – von zwei Kindern gespielt – erscheint, er trägt eine rote Decke auf dem Rücken.

Das Eselvorderteil trabt durch die Bäume:
I a, i a, i a.

Das Eselhinterteil:
Ja, ja, papa, ja, ja, papa.

Das Eselvorderteil:
I a.

Das Eselvorder- und -hinterteil verneigen sich.

Das Eselvorderteil:
Ein Esel.
Ja, ja.
Ein Esel, der wartet.

Schlendert gelangweilt herum.

Das Eselhinterteil:
Wo nur die Bäume bleiben?

Die Bäume rauschen, sprechen dann alle kurz nacheinander:
Was für ein Esel.

Der Esel erschrickt beim Rauschen der Bäume.

Das Eselvorderteil:
Was für komische Bäume.

Die Bäume rauschen und singen:
Bäume, Bäume, keine Zäune,
Bäume, Bäume, das sind wir.

Das Eselvorderteil geht rückwärts:
A i, a i, a i.

Bleibt stehen:
Wo nur Maria und Joseph bleiben?

Das Eselhinterteil:
Bestellen einen und kommen nicht.

Das Eselvorderteil:
Mit einem Esel können sie es ja machen.

Holt eine Trillerpfeife aus der Tasche und pfeift. Gleichzeitig beginnt die Kapelle zu spielen, sie zieht in großen Bögen durch den Raum und zur Spielfläche.

Die Kapelle wird vom Kapellmeister dirigiert:
Da-ram, da-ram, da-rum,
bum, bum, bum.
Da-ram, da-ram, da-rum,
bum, bum, bum.

Alle singen:
Wenn's im Winter Sommer wird,
ist der Schnee vergangen.
Wenn's im Winter Sommer wird,
goldne Blumen prangen.
Wenn's im Winter Sommer wird,
denkt doch jeder gern
an den großen grauen Stern.

Die Kapelle:
Da-ram, da-ram, da-rum,
wa-, wa-rum.

Das Eselvorderteil hat zu tanzen angefangen:
Da sind sie, da sind sie!

Die Bäume:
Bäume, rauschen!

Sie rauschen.

Das Eselhinterteil:
Stärker.

Das Eselvorderteil:
Stärker rauschen.

Die Bäume rauschen stärker.

Könige sind es, für mich, für mich ganz allein.

Das Eselhinterteil:
Und für mich.

Die Kapelle ist auf der Spielfläche angekommen, sie legt die Instrumente ab, die Musiker lagern sich.

Das Eselvorderteil:
Wo ist er?

Der Kapellmeister:
Wer?

Das Eselvorderteil:
Der König!

Der Kapellmeister:
König?

Ein Musiker:
Einen Kapellmeister, den haben wir.

Das Eselvorderteil jämmerlich:
I a, i a, i a, dann eben einen Kapellmeister. Aufsitzen, ich will weg.

Der Kapellmeister setzt sich – wenn möglich – auf den Esel.

Die Bäume:
Sollen wir weiterrauschen?

Das Eselvorderteil:
Nein, aufhören, es reicht.

Das Rauschen der Bäume verebbt.

Der Kapellmeister:
Drei – vier – gehen wir, Musik!

Die Kapelle spielt. Sie ziehen durch den Raum ab:
Da-ram, da-ram, darum.
wa-, wa-rum.

Die Bäume setzen sich, unterhalten sich, sie haben Pause.

Josef tritt von der Seite auf:
Komm, Maria.

Maria zieht einen Kinderwagen hinter sich her:
Ob wir es noch schaffen?

Man hört aus der Richtung, aus der sie kommen, das Klappern von Waffen.

Hör, die Soldaten.

Josef:
Hast du das Kind mit?

Maria:
Es schläft im Wagen.

Josef spricht die Bäume an, die sich schnell wieder aufstellen:
Wo ist der Esel?

Die Bäume rauschen:
Er trägt den Kapellmeister.

Maria:
Immer die Musik.

Josef:
Und die Bäume?

Die Bäume rauschen:
Nur rauschen dürfen wir.

Das Waffenklirren wird stärker.

Josef:
Schnell, Bäume, kommt, macht uns ein Haus, in dem wir sicher sind.

Die Bäume schließen sich eng um Maria, Josef und das Kind zusammen.
Die Bäume singen:
„Maria durch ein Dornwald ging . . ."

Die Soldaten kommen, sie tragen zusammen einen großen Holzspieß. Das Lied bricht ab. Die Soldaten gehen um die Bäume herum.

Die Soldaten:
Nur Bäume.

Sie suchen.

Sie sind weg, nur Bäume.

Die Soldaten setzen sich an den Rand der Spielfläche, sie weinen. Der Kreis der Bäume öffnet sich, das Kind steigt aus dem Wagen, es geht zu den Soldaten und zerbricht den Spieß. Alle klatschen, die Soldaten lachen.

Das Kind:
Fürchtet euch nicht, siehe, ich verkündige euch große Freude.

Maria und Josef:
Denn euch ist heute der Heiland geboren.

Die Bäume und die Soldaten:
Große Freude!

Alle bilden einen großen Kreis und tanzen, dabei rufen sie:
Hal – le – lu – ja,
Hal – le – lu – ja.

Tanzend und singend ziehen die Spieler zum Ausgang.

8 Weihnachtspuzzle

Die Kinder malen im Kindergarten ein großes Weihnachtsbild, groß und bunt, möglichst alles schön mit Farben ausgefüllt. Die Kinder malen das Bild nach einer intensiven Beschäftigung mit der Geburtsgeschichte Jesu.
Denkbar ist auch, daß 4 bis 5 Gruppen je ein Bild malen. Jedes Bild stellt einen Ausschnitt aus der Geschichte dar. Zusammengenommen ergeben die Bilder die ganze Geschichte.
Die Erzieherin zerschneidet nun die Bilder in größere Stücke und macht aus jedem Bild ein Puzzle. Bei der Weihnachtsfeier setzen die Kinder die Bilderteile (mit Haftmaterial versehen) zum Bild zusammen. Die einzelnen Kindergruppen tun das nacheinander. Die Kinder schildern jeweils ihr Bild. So entwickelt sich die Geschichte vor den Augen und den Ohren der Eltern und der anderen Kinder.
Von jedem Bild behält die Erzieherin ein Teilchen bei sich und setzt das erst später ein. Sie macht dadurch deutlich, daß die Geschichte, der Inhalt der Geschichte, das Bild erst dann vollständig ist, wenn alles da ist. Jesus ist erst dann froh, wenn alle da sind. Jesus geht dem Verlorenen nach. Keines darf fehlen.

9 Unsere Stadt braucht viele Lichter

Lied:
„Jesus hat die Kinder lieb“ (Liedbeilage Nr. 32)
Material:
Adventskalender „Unsere Stadt braucht viele Lichter“ (Kaufmann 0526)
Inhalt:
Kinder mit verschiedenen Schicksalen kommen zur Krippe. Ausgewählte Schicksale aus diesem Kalender werden ergänzt (oder ersetzt) durch Schicksale von Kindergartenkindern, Nachbarskindern oder eigenen Gemeindeprojekten (einem Nachbarskind ist die Mutter gestorben, bei einem andern ist der Bruder schwer krank, ein Vater ist arbeitslos, ein anderes Kind liegt mit gebrochenem Bein im Krankenhaus; „Brot-für-die-Welt“-Projekt, ‚Kinder helfen Kindern‘ oder „Adveniat“, „Misereor“).
Ziel:
Die Augen öffnen für das Schicksal anderer Menschen, um Augen wie Jesus zu bekommen. Jesus kam, um allen Kindern Bruder zu sein.

10 Kinder aus aller Welt

Lied:
„Schwarze, Weiße, Rote, Gelbe“ (Liedbeilage Nr. 34)
Material:
Adventskalender „Kinder sehen dich an“ (Kaufmann 0525)
Inhalt:
Kinder aus aller Welt kommen zu Jesus, sind auf dem Weg zur Krippe: aus Deutschland, aus heißen Ländern, aus Südamerika, aus Indien, Japan und China.
Ziel:
Die Geburt Jesu hat die Welt im Blick. Dies wird deutlich in der Engelsbotschaft „. . . die allem Volk widerfahren wird“ und in der Botschaft Jesu selbst „Gehet hin und lehret alle Völker.“

11 Kinder erzählen die Weihnachtsgeschichte

Lied:
„Uns wird erzählt von Jesus Christ" (Liedbeilage Nr. 5)
Inhalt:
Die Erzieherin versucht mit den Kindern zu erarbeiten, wie man die Geschichte von der Geburt Jesu an Ausländerkinder weitererzählen kann. Die einen verstehen noch nicht recht Deutsch, die anderen sind keine Christen (z. B. die Türken sind meist Moslems).
Ziel:
Die Kinder können wohl noch nicht recht Welt und Zeit erfassen. Doch sitzen sie am Fernsehgerät und lernen andere Länder kennen.
Sie lernen auf diese Weise auch ihre ausländischen Freunde im Kindergarten besser verstehen und Weihnachten („Heiland der Welt") wird für sie konkret.

12 Wer kommt zur Krippe?

Die Kindergruppe erarbeitet Text und Melodie eines Liedes mit dem Thema „Wir wandern zur Krippe".
Inhalt:
a) Wer kommt zur Krippe?
Die Kinder erarbeiten selber, wer zur Krippe kommt und was die Leute tun: Eltern, Kinder, Oma und Opa, Reiche und Arme, Könige, Hirten, Weise, Menschen aller Berufe.
Kehrvers (selber Melodie dazu erfinden!):
„Jesus Christus ist geboren!
Kommt zur Krippe, kommt zum Stall!"
b) Wer kommt von der Krippe?
Dieselben Leute kommen von der Krippe. Was tun sie jetzt? Eine Veränderung ist festzustellen. Was reden sie? Was tun sie?
Kehrvers (zur selben Melodie, siehe oben):
„Jesus Christus ist geboren!
Ruft's hinaus in alle Welt!"
Ziel:
Herausarbeiten, was dazwischen geschehen ist. Da hätte dann eine Jesusgeschichte, im Zusammenhang mit der Weihnachtsgeschichte, ihren Platz.

VII
Weihnachten von A bis Z

Das Abc der Eltern- und Kinderfragen

Kinder können fragen. Fragen müssen beantwortet werden. Kindgemäß, ohne Schwindeln, ohne Märchen, ohne Lügen. Schwindeln, Märchen und Lügen in Fragen des Glaubens sind schlechte Erziehungsmittel, oft nur Mittel zur Selbstberuhigung der Erzieher. Auch wenn dabei Erinnerungen an die eigene Kindheit korrigiert werden müssen, ist es nötig, daß die Kinder die ganze Wahrheit erfahren. Nur durch Wahrheit, Vertrauen und Offenheit wird Vertrauen geweckt. Nur im Raum des Vertrauens wird Glaube ermöglicht.
Eltern müssen fragen. Vieles wissen die Eltern nicht. Vieles wissen die Erzieher nicht. Darum werden in diesem Abc den Erziehern und Eltern Hilfen angeboten zur Klärung eigener Fragen im Zusammenhang mit Weihnachten und zur rechten Beantwortung der Fragen von Kindern.

A

„Alle Jahre wieder kommt das Christuskind auf die Erde nieder . . .“: Diese Aussage führt irre. Denn sie stimmt nicht. Jesus kommt nicht jedes Jahr auf die Erde nieder. Jesus wurde erwachsen, starb und erstand. Wer Geburtstag hat, wird nicht wieder ein kleines Kind. Und Jesus kommt nicht nur einmal im Jahr auf die Erde, sondern es heißt: „Siehe, ich bin bei euch alle Tage, bis an der Welt Ende“ (Mattäus 28, 20).

Augustus, römischer Kaiser von 24 vor bis 14 nach Christus. Von ihm wurden wunderbare Dinge erzählt. Seine Geburt sei durch Erscheinungen angekündigt worden, er sei selber ein Gotteskind und darum als Gott zu verehren. Er ist der wahre Gegenspieler Jesu Christi.

Advent heißt Ankunft und meint zunächst einmal die Ankunft Jesu auf der Erde (Geburt), als Prediger und Wundertäter (Taufe Jesu durch Johannes den Täufer), in Jerusalem am Palmsonntag (zum Leiden und Sterben) und am Ende der Tage (Wiederkunft). (Näheres dazu siehe S. 58ff.)

B

Bethlehem: Nach dem Buch des Propheten Micha (5, 1) der Ort, aus dem der Messias, der Davidssohn kommen soll. Bethlehem ist die Davidsstadt (siehe Mattäus 2). Nazareth gilt als die eigentliche Heimatstadt Jesu.

C

Christus (hebr.: Messias, deutsch: Gesalbter) ist der Titel Jesu, der ihn als den Gesandten Gottes ausweist. Gesalbt wurden in Israel Könige, Priester und Propheten. Jesus gilt als der König, als der Priester, als der Prophet.

Christkind, besser Jesuskind, ist das Kind in der Krippe, wurde aber zur Märchenfigur, das Geschenke bringt. Dieses fromme Märchen sollte man schnell vergessen.
Eine Unsitte ist, die Weihnachtsgeschenke oder gar wehleidige Kinder (im Volksmund) als „Christkindle" zu bezeichnen.

Cyrenius, Statthalter des römischen Weltreiches in Syrien, von wo aus auch die Gebiete Juda und Galiläa verwaltet wurden. Cyrenius macht deutlich, daß Jesu Geburt nicht außerhalb, sondern innerhalb der Geschichte und der menschlichen Probleme stattfindet.

D

Davidsstadt – damit ist Bethlehem gemeint, aus dem der Messias kommen soll (Mattäus 2, nach Micha 5,2. 4).

E

Engel ist ein Lehnwort aus dem Griechischen (aggellos) und heißt „Bote". Der Engel stammt aus der Vorstellungswelt des Vorderen Orients. Auch in der Bibel (Altes und Neues Testament) wird von ihm erzählt. Seine Aufgabe ist, Gott zu vertreten, d. h. wo ein Engel geschildert wird, ist in Wahrheit Gott selbst da, d. h. da spricht Gott selbst. Wie Engel aussehen, wissen wir nicht. Es gibt nur Andeutungen und Bilder von ihnen in außerbiblischen Religionen: Mächtige Gestalten, Flügel, furchterregendes Aussehen. Dieses Äußere ist aber nicht wichtig. Wichtig allein ist das, was die Engel sagen: „Fürchtet euch nicht . . ." (siehe z. B. Lukas 2,10; Mattäus 28,20).

Evangelium ist ein Lehnwort aus dem Griechischen (euaggellion) und heißt „Frohe Botschaft" (vgl. Engel), „gute Nachricht", die der Bote (Engel) bringt. Wichtig ist der Inhalt der Botschaft: „Euch ist heute der Heiland geboren . . ." (Lukas 2,11).

Esel: siehe „Ochs"

F

Friede ist ein Begriff aus dem Lied der Engel „Friede auf Erden" (Lukas 2,11). Friede gilt allen, an denen Gott Wohlgefallen hat (andere übersetzen: „allen, die guten Willens sind"). Der Friede ist Gottes Geschenk und Gottes Aufgabe.

G

Gebäck: Das Gebäck will das Fest festlich machen. (Näheres dazu S. 123).

Geschenke werden abgeleitet von dem Geschenk, das uns Gott macht in Jesus Christus. Diesem Kind bringen die Weisen aus dem Morgenland Geschenke. Aus lauter Freude über dieses Geschenk, das wir von Gott bekamen, beschenken wir einander, beschenken wir Arme und Kranke und Alte.

Gott: „Wo ist Gott?" fragen Kinder. Es wäre falsch, einen Ort anzugeben. Gott ist nicht oben, sondern überall. Er ist im Himmel. Und der Himmel ist überall. (Siehe bei „Himmel".)

H

Hirten waren zur Zeit der Geburt Jesu ganz verachtete Menschen. Unter ihnen waren oft Aufrührer zu finden. Sie waren verachtet wie die Zöllner. – Hirte war aber auch ein Ehrentitel der jüdischen Könige. Und Gott selbst wird als Hirte angesprochen (Psalm 23). Jesus sagt von sich: „Ich bin der gute Hirte" (Johannes 10,11).

Heiland ist die Übersetzung des griechischen Wortes soter = Retter. Die Engelsbotschaft, in der vom Heiland die Rede ist (Lukas 2,11), ist die Kampfansage an den Kaiser Augustus, den die Römer als Heiland und Retter verehren. Jesus Christus ist jetzt der Retter der Welt.

Himmel war ursprünglich der Ort über der Erde. Heute ist der Himmel nicht mehr oben an einem bestimmten Ort zu suchen. Himmel ist der Ort, an dem Gott wohnt. Gott ist überall. Also ist der Himmel überall. Himmel ist weniger eine Orts- als vielmehr eine Art-Angabe, nicht wo Gott ist, sondern wie Gott ist. Himmel ist dann ein anderer Ausdruck für die Unsichtbarkeit Gottes: „Siehe, ich bin bei euch alle Tage . . ." (Mattäus 28,20).

Herodes war der König (siehe Mattäus 2,1), der von Roms Gnaden in Juda herrschen durfte. Selber war er kein Jude. Er regierte von 37 bis 4 vor Christus. Da er aber in der Geburtsgeschichte genannt wird, ist Jesus wahrscheinlich vor unserer heutigen Zeitrechnung geboren, die mit dem Jahre 0 beginnt.

J

Jungfrau: Der Begriff, der im Hebräischen für Jungfrau zu finden ist, kann auch junge Frau heißen. Die Aussage „Jungfrau" für Maria, die Mutter Jesu, ist ein Bekenntnis zu Jesus, mit dem die Menschen damals ausdrücken wollten, daß Jesus etwas ganz Besonderes, ein ganz besonders Beauftragter Gottes ist. In Mattäus 1,16 steht, daß Josef der Mann Marias gewesen sei.

Josef gilt als Vater Jesu. Im Evangelium des Johannes (1,45) wird Jesus als Sohn Josefs bezeichnet. Er muß schon älter gewesen sein. Denn später ist nur noch von Maria der Mutter, nicht mehr von ihm die Rede. Er stammt von David ab (Mattäus 1, Lukas 3). Die Stammbäume sagen das. Über Josef ist Jesus Davidssohn.

K

Könige: Die Könige, die nach Mattäus 2 zu Jesus kommen, stammen aus der Legende. Sie meinen eigentlich die Magier (Weisen) aus dem Morgenland (keine drei, keine heiligen: Siehe „Weise").

Krippe: Der Futtertrog der Tiere, von Schafen, Ziegen, Rindern und Eseln benützt. Krippe ist kein besonderes Zeichen der Armut (damals lagen viele Kinder in der Krippe, viele nicht einmal in einer Krippe!), sondern für die Menschlichkeit Jesu (im Gegensatz zur Göttlichkeit Jesu: vgl. Philipperbrief 2,7 „... entäußerte sich selbst ...").

Kindgemäß ist nicht kindlich und nicht kindisch. Maßstab kindgemäßer Aussagen sollte sein: so zu reden, daß daran nur weitergebaut, aber nichts korrigiert oder zerstört werden muß.

L

Lieder: Es gibt keine Zeit des Jahres, in der so viel gesungen wird, wie in der Advents- und Weihnachtszeit. Ein großes Problem sind aber Sprache und Inhalt vieler Weihnachtslieder. Sie decken sich oft nicht mit den Aussagen, die wir heute machen wollen und machen können. Alle Lieder haben ihre Theologie. Darum darf die Bekanntheit der Lieder nicht allein ausschlaggebend für die Wahl der Lieder sein. Wer Weihnachten neu aussagen will, muß u. U. Liebes und Vertrautes um der Kinder willen hinter sich lassen und sich neues Liedgut aneignen, das dem ganzheitlichen Verständnis von Jesus entspricht.

M

Mensch geworden: Oft wird gesagt, daß Gott in Jesus Mensch geworden sei. Dies ist theologisch ganz richtig, nur für Kinder nicht verständlich. Die Kinder verstehen dies u. U. so, als ob Gott nicht mehr vorhanden sei und Gott selbst gestorben sei. Man kann diese falsche Weichenstellung umgehen, indem man Jesu Geburtstag feiert und sein Leben als Helfer voraussetzt. Man kann sagen: Jesus erzählt uns von Gott, seinem Vater, und lädt uns dazu ein, daß auch wir einen Vater bekommen, der nicht stirbt.

Maria ist bei Juden ein üblicher Frauenname. Hier ist die Mutter Jesu gemeint (siehe „Jungfrau“).

Magier (siehe „Weise“).

N

Nazareth ist der Heimatort Jesu, auch seiner Eltern. Dieser Ortsname (nicht Bethlehem) wird am Kreuz angebracht: INRI = Jesus Nazarenus Rex Judaeorum (Jesus aus Nazareth, König der Juden).

Nikolaus ist der Name eines Bischofs in Kleinasien (heute Türkei) im 4. Jahrhundert, der als Helfer und Retter der Kinder bekannt wurde. Nikolaus ist ein Christus-Nachfolger und meint es mit Menschen, besonders Kindern gut wie Jesus. Nikolaus ist kein Erziehungsmittel und kein Kinderschreck, sondern ein gutes Vorbild der Liebe.

O

Ochs und Esel (Esel und Rind): In der Geburtsgeschichte Jesu (Mattäus 1 und Lukas 2) steht nichts von Ochs und Esel. Aus dem Vorhandensein der Krippe kann man u. U. auf diese Tiere schließen. Die Künstler gestalteten aber Ochs und Esel als Auslegung der Geburtsgeschichte. In Jesaja 1,3 steht, daß Ochs und Esel ihren Herrn kennen, aber die Menschen, das Volk Gottes, kennen ihren Herrn nicht. Ochs und Esel sind Anstoß zum Glauben an Jesus.

P

Pelzmärte: Märte ist eine schwäbische Kurzform für Martin. Martin war Bischof von Tours, der durch seine Mantelteilung bekannt wurde als Helfer der Armen. Der Pelzmärte ist ein christliches Vorbild durch sein Handeln (vgl. Martinstag am 11. November usw. S. 121). Der Pelzmärte sollte ebensowenig wie Nikolaus als Erziehungsmittel mißbraucht werden.

Q

Qualität: An Weihnachten besteht die Gefahr, es bei Inhalt und Form an Qualität mangeln zu lassen. Stimmung, Tradition und Brauchtum haben die Qualität nicht immer. Die Botschaft des Neuen Testaments verlangt aber Qualität. Man sollte sich um Weihnachten mühen.

R

Ruprecht: Die Gestalt des Knecht Ruprecht stammt aus heidnischer Vorzeit. Kobolde sind seine Verwandten. Die Grobheit ist sein Hauptkennzeichen. Darum trägt er die Rute zum Schlagen und einen leeren Sack, um böse Kinder mitzunehmen. Man könnte in ihm die christliche Adventsgestalt – Johannes den Täufer – sehen, der zur Buße aufrief.

Rhythmus-Instrumente finden sich im Orff'schen Instrumentarium: Trommeln, Handtrommeln, Triangeln, Becken, Schellen usw. kommen dem kindlichen Drang entgegen. Große Kenntnisse sind nicht erforderlich. Den Kindern macht es Spaß, mit diesen Instrumenten zu musizieren, und den Erwachsenen auch.

S

Stall: In der Geburtsgeschichte wird nichts von ihm ausgesagt. Man schließt ihn aus dem Vorhandensein der Krippe. In Lukas 2,7 wird von „Herberge“ gesprochen. Der Stall hat aber mitgeholfen, die Geschichte von der Geburt Jesu in Krippenbau und Krippenspiel bei uns heimisch zu machen.

Stammbaum Jesu. In Mattäus 1 und Lukas 3 ist der Stammbaum Jesu zu finden. Aufbau und Namen der Stammbäume in den beiden Evangelien stimmen nicht überein. Der Stammbaum will sagen: Jesus steht in der Geschichte des jüdischen Volkes. Bei beiden geht der Stammbaum auf Josef und nicht auf Maria. Jesus ist durch Josef Davidssohn. D. h. das Neue Testament legt keinen großen Wert auf Jungfrauengeburt und historische Richtigkeit der Namen, sondern vielmehr auf die Geschichtlichkeit und Menschlichkeit Jesu und seine Abstammung von David. Es wird damit gesagt: Jesus ist der Messias. Der Messias muß Davidssohn sein.

Sterne: Wahrscheinlich ist in Mattäus 2,2 eine Sternkonstellation zweier Königssterne gemeint. Ein neuer Stern deutet die Geburt eines neuen Menschen an. Die Helligkeit des Sterns wies auf die Bedeutung des Menschen hin. Und die Stellung des Sterns innerhalb eines Sternbildes ließ die Herkunft des Neugeborenen erahnen. Die Sterne haben ihre besondere Funktion in Mattäus 2,2, wo sie den Weg nach Jerusalem weisen. Zum Geburtsort Jesu weist aber erst die Bibel.

T

Tannenbaum: Er hat sich als Christbaum bei uns eingebürgert und hat seinen Siegeszug in alle Welt angetreten.

U

Ursprung und Sinn des Christfestes: Es ist das Geburtstagsfest Jesu, im 4. Jahrhundert zum ersten Mal gefeiert, um dessen zu gedenken, dem eine große Schar von Menschen Sinn und Inhalt ihres Lebens verdankt.

V

Verniedlichung – Verkindlichung sind gerade an Weihnachten eine große Gefahr. Man sollte möglichst vermeiden, von Jesulein, Krippelein, Kindelein, Windelein, Eselein zu reden und zu singen. Dieser Sprachgebrauch ist der Sache und dem Inhalt von Weihnachten nicht angemessen.

Verkitschung: (siehe „Qualität“).

W

Weihnachtsmann ist eine Schöpfung der Neuzeit und hat weder mit Nikolaus noch mit Pelzmärte etwas zu tun. Er ist eine Erfindung in Verbindung mit dem konsumorientierten Weihnachtsfest. Nicht umsonst sagen wir gelegentlich von jemand, der nicht „ganz auf Draht ist", er sei ein Weihnachtsmann.

Weihnachten ist ursprünglich ein heidnisch-vorchristliches Fest. Es sind die Weihenächte. Weihnachten wäre darum besser durch Christfest, Christtag und Christuszeit zu ersetzen. Weihnachten feiern kann jeder. Das „Christfest" feiern nur Christen.

Windeln sind Zeichen der Menschlichkeit Jesu, die der Engel in seiner Botschaft an die Hirten angibt (Lukas 2,12).

Weise aus dem Morgenland: Nach Mattäus 2 sind es Männer, die aus dem Morgenland kamen. Sie waren Magier, Sterndeuter aus Persien oder Babylonien. Astronomie und Astrologie, Sternkunde und Sterndeutung gingen bei ihnen durcheinander. Es waren keine drei Weisen (die Zahl wird aus den drei Geschenken Gold, Weihrauch und Myrrhen geschlossen); es waren keine Könige (dies wird aus Psalm 72,10 geschlossen); es waren keine Heiligen (Heilige sind sie im Lauf der Jahrhunderte geworden); ihre Namen sind unbekannt (die Namen Kaspar, Melchior und Balthasar stammen aus Dreikönigsspielen, in denen sie Namen tragen mußten).

X

Xylophon ist ein „Glockenspiel" mit Holzstäben und hat einen weichen Klang. Dieses Melodieinstrument steht für viele andere Instrumente, die besonders zur Weihnachtszeit benützt werden und zum Orff'schen Instrumentarium gehören: verschiedene Xylophone, Metallophone (Glockenspiele), Triangeln, Handpauken, Trommeln, Holzblocktrommeln, Becken, Schellen usw.

Z

Zeichen: Die Bibel redet oft von Zeichen, die auf Wesentliches hinweisen. Zeichen sind bei Johannes die Wunder Jesu. In der Geburtsgeschichte sind es Windeln und Krippe, die weniger die Armut, als vielmehr die Menschlichkeit Jesu betonen. Das Kreuz ist allerdings heute zum wichtigsten Zeichen Jesu geworden.

Lied-Nr.	Begleitsätze in:
5	Gerd Watkinson, Musikantenspiele zur Bibel (Christophorus 50 582/Kaufmann 0073)
7	Adolf Lohmann, Tonsätze zum Weihnachts-Singebuch. 1. Teil (Christophorus 50 832)
3/11/15	der., Weihnachts-Singebuch. 2. Teil (Christophorus 50 834)
1/3/10/11/15/22	ders., Tonsätze zum Weihnachts-Singebuch. 2. Teil (Christophorus 50 835)
7/15/21/32	Gerhard Rosewich, Singt mit – spielt mit. Heft 1 (Kaufmann 0231/Kösel 950 141)
2	ders., Singt mit – spielt mit. Heft 2 (Kaufmann 0259/Kösel 950 142)
	Auf folgenden Schallplatten:
5	Stern über Bethlehem. 4 neue Lieder zu Weihnachten. 17 cm (Christophorus/Kaufmann SCGV 75 173)
21/32	Freu dich Erd und Sternenzelt. 10 Lieder zum Kirchenjahr und zur Bibel. 17 cm (Kaufmann 5202/Kösel 945 343)
4/6/15	Christus ist geboren. 17 cm*
8	Gott liebt die Welt. 17 cm*
13	Öffnet die Türen. 17 cm*

* zu beziehen bei: Kurt Rommel, D-7 Stuttgart 50, Daiberweg 8

Lieder zur Weihnachtszeit

für Kindergarten · Kindergruppe · Familie

herausgegeben von Kurt Rommel

1

Text: In Kindergärten verbreitet. Melodie der „Ammenuhr“: Der Mond, der scheint . . ., 18. Jahrhundert
Aus: Weihnachts-Singebuch, 2. Teil, Christophorus-Verlag, Freiburg i. Br.

2

1. Macht hoch die Tür, die Tor macht weit,
es kommt der Herr der Herrlichkeit,
ein König aller Königreich,
ein Heiland aller Welt zugleich,
der Heil und Leben mit sich bringt;
derhalben jauchzt, mit Freuden singt:
Gelobet sei mein Gott, mein Schöpfer reich an Rat.

2. Er ist gerecht, ein Helfer wert.
Sanftmütigkeit ist sein Gefährt,
sein Königskron ist Heiligkeit,
sein Zepter ist Barmherzigkeit;
all unsre Not zum End er bringt,
derhalben jauchzt, mit Freuden singt:
Gelobet sei mein Gott, mein Heiland groß von Tat.

3. O wohl dem Land, o wohl der Stadt,
so diesen König bei sich hat.
Wohl allen Herzen insgemein,
da dieser König ziehet ein.
Er ist die rechte Freudensonn,
bringt mit sich lauter Freud und Wonn.
Gelobet sei mein Gott, mein Tröster früh und spat.

4. Macht hoch die Tür, die Tor macht weit,
eur Herz zum Tempel zubereit'.
Die Zweiglein der Gottseligkeit
steckt auf mit Andacht, Lust und Freud;
so kommt der König auch zu euch,
ja Heil und Leben mit zugleich.
Gelobet sei mein Gott, voll Rat, voll Tat, voll Gnad.

5. Komm, o mein Heiland Jesu Christ,
meins Herzens Tür dir offen ist.
Ach zieh mit deiner Gnade ein,
dein Freundlichkeit auch uns erschein.
Dein Heilger Geist uns führ und leit
den Weg zur ewgen Seligkeit.
Dem Namen dein, o Herr, sei ewig Preis und Ehr.

Text: Georg Weißel (1623) 1642. Melodie: Halle 1704

Mit Psalm 24, 7–10 wird die Gemeinde aufgerufen, sich auf den Empfang des Herrn vorzubereiten. Die zweite Strophe bezieht sich auf das Sacharja-Wort (9, 9), das Mattäus im Bericht über den Einzug Jesu in Jerusalem (21, 5) anführt: „Siehe, dein König kommt zu dir, ein Gerechter und ein Helfer, sanftmütig und reitet auf einem Esel ...“ – Mit den „Zweiglein der Gottseligkeit“ (Strophe 4) deutet der Dichter die Palmzweige, die das Volk für Jesus auf den Weg streut (Mattäus 21, 8) und vielleicht auch die Tannenzweige, mit denen man in der Adventszeit das Haus schmückt, als Zeichen der frommen Hingabe („Gottseligkeit“).

3

2. Woche: Wir sagen euch an den lieben Advent.
Sehet, die zweite Kerze brennt!
So nehmet euch eins um das andere an,
wie auch der Herr an uns getan!

Freut euch, ihr Christen, freuet euch sehr!
Schon ist nahe der Herr!

3. Woche: Wir sagen euch an den lieben Advent.
Sehet, die dritte Kerze brennt!
Nun tragt eurer Güte hellen Schein
weit in die dunkle Welt hinein!

Freut euch, ihr Christen . . .

4. Woche: Wir sagen euch an den lieben Advent.
Sehet, die vierte Kerze brennt!
Gott selber wird kommen, er zögert nicht.
Auf, auf, ihr Herzen, und werdet licht!

Freut euch, ihr Christen . . .

Text: Maria Ferschl. Melodie: Heinrich Rohr
Aus: Weihnachts-Singebuch, 2. Teil, Christophorus-Verlag, Freiburg i. Br.

4

2. Als das den Hirten ward gesagt,
hat es um Mitternacht getagt,
viel heller als die Sonne.
Christ ist geboren! Christ ist geboren!
Darüber freuen wir uns sehr.

3. Die Hirten liefen her vom Feld
und suchten froh den Herrn der Welt
und fanden ihren Retter.
Christ ist geboren . . .

4. Die Hirten schwiegen drüber nicht.
Sie trugen in die Welt das Licht
von Gott, der Jesus schickte.
Christ ist geboren . . .

5. Und seit dies Licht die Erd erhellt,
erfüllt ein Wort die ganze Welt:
So groß ist Gottes Liebe.
Christ ist geboren ...

Text und Melodie: Kurt Rommel
Aus: Wir singen vom Frieden, Verlag Ernst Kaufmann, Lahr

2. |: Uns wird erzählt von Jesus Christ, :|
daß er ganz arm geworden ist.

3. |: Uns wird erzählt von Jesus Christ, :|
daß er uns Bruder worden ist.

4. |: Uns wird erzählt von Jesus Christ, :|
daß er die Tür zum Vater ist.

5. |: Uns wird erzählt von Jesus Christ, :|
daß er die Liebe Gottes ist.

Singordnung: In 2 Gruppen (I/II) oder Vorsänger-Alle, Schluß (C) auch im Kanon.

Text und Melodie: Kurt Rommel
Aus: Gerd Watkinson, 111 Kinderlieder zur Bibel, Christophorus-Verlag, Freiburg i. Br. / Verlag Ernst Kaufmann, Lahr

Lukas 2, 1-20
6
A
Einige
C C C C
1. Au - gu-stus, Cy - re-nius, die rö - mi-schen Her-ren,
2. Ma - ri - a und Jo-seph be - zie - hen in Ar - mut
3. Die Hir-ten er - fah-ren auf Beth-le-hems Flu-ren,
4. Die En-gel ver - kün-den den Hir-ten, den Menschen:
5. Und Beth-le-hem, die-ses er - bärm-li - che Dörf-lein,
C C G C
1. sie schik-ken die Men-schen von Lan - de zu Land.
2. Quar - tier, und das Kind liegt im Kripp-lein auf Stroh.
3. daß dort in dem Ort sich hab' et - was ge - tan.
4. Hört her! Der Herr Je - sus, der Ret - ter ist da!
5. wird Hei - mat für Je - sus, den Her - ren der Welt.
B
Einer
C C C C
1.-5. Was meint da-mit Lu-kas, der uns dies be - rich-tet?
F C G C
Was meint da - mit Lu - kas, der uns dies er - zählt?
C
Alle
C G F C
1.-5. Ge - bo - ren ist Chri - stus, ge - bo - ren ist der Herr
F G C G
als Mensch un - ter Men - schen, und Gott liebt uns sehr.
C C G
Wir sind nicht mehr trau - rig und sind nicht mehr al - lein.

Text und Melodie: Kurt Rommel
Aus: Gerd Watkinson, 111 Kinderlieder zur Bibel, Christophorus-Verlag, Freiburg i. Br. / Verlag Ernst Kaufmann, Lahr

7

2. „Vom Himmel hoch da komm ich her,
ich bring euch gute neue Mär;
der guten Mär bring ich so viel,
davon ich singn und sagen will.

3. Euch ist ein Kindlein heut geborn
von einer Jungfrau auserkorn,
ein Kindelein so zart und fein;
das soll eur Freud und Wonne sein.

4. Es ist der Herr Christ, unser Gott,
der will euch führn aus aller Not;
er will eur Heiland selber sein,
von allen Sünden machen rein.

5. Er bringt euch alle Seligkeit,
die Gott der Vater hat bereit',
daß ihr mit uns im Himmelreich
sollt leben nun und ewiglich.

6. So merket nun das Zeichen recht:
die Krippe, Windelein so schlecht;
da findet ihr das Kind gelegt,
das alle Welt erhält und trägt."

7. Des laßt uns alle fröhlich sein
und mit den Hirten gehn hinein,
zu sehn, was Gott uns hat beschert
mit seinem lieben Sohn verehrt.

8. Lob, Ehr sei Gott im höchsten Thron,
der uns schenkt seinen eingen Sohn.
Des freuet sich der Engel Schar
und singet uns solch neues Jahr.

Text: Martin Luther 1535; Str. 1 Valentin Triller 1555. Melodie: Leipzig 1539

8

2. |: Wir suchen nach Jesus. :|
Wir sehen ihn nicht.
Wo wir heute leben,
da leuchtet sein Licht.
Gott ist gekommen,
zu bringen, was fehlt.
Christ ist geboren!
Gott liebt unsere Welt!

3. |: Wir suchen die Krippe. :|
Die Krippe ist fort.
Wo die Menschen ganz arm sind,
da gilt dieses Wort:
Gott ist gekommen . . .

4. |: Wir suchen die Windeln, :|
worin Jesus lag.
Wo Menschen heut glauben,
ist hellichter Tag.
Gott ist gekommen . . .

5. |: Wir suchen die Hirten, :|
die Jesus geschaut.
Wir sagen es weiter,
und singen es laut:
Gott ist gekommen . . .

6. |: Wir suchen nach Engeln, :|
die Engel sind fort.
Wir selbst sind die Boten,
und rufen das Wort:
Gott ist gekommen . . .

Text und Melodie: Kurt Rommel
Aus: Schöne Musika, Burckhardthaus-Verlag GmbH, Gelnhausen – Berlin

9

2. Kommt, ihr Nachbarn, kommt und lacht!
Mit dem Streit wird Schluß gemacht:
Jesus ist geboren!

3. Kommt, ihr Kinder, kommt und lacht!
Gott hat auch an euch gedacht:
Jesus ist geboren!

4. Kommt, ihr Eltern, kommt und lacht!
Gott hat ein Geschenk gebracht:
Jesus ist geboren!

Text und Melodie: Kurt Rommel, 1974
Eigentum des Burckhardthaus-Verlages GmbH, Gelnhausen – Berlin

10

2. Ein Engel voller Herrlichkeit,
der sprach: „Nun freut euch all!
Der Heiland ist geboren heut
zu Bethlehem im Stall."

3. Und plötzlich sangen um ihn her
viel Engel ungezählt:
„Gott in der Höh sei Preis und Ehr
und Friede aller Welt!"

4. Die Hirten liefen eilends hin
nach Bethlehem und sahn
das Christkind in der Krippe drin
und beteten es an.

Das Lied läßt sich auf verschiedene Weise ausführen, etwa so:
1. Strophe: einstimmiger Gesang mit Dudelsackquinte (Instrumente),
2. Strophe: einstimmiger Gesang mit Instrumenten im Kanon (1+3),
3. Strophe: zweistimmiger Kanon (1+3), mit Instrumenten (2+4),
4. Strophe: einstimmiger Gesang mit Dudelsackquinte und Instrumenten im Kanon (2), oder vierstimmiger Kanon, auslaufend.

Text: Maria-Luise Thurmair-Mumelter. Melodie: Heinrich Rohr
Aus: Weihnachts-Singebuch, 2. Teil, Christophorus-Verlag, Freiburg i. Br.

11

2. Die sangen von Freuden,
von Frieden und Ehr,
und daß bei den Menschen
ein Kindelein wär.
Im Stall, in der Krippen,
beim Esel und Rind,
daselbst man's gewickelt
in Windelein findt.

3. Ihr Hirten, ihr Hirten,
so kommt von der Hut,
und seht, wie es lächelt,
und schaut, wie es ruht!
Doch seid mir hübsch leise,
stör keiner das Kind,
die Reise war weit,
und nun schlummert's gelind.

4. Gar weit ist der Weg noch
im Leben, ihr Leut,
so gönnt ihm den Schlaf
und der Mutter die Freud!
Ja, gönnt ihr die Freud
und dem Kindlein die Ruh,
habt Freude ja selbst
und den Frieden dazu!

5. Ihr Hirten, Ihr Hirten,
da kommen drei Herrn,
die tragen euch Kronen
und folgen dem Stern.
Die treten zum Stall
und die knieen wie wir
und bringen viel Gaben,
Gold, Weihrauch und Myrrh'.

6. Ihr Hirten, ihr Hirten,
nun habt ihr's gesehn!
So geht und sagt's allen,
was heute geschehn!
So geht und sagt's allen,
was heute geschehn,
ihr Hirten, ihr Hirten,
nun habt ihr's gesehn!

Text: Rudolf Alexander Schröder (1878–1962). Gesamtausgabe, Suhrkamp-Verlag, Frankfurt/M. Melodie: Adolf Lohmann, 1951
Aus: Weihnachts-Singebuch, 2. Teil, Christophorus-Verlag, Freiburg i. Br.

12 *Mattäus 2,1-12*

Teile A und B können auch pentatonisch begleitet werden (D F G A C)

Text und Melodie: Kurt Rommel
Eigentum des Verlages Ernst Kaufmann, Lahr

13

2. Der Stern wies nach Jerusalem:
dort war der falsche Herr.
Die Bibel wies nach Bethlehem:
dort gaben sie die Ehr:
Jesus, der König ist geboren,
er ist der Herr aller Welt.

3. Sie fanden Jesus, ihren Herrn
und knieten vor ihm hin.
Sie brachten ihre Gaben gern
und alle lobten ihn:
Jesus, der König ist geboren ...

4. Sie zogen heim ins Morgenland,
erfüllt von ihrem Herrn.
Sie gingen jetzt an seiner Hand.
Sie hatten ihn als Stern.
Jesus, der König ist geboren ...

Text und Melodie: Kurt Rommel
Eigentum des Burckhardthaus-Verlages
GmbH, Gelnhausen — Berlin

14

2. Wenn der Stern aus Gottes Welten
durch die Nacht bricht still und klar,
daß ihn alle Menschen sehen,
dann ist Christus da.

3. Wenn vom Morgenland die Weisen
Gold und Gaben wunderbar
ihm zu Füßen niederlegen,
dann ist Christus da.

4. Wenn sich finden vor dem Kinde,
die es lieben fern und nah,
dann ist Gott bei uns auf Erden,
dann ist Christus da.

5. Wenn die Engel, Gottes Boten,
ausgesungen, was geschah,
wenn ihr helles Licht vergangen,
dann ist Christus da.

Text: Friedrich Hoffmann. Melodie: Gerd Watkinson
Aus: Gerd Watkinson, Kalenderlieder zu Advent und Weihnachten, Verlag Ernst Kaufmann, Lahr

15

2. Seht, der schönsten Rose Flor – Alleluja! –
spießt aus Jesses Zweig hervor! Alleluja!
Uns zum Heil erkoren,
ward er heut geboren,
heute uns geboren.

3. Süßer Tau vom Himmel fällt, – Alleluja! –
Friede neigt sich unsrer Welt. Alleluja!
Uns zum Heil erkoren . . .

4. Aufgegangen ist der Tag, – Alleluja! –
Nacht und Not entweichen mag. Alleluja!
Uns zum Heil erkoren . . .

5. Tröstung Gottes labt die Welt: – Alleluja! –
Freu dich, Erd und Sternenzelt! Alleluja!
Uns zum Heil erkoren . . .

Text 1.–2. Strophe und Melodie: altböhmisch, gedruckt im Leitmeritzer Gesangbuch, 1844. Text 3.–5. Strophe: Maria Luise Thurmair-Mumelter
Aus: Weihnachts-Singebuch, 2. Teil, Christophorus-Verlag, Freiburg i. Br.

16

2. Wir denken heut an Jesus Christ.
Er wirkt, heilt überall,
geboren dort in Bethlehem
in einem armen Stall.
Gott schenkte Jesus, seinen Sohn,
in unsre Welt herein.
Wir feiern jetzt ein Jesusfest
und wollen fröhlich sein.

3. Wir lieben heute Jesus Christ,
der alle Menschen liebt,
der sie von ihrer Krankheit heilt
und ihnen Schuld vergibt.
Gott schenkte Jesus, seinen Sohn,
in unsre Welt herein.
Wir feiern jetzt ein Jesusfest
und wollen fröhlich sein.

4. Wir loben heute Jesus Christ,
der starb und auferstand,
der heute lebt und bei uns ist.
Er nimmt uns an der Hand.
Gott schenkte Jesus, seinen Sohn,
in unsre Welt herein.
Wir feiern jetzt ein Jesusfest
und wollen fröhlich sein.

Text und Melodie: Kurt Rommel, 1975

17

Kanon zu 3 Stimmen ad lib.

2. Jesus, der die Kinder liebte
und die Hände auf sie legte,
er hat heut Geburtstag.

3. Jesus, der die Kranken heilte,
Lahme gingen, Blinde sahen,
er hat heut Geburtstag.

4. Jesus, von Judas verraten,
und von Petrus feig verleugnet,
er hat heut Geburtstag.

5. Jesus, der nur lieben konnte,
und ans Kreuz geschlagen wurde,
er hat heut Geburtstag.

6. Jesus, der den Tod besiegte
und seit Ostern Herr der Welt ist,
er hat heut Geburtstag.

Text und Melodie: Kurt Rommel, 1974
Eigentum des Burckhardthaus-Verlages GmbH, Gelnhausen — Berlin

18

Kanon zu 4 Stimmen

Text: Kurt Rommel, 1975. Autor der Melodie: unbekannt
Text: Eigentum des Burckhardthaus-Verlages GmbH, Gelnhausen — Berlin

Kanon zu 4 Stimmen

19

2. Jesus ist geboren! Jesus ist geboren!
Menschen fangen an des andern Not zu sehn.

3. Jesus ist geboren! Jesus ist geboren!
Boten wollen jetzt zu allen Menschen gehn.

Text und Melodie: Kurt Rommel, 1974

20

2. Wir bringen die Botschaft:
Der Herr ist geboren!
Wir freu'n uns,
denn jetzt sind wir nicht mehr allein.

3. Wir bringen die Botschaft:
Der Herr ist geboren!
Wir freu'n uns,
und helfen aus vielerlei Not.

4. Wir bringen die Botschaft:
Der Herr ist geboren!
Wir freu'n uns
und alle Welt freut sich mit uns.

5. Wir bringen die Botschaft:
Der Herr ist geboren!
Wir freu'n uns darüber,
denn Gott ist jetzt da.

Text und Melodie: Kurt Rommel, 1972
Eigentum des Burckhardthaus-Verlages GmbH, Gelnhausen — Berlin

21

2. Lieber Herr Jesu Christ, der du stets bei uns bist,
halt uns bei dir, das bitten wir.

Text und Melodie: Lore Lichterfeld
Eigentum des Merseburger Verlages, Berlin

22

1. O du fröhliche, o du selige,
gnadenbringende Weihnachtszeit!
Welt ging verloren.
Christ ist geboren:
Freue, freue dich, o Christenheit!

2. O du fröhliche, o du selige,
gnadenbringende Weihnachtszeit!
Christ ist erschienen,
uns zu versühnen:
Freue, freue dich, o Christenheit!

3. O du fröhliche, o du selige,
gnadenbringende Weihnachtszeit!
Himmlische Heere
jauchzen Gott Ehre:
Freue, freue dich, o Christenheit!

Text: 1. Strophe Johannes Daniel Falk (1768–1826) 1816, 2. und 3. Strophe Zudichtung. Melodie von Johann Gottfried Herder in: Stimmen der Völker in Liedern, Tübingen 1807, als sizilianisches Schifferlied mit dem Text „O sanctissima", mitgeteilt

23

2. Wir schmücken den Christbaum mit Äpfeln so rot,
weil Eva die Frucht nahm und sein wollt wie Gott.
Wir freuen uns alle. Der Herr ist geboren.
Gott hat uns gefunden. Wir sind nicht verloren.

3. Wir schmücken den Christbaum mit Kerzen so bunt,
weil Jesus das Licht ist. Nur das ist der Grund.
Wir freuen uns alle ...

4. Wir stecken in Bäume und Zimmer viel Stroh,
weil Jesus im Stroh lag und liebte uns so.
Wir freuen uns alle ...

5. Wir basteln die Sterne aus Gold und Papier.
Sie wiesen die Weisen zu Jesu Quartier.
Wir freuen uns alle ...

6. Wir hängen die Kugeln aus Glas an die Äst,
weil Weise dem Kinde einst schenkten das Best.
Wir freuen uns alle ...

7. Wir stellen die Krippe gern unter den Baum
und rufen: Für Jesus ist jetzt bei uns Raum.
Wir freuen uns alle ...

8. Ein Engel ruft über dem Stall und dem Feld:
„Der Herr ist geboren, der Herr aller Welt."
Wir freuen uns alle ...

Text und Melodie: Kurt Rommel, 1971
Eigentum des Burckhardthaus-Verlages GmbH, Gelnhausen — Berlin

24

2. Wir schmücken unsre Stuben
mit Tannenzweig und Stern,
wir machen uns Geschenke
und essen gut und gern.

3. Wir basteln eine Krippe
mit König, Hirt und Rind,
da sieht man in dem Stalle
Maria und das Kind.

4. Und unterm Christbaum singen
wir Lieder von der Nacht,
die uns das große Wunder,
den Heiland, hat gebracht.

5. Und alles ist ein Zeichen,
daß Gott die Menschen liebt
und daß er heut und immer
uns soviel Freude gibt.

Text und Melodie: Martin Gotthard Schneider
Aus: Martin Gotthard Schneider, Sieben Leben möcht ich haben, Christophorus-Verlag, Freiburg i. Br. / Verlag Ernst Kaufmann, Lahr

25

2. Tragt zu den Kranken ein Licht.
Sagt ihnen: „Fürchtet euch nicht!“
Gott hat euch lieb, groß und klein.
Seht auf des Lichtes Schein!

3. Tragt zu den Kindern ein Licht.
Sagt allen: „Fürchtet euch nicht!“
Gott hat euch lieb, groß und klein.
Seht auf des Lichtes Schein!

4. Tragt zu den Alten ein Licht.
Sagt Ihnen: „Fürchtet euch nicht!“
Gott hat euch lieb, groß und klein.
Seht auf des Lichtes Schein!

(Weitere Strophen: „Tragt zu den Armen / Blinden ... ein Licht“)

Text und Melodie: Wolfgang Longardt
Eigentum des Autors

grüne Tücher

Tannenzweig

26

2. Wir tragen das Licht zu den Kranken
und helfen zu guten Gedanken.
Jesus Christus ist geboren!
Er ist das Licht der Welt.

3. Wir bringen das Licht zu den Alten,
und sagen: Bleibt uns lang erhalten!
Jesus Christus ist geboren . . .

4. Wir bringen das Licht zu den Schwachen,
daß sie sich auch freuen und lachen.
Jesus Christus ist geboren . . .

Text und Melodie: Kurt Rommel, 1972

27

2. Auch heut gibt's Kinder in der Welt,
die nichts zu essen kriegen,
die Armut leiden, nicht wie wir
in weichen Betten liegen.

3. Daß es viel Not und Elend gibt,
daran laßt uns jetzt denken,
wenn wir zur schönen Weihnachtszeit
uns freuen und beschenken.

4. Denn Jesus sagt: Was ihr getan
den Armen und Geringen,
das ist, als ob ihr's mir zulieb
als Gabe wolltet bringen.

5. Drum gebt und helft, wo ihr es könnt,
und lindert Not auf Erden.
So macht ihr Gottes Willen wahr.
So kann es Weihnacht werden.

Text und Melodie: Martin Gotthard Schneider
Aus: Martin Gotthard Schneider, Sieben Leben möcht ich haben, Christophorus-Verlag, Freiburg i. Br. / Verlag Ernst Kaufmann, Lahr

28

2. Wie man anderen verzeiht,
Frieden schließt nach einem Streit,
wissen wir von Ihm,
wissen wir von Ihm!
Kommt, an Jesus wollen wir uns freun,
kommt, dann wird es richtig Christfest sein.

3. Daß Gott jeden von uns liebt,
uns verzeiht und uns vergibt,
wissen wir von Ihm,
wissen wir von Ihm!
Kommt, an Jesus ...

4. Wie man hilft, wo Hilfe not,
wie man Hungernden teilt Brot,
wissen wir von Ihm,
wissen wir von Ihm!
Kommt, an Jesus ...

Text und Melodie: Wolfgang Longardt

Markus 4,35-41

29

2. Da kommt ein großer, wilder Wind.
Das Schifflein ist bedroht.
Die Jünger matt und furchtsam sind:
„Wir sind in großer Not!“

3. Sie rütteln Jesus ängstlich wach
und klagen, was sie quält.
Sie schreien, jammern Weh und Ach.
Vertraun zu Jesus fehlt.

4. Dem Sturm befiehlt er laut: „Sei still!“
Die Wellen werden klein.
Das Meer tut das, was Jesus will,
denn Herr ist er allein.

5. Da fragt er sie: „Was ist denn los?
Was ängstigt ihr euch so?
Ich bin doch bei euch! Ich bin groß!
Seid nur getrost! Seid froh!“

6. Voll Staunen sind die Jünger heut.
Nur Jesus sehen sie.
Sie sagen es mit großer Freud:
„Das sahen wir noch nie!“

Text und Melodie: Kurt Rommel, 1975

Lukas 19,1-10

30

2. Er hört von Jesus, einem Mann,
zu dem ein jeder kommen kann.
Das Volk ruft laut die Bitte:
„Herr, komm in unsre Mitte!“

3. Zachäus steigt, man glaubt es kaum,
ganz schnell auf einen Maulbeerbaum.
So kann er besser sehen,
und ihm kann nichts entgehen.

4. Vor seinem Baum bleibt Jesus stehn
so, daß es alle Leute sehn,
und sagt: „Komm schnell herunter!“
Zachäus wird ganz munter.

5. „Ich will einkehrn in deinem Haus!“
Zachäus weiß nicht ein und aus
vor lauter großer Freude.
Enttäuscht sind alle Leute.

6. Nun sitzen sie am Tisch vereint,
und Jesus ist des Zöllners Freund.
Sie trinken und sie essen.
Das Böse ist vergessen.

7. Das ganze Haus ist voller Glück,
denn Jesus brachte es zurück.
Das Alte ist vergangen!
Das Heil hat angefangen!

Text und Melodie: Kurt Rommel, 1975

31

Markus 2,1-12

2. Vier gute Freunde packen ihn.
Zu Jesu Haus sie eilen hin.
Zu Jesus mußt du eilen!
Nur Jesus kann dich heilen.

3. Vor Menschen kommen sie nicht bei.
Ob sonst ein Weg zu Jesus sei?
Zu Jesus mußt du eilen!
Nur Jesus kann dich heilen.

4. Sie stehen da und denken nach.
Dann steigen sie hinauf aufs Dach.
Zu Jesus mußt du eilen!
Nur Jesus kann dich heilen.

5. Sie heben den Dachboden ab.
Der Kranke schwebt am Seil hinab.
Zu Jesus mußt du eilen!
Nur Jesus kann dich heilen.

6. Vor Jesus Füßen liegt er nun.
Was wird wohl Jesus mit ihm tun?
Zu Jesus mußt du eilen!
Nur Jesus kann dich heilen.

7. Und Jesus sagt im klaren Ton:
„Die Schuld vergeb ich dir, mein Sohn!"
Zu Jesus mußt du eilen!
Nur Jesus kann dich heilen.

8. Die Schriftgelehrten ärgert das.
In ihnen häuft sich Angst und Haß.
Zu Jesus mußt du eilen!
Nur Jesus kann dich heilen.

9. Und Jesus sagt ein zweites Wort:
„Nimm jetzt dein Bett und gehe fort!“
Zu Jesus mußt du eilen!
Nur Jesus kann dich heilen.

10. Er nimmt sein Bett und geht nach Haus.
Die Menge bricht in Jubel aus.
Zu Jesus mußt du eilen!
Nur Jesus kann dich heilen.

Text und Melodie: Kurt Rommel, 1975

32

2. Jesus hat die Kinder lieb.
Für ihn sind alle gleich.
Großen und auch Kleinen schon gibt
er das Gottesreich.

3. „Jesus hat die Kinder lieb“,
so geht es um die Welt.
Liebe ist es, die uns alle
und die Welt erhält.

Text und Melodie: Kurt Rommel, 1970
Aus: Gerd Watkinson, 9 × 11 neue Kinderlieder zur Bibel, Christophorus-Verlag, Freiburg i. Br. / Verlag Ernst Kaufmann, Lahr

33

2. „Damit Gott groß wird“, Jesus spricht,
„fehlt diesem Mann das Augenlicht!“
Herr, Gott, ich möchte sehen!
Herr, Gott, ich möchte sehen!

3. Mit Brei schmiert er die Augen ein.
„Wasch dir am Teich die Augen rein!“
Herr, Gott, ich möchte sehen!
Herr, Gott, ich möchte sehen!

4. Blind eilt er zum Siloa-Teich.
Geheilt kommt er zurück sogleich.
Herr, Gott, er kann jetzt sehen!
Herr, Gott, er kann jetzt sehen!

5. Und alle Leute rufen nun:
„Kann dieser Jesus Wunder tun?“
Herr, Gott, er kann jetzt sehen.
Herr, Gott, er kann jetzt sehen.

6. Die Pharisäer sind voll Haß.
Sie schreien laut: „Was soll denn das?“
Herr, Gott, er kann jetzt sehen.
Herr, Gott, er kann jetzt sehen.

7. Doch Jesus liebend zu ihm blickt:
„Glaubst du dem Retter, den Gott schickt?“
Herr, Dank, ich kann jetzt sehen!
Herr, Dank, ich kann jetzt sehen!

8. „Wer ist der Retter aller Welt?"
„Ich bin es, der die Hand dir hält."
Herr, Dank, ich kann jetzt sehen!
Herr, Dank, ich kann jetzt sehen!

9. Er rief: „Ich glaub dir, Jesus Christ,
daß du der Menschen Retter bist."
Herr, Dank, ich kann jetzt sehen!
Herr, Dank, ich kann jetzt sehen!

Text und Melodie: Kurt Rommel, 1975
Eigentum des Burckhardthaus-Verlages GmbH, Gelnhausen — Berlin

34

2. Arm und Reich, Gesunde, Kranke ...
3. Eltern, Kinder, Lehrer, Schüler ...
4. Große, Kleine, Jungen, Mädchen ...

(Weitere Strophen selber ausdenken)

Text und Melodie: Kurt Rommel
Aus: Sing mit V, Burckhardthaus-Verlag GmbH, Gelnhausen — Berlin

Alphabetisches Verzeichnis der Liedanfänge

ISBN 3-415-50 607-4 Christophorus-Verlag
ISBN 3-7806-0277-6 Verlag Ernst Kaufmann

2. Auflage 1976

Noten- und Satzherstellung: Notenstich Darmstadt
Druck: Presse-Druck und Verlags GmbH, Augsburg